数学整体性教学设计

朱先东 著

中国农业大学出版社
·北京·

内 容 简 介

本书是浙江一线特级教师十多年的实践研究成果，全书分三大部分：一基于教学现状提出问题，并介绍整体性教学核心理念；二基于教学实践提炼出整体性教学策略："学·用"结构和"整体-部分-整体"，并根据内容结构特征辅以相应的教学设计，让教师的教学从"局部"走向"整体"，让学生的学习从"学会"走向"会学"，实现数学学科育人价值；三系统分析初中数学各领域知识的结构关系，提出基于整体思想的教学建议，实现"教是为了不教"的教学思想。

图书在版编目(CIP)数据

数学整体性教学设计 / 朱先东著 . --北京：中国农业大学出版社，2022.6(2024.6 重印)
ISBN 978-7-5655-2812-5

Ⅰ.①数…　Ⅱ.①朱…　Ⅲ.①中学数学课—教学设计　Ⅳ.①G633.602

中国版本图书馆 CIP 数据核字(2022)第 105750 号

书　名　数学整体性教学设计
作　者　朱先东　著

策划编辑　田树君　　**责任编辑**　田树君
封面设计　郑　川
出版发行　中国农业大学出版社
社　址　北京市海淀区圆明园西路 2 号　　**邮政编码**　100193
电　话　发行部 010-62733489，1190　　读者服务部 010-62732336
编辑部 010-62732617，2618　　出　版　部 010-62733440
网　址　http://www.caupress.cn　　**E-mail** cbsszs@cau.edu.cn
经　销　新华书店
印　刷　北京时代华都印刷有限公司
版　次　2022 年 7 月第 1 版　　2024 年 6 月第 3 次印刷
规　格　185 mm×260 mm　16 开本　12.25 印张　306 千字
定　价　48.00 元

自序

为整体性学习而设计

叶澜教授提出和实施的"新基础教育"所包含的"生命教育观"给教育领域带来了新的理念,引发了基础教育的革新和对教育终极意义的深远思考.2009年5月,作者非常有幸参加了华东师范大学叶澜教授主持的"新基础教育"成型性研究成果推介会,同时观摩了两节数学课,深受启发.

"新基础教育"所倡导的"生命教育观",对数学来说,就是通过对数学教材知识结构加工和生命激活来开发数学教学中蕴藏的丰富的育人资源,以促进学生的生命成长和实现学生的主动发展为价值追求.强调数学教学要将所教的内容置于整体的知识框架结构中去系统思考,视所教内容为既是一个整体,又是一个部分,从"整体"到"部分";强调对教学内容要进行重组与加工,把书本知识按其内在的逻辑组成由简单到复杂的结构链(块),以结构为大单元重组教学内容,帮助学生建立整体性、结构化的认识,促进学习的迁移;强调激活书本知识,实现数学知识与学生生活、个人经验和人类生命实践的沟通,使知识呈现出生命态,唤醒并点燃学生学习数学的兴趣和主动学习的心向.

2010年10月,作者主持浙江省规划课题《中学数学整体性教学的实践研究》(SC258),组织台州市白云学校数学组老师开展数学整体性教学实践研究,其间取得了初步成效,学校有四位教师荣获台州市初中数学教学大比武或优质课一等奖,一人获浙江省初中数学优质课二等奖.

2013年3月,"'卡西欧杯'第八届全国初中青年数学教师优秀课观摩与评比活动"在杭州举行.杭州市采荷中学屠旭华老师给大会展示一节现场观摩课,也是本次大会唯一一节观摩课.我们团队基于学情和教材的分析,对"同底数幂的乘法(1)"(浙教版教材)大胆地采取整体性教学设计,并得到了中国教育学会中学数学专业委员会理事长章建跃博士、浙江省教研室原初中数学教研员许芬英老师高屋建瓴的指导.屠旭华老师执教的"同底数幂的乘法(1)"荣获一等奖,赢得了与会专家和老师的高度评价,也打开了数学教学的一扇窗,引发了老师们对初中数学教学的热烈讨论——数学可以这样教吗?

"同底数幂的乘法(1)"一课的设计理念是"促进整体性学习、实现数学育人",具体的思路:首先,运用"先行组织者",引导学生类比有理数运算的学习内容和研究路径,构建"整式的乘法"一章的学习主线.其次,运用"整体感悟"教学策略,从整体出发,逐渐分化,即从整式运算的整体出发,通过具体例子引导学生从宏观到微观,逐步寻找整式的乘法所需要的逻辑基础——幂的运算，进而构建整式乘法的整体研究思路，然后再按照知识的逻辑顺序逐步展开学习．再次，运用“学·用”结构教学策略研究“幂的运算”，其中把“同底数幂的乘法”学习作为“学结构”阶段，引导学生经历“发现和猜想→验证与去伪→归纳与概括→应用与拓展”的知识形成过程，并形成法则研究的一般观念：从特殊到一般归纳地研究；将“幂的乘方”“积的乘方”“同底数幂的除法”学习作为“用结构”阶段，即引导学生类比“同底数幂的乘法”的一般观念，研究其他三种幂的运算，培养学生的迁移力和学习力．

章建跃博士在大会总结时对“同底数幂的乘法(1)”一课的评价：“本课立意高远，构建一个前后一致、逻辑连贯的代数学习过程，使学生在掌握知识的过程中学会思考，把学生培养成为善于认识问题、善于解决问题的人才．”“这样的设计，更加符合数学法则产生的本来面目，完美地体现了数学教学的整体观，因此课堂更加大气，能给学生更多智慧的启迪，思维的教学更加到位．”自此后，浙江甚至全国初中数学界掀起数学整体性教学研究的热潮．

课题“中学数学整体性教学的实践研究”先后在台州市白云学校、杭州市采荷中学、杭州市育海外国语学校等五所学校展开实践研究，取得了很好的成果，并于2014年获“杭州市第29届教育科研优秀成果一等奖”．作者撰写的5篇有关数学整体性教学论文发表在《数学教育学报》《中学数学教学参考》《初中数学教与学》(中国人民大学书报资料中心)等杂志．作者有幸运用整体性教学思想指导三位浙江省青年教师参加“全国初中青年数学教师优秀课观摩与评比活动”，均获一等奖；多次在省内外开设基于整体思想的课堂教学示范课和讲座，赢得了专家和老师们的赞誉．均认为“数学整体性教学”对促进学生从“学会一节课”到“会学一类课”，提高学生自主学习能力，实现教师“教是为了不教”的目标有实效．

基于此，作者将十多年的数学整体性教学实践与研究做了系统整理，并经过近五年的归纳梳理提炼成本书，希望本书能起到他山之石的作用．

本书主要面向初中课堂教学和师范类学生的学习，聚焦于整体性教学设计的现实取向和应用试验，具有整体性、结构化、实践性三大特点．

第一章“数学整体性教学概说”主要基于数学教学现状、数学课程标准的要求和数学学科育人的价值需求，提出数学整体性教学主张，并介绍整体性教学核心理论，如系统论、奥苏贝尔的认知结构理论等．

第二章“数学整体性教学设计的策略与实施”介绍基于理论指导下教学实践经验总结而形成的整体性教学设计策略——“学·用”结构和“整体-部分-整体”教学策略；将初中的数学内容依据知识之间的关系进行结构化——纵向结构、横向结构、融通结构；根据知识的结构特征，应用整体性教学设计的策略实施整体性教学设计，建构与不同结构相对应的设计流程，并赋予大量实践案例，具有很强的实践性和操作性．结构化以及基于结构的整体教学设计是本书的最大特点，其目的是促进知识和方法的迁移，更好地促进学生的学习，实现由“学会”到“会学”的转变，这不仅是学科教学的价值追求，也是21世纪中国学生核心素养的诉求．

第三章“初中数学知识结构分析及教学建议”采用“总-分-总”分析方法，即先总体概览初中数学三大领域下各主题知识的结构关系，厘清主题知识发生发展的脉络和来龙去脉，形成主题研究的一般观念．其次，诠释主题核心内容、概念的内涵和意义理解，强调知识的关联；最后，提出基于整体思想的教材处理和教学建议．本章旨在帮助教师系统地理解教材、整体地规划教学．

本书即将出版，在此想真诚地感谢那些曾给予我帮助和鼓励的人．

衷心感谢中国教育学会中学数学专业委员会理事长章建跃博士的引领和指导！衷心感谢浙江省教研室张宗余老师、杭州师范大学叶立军教授、杭州市教研室王红权老师、台州市教研室李昌官老师、仙居县教研室吴增生老师、杭州市富阳永兴中学邵文鸿老师的指导和帮助！衷心感谢杭州市采荷中学徐杰和屠旭华老师、杭州市良渚第一中学王丽君老师、台州市白云学校项军和潘云超老师为本书提供案例！

特别感谢浙江省教研室原初中数学教研员许芬英老师的悉心指导和对书稿的修正！

本书几易其稿，边实践边修改．在编撰过程中，吸取了许多专家学者的著作和研究成果，在此也表示衷心的感谢！

由于本书作者学识有限，书中肯定存在不少谬误，恳请各位专家、学者、教师批评指正．如有赐教，请发邮件至 zjtzzxd@163.com，感激之至．

朱先东

2022 年 3 月于良渚

目录

第一章 数学整体性教学概说

第一节 问题的缘起

课改十多年来，虽然教师们普遍认同新课程理念，也在努力改变自己的教学方式与方法，但在教学中还是存在诸多困惑，如“教了，为什么没有学会?”“学会了，为什么不能举一反三?”“学会了，为什么还是不会学?”等等，究其原因主要是教师对数学内容、数学教学和数学教材的理解不到位，教师对知识内容分解过细，过度地关注局部和细节；教学训练过度，过分地压缩问题空间和学生的思维空间．其次是数学教材编写也有其局限性，存在着从局部到局部或局部到整体的现象．

一、数学教学存在“碎片化”现状

教师在教学中不重视知识内在的关联性以及知识形成、发展过程中的逻辑关系，不清楚该知识在整个单元或教材体系中的地位和作用，形成“只见树木，不见森林”的教学状态，以致学生孤立习得的知识碎片化，不能正确地应用在现实生活的整体任务中，导致学习的迁移度低．

现状 1　忽视数学概念的形成过程

数学是思维的科学，概念是思维的细胞，教好概念是教好数学的内在要求，是实现课程目标的根基．但当前不重视概念教学是一个比较普遍的现象，甚至认为教概念不如多讲几道题目来得更“实惠”；有的教师不知道概念教学的方法．因此，教师习惯用“一个定义，三项注意”的方式让学生记住概念的形式化表述，在学生还不知道研究对象的基本特征时就开始“讲解例题，大量练习”，以致学生对知识、方法以及学科思想缺乏感悟、内化的过程，导致浅层次学习．

案例 1-1　“无理数”概念教学

“无理数”概念教学，大多数教师会作如下设计：

环节 1　将两个边长为 1 的正方形，剪拼成面积为 2 的正方形，通过面积为 2 的正方形的边长让学生感受 $\sqrt{2}$ 是客观存在的．

环节 2　对 $\sqrt{2}$ 作几次估算，告知学生 $\sqrt{2}$ 是一个无限不循环小数，在此基础上给出无理数的定义．

环节 3　让学生识别无理数，并概括无理数的三种类型：开不尽根的、人为构造的（如 0.1010010001…）、含 π 的……

【评析】上述课例的设计可概括为"一个定义十三种类型". 其优点是短时效应明显,能有效地帮助学生应对无理数概念的考查,确保考试时不吃亏,因为初中阶段对无理数概念的直接考查,往往也就是一个选择题,譬如"下列数中哪一个是无理数". 这样设计其实主要就是死记类型,目的只是为了会做题. 学生不理解为什么要学习无理数?无理数与有理数有什么区别?学生对无理数概念的本质没有理解,无理数概念没有真正建构. 这种"告知定义→教师示范→学生模仿→强化训练"的灌输式教学方式是导致学生数学学习困难的主要原因之一,学生的思维仅仅停留在"记忆"和"模仿"层次上,处于低认知水平.

数学概念的形成过程(或者说获得数学研究对象的过程)就是使学生经历从"事实到概念"的数学化过程,学生主要是在经历数学抽象、直观想象等数学化的过程,即通过对典型、丰富的具体实例属性的分析,归纳共同属性,抽象本质属性,从而明确概念的内涵,并用数学语言予以表征(下定义),再通过分类而明确概念的外延. 显然,这对培养学生的数学学习兴趣和数学思维能力,对发展学生的数学素养意义重大. 理解和掌握概念教学、命题(原理)教学和问题解决教学的"一般观念"是提高教学质量,促进学生深度学习的基本保证.

所谓"一般观念"是指对内容及其反映的数学思想和方法的进一步提炼和概括,是对数学对象的定义方式、运算规律、性质内容、判定依据、问题解决等一般性回答,是研究数学对象的方法论,对学生学会用数学的方式进行观察、思考以及表达现实世界具有指路明灯的作用.

现状 2　忽视数学知识的来龙去脉

现行教材普遍注重从现实情境出发,展现数学知识的发生、发展过程,使学生能够发现问题,提出问题. 现实情境包括生活情境和数学情境,教师在教学时要考虑情境的有效性,选择的问题情境应该有利于学生经历数学的发现和创造过程,了解知识的来龙去脉,理解所学知识在全章和整个教材中的地位和作用. 否则,容易出现"散点割裂化"问题.

案例 1-2　同底数幂的乘法

环节 1　创设情境,引入新知

2012 年 6 月 18 日,天宫一号与神舟九号飞船对接成功,标志着我国建立空间站的技术已经迈出关键的一步. 在对接前,天宫一号环绕地球飞行的速度为 7.8×10^3 m/s,则其飞行 10^4 s,行程为多少米?从太空中观察,我们的地球可以近似地看作一个球体,它的半径大约是 6.4×10^7 m,你能计算地球的体积吗?($V_{球}=\frac{4}{3}\pi R^3$,其中 R 是地球的半径).

环节 2　探究法则

$10^3\times10^4=(\qquad)\times(\qquad)=$__________$=10^{(\quad)}$

$a^4\cdot a^3=(\qquad)\cdot(\qquad)=$__________$=a^{(\quad)}$

$10^m\cdot10^n=(\qquad)\cdot(\qquad)=$__________$=10^{(\quad)}$.

思考:你发现同底数幂相乘有什么规律吗?你能用文字语言和符号来表示吗?

归纳:同底数幂的乘法法则:同底数幂相乘,底数不变,指数相加.

$$a^m\cdot a^n=a^{m+n}(m,n\text{ 都是正整数})$$

追问：你认为运用该法则的条件是什么？

环节 3　法则的运用（略）

【评析】本设计按照现行教材"生活实例→列出数学式子→提出问题→研究法则→法则应用"的结构安排，是一种非常经典的教学设计．该设计试图体现的是数学源于生活，应用于生活，体会学习同底数幂的乘法应用于实践生活的意义．但这样的设计忽视了数学知识间的内在本质的联系，不能体现知识发生发展的必然性，无法让学生感受到学习同底数幂的乘法的必要性．章建跃博士指出："从'建立前后一致、逻辑连贯的代数学习过程，让学生在掌握知识的过程中学会思考'的要求出发，在学习整式加减的基础上，类比数的运算，自然而然地就会提出整式的乘法、除法研究任务．可以先让学生思考一下多项式乘法的基础是什么？"[1]从整式的乘法运算整体框架来看，单项式乘以单项式，单项式乘以多项式，多项式乘以多项式，其结果都转化为三种幂的运算，即同底数幂的乘法、积的乘方、幂的乘方．这样就构建一个整体研究思路，按照"同底数幂的乘法→幂的乘方→积的乘方→单项式的乘法→单项式乘以多项式→多项式乘以多项式→乘法公式"的逻辑顺序展开教学．这样的设计，更加符合数学法则产生的本来面目，完美地体现了数学的整体观，能给学生更多智慧的启迪，思维的教学更加到位（详见案例 2-15）．

现状 3　忽视新知学习的目的与意义

心理学家的研究表明，学习的动机是由期待因素、价值因素和情感因素等三种心理成分构成的．其中学习动机的价值因素是指学生对达到的学习目标和要完成的学习任务的重要性判断，要回答的是"我为什么要完成这个学习任务"的问题．学生对目标的重要性的认识越清楚，学习自觉性就越强，学习动机就越强烈．[2]否则，学生的学习将处于被动接受状态，甚至是消极的抵触状态．

案例 1-3　"因式分解"一课的学习价值

在整式乘法运算教学之后，教材安排了整式乘法逆向运算的教学，即因式分解．但学生在学习过程中有一个很难突破的难点就是对因式分解目的和意义的理解．由于因式分解与整式乘法运算的过程正好相反，因此绝大部分教材就根据整式乘法逆向运算过程来引入因式分解的概念．如教材甲（图 1-1）、教材乙（图 1-2）：

前面我们学过整式的乘法，例如两个整式 x 和 $x-y$ 相乘的积是 x^2-xy，即 $x(x-y)=x^2-xy$．根据等式的性质，可得 $x^2-xy=x(x-y)$，像这种把多项式 x^2-xy 转化为两个整式 x 与 $x-y$ 的积的形式，是一种重要的代数式变形．

请观察下列两种代数式变形的例子，它们之间有什么关系？

整式的乘法	多项式转化为几个整式的积
$a(a+1)=a^2+a$	$a^2+a=a(a+1)$
$(a+b)(a-b)=a^2-b^2$	$a^2-b^2=(a+b)(a-b)$
$(a+1)^2=a^2+2a+1$	$a^2+2a+1=(a+1)^2$

一般地，把一个多项式化成几个整式的积的形式，叫作因式分解（factorization），有时我们也把这一过程叫分解因式．

图 1-1

我们知道，利用整式的乘法运算，有时可以将几个整式的乘积化为一个多项式的形式. 反过来，在式的变形中，有时需要将一个多项式写成几个整式的乘积的形式.

探究

请把下列多项式写成整式的乘积的形式：

(1) $x^2+x=$________；　　(2) $x^2-1=$____________.

根据整式的乘法，可以联想得到

$$x^2+x=x(x+1),$$

$$x^2-1=(x+1)(x-1).$$

上面我们把一个多项式化成了几个整式的积的形式，像这样的式子变形叫作这个多项式的因式分解（factorization），也叫作把这个多项式分解因式.

可以看出，因式分解与整式乘法是方向相反的变形，即

$$x^2-1 \underset{\text{整式乘法}}{\overset{\text{因式分解}}{\rightleftharpoons}} (x+1)(x-1).$$

下面我们学习因式分解的两种基本方法.

图 1-2

【评析】甲、乙两种教材的编写都是从整式的乘法与因式分解的互逆关系入手，获得因式分解的概念，教师普遍都按教材思路进行设计．这样设计从表面上来看似乎重视它们之间的内在联系（互逆关系），但学生在学习过程中会产生许多困惑：为什么要分解？因为之前学整式乘法运算时，是要求将相乘的因式的各项展开，通过合并同类项化简．而现在又要求将多项式分解成因式的积的形式．学生在不明白道理的情况下，只能盲目被动地跟着老师"亦步亦趋"地学，这样很容易导致学生出现"相乘后分解，分解后再相乘"的循环现象．更严重的是学生学习因式分解缺乏一种积极心向，而是被动地学．

要克服这种"循环现象"和被动学习的现状，教师就要改变引入的方式，从数式通性的角度提出问题，发现问题，例如可设计以下三个小问题，让学生先尝试解决：

①计算$(24^2+24)\div25$；②化简$(a^2+a)\div(a+1)$；③解方程$x^2-x=0$.

作者实践发现：题①学生都会利用乘法分配律的逆向运算进行简便计算；题②绝大部分学生会类比题①的方法进行化简；在①②两题的启发下，部分学生会将题③中x^2-x转化为$x(x-1)$，从而求出一元二次方程的解．通过对这三个小问题的解答，让学生发现将整式的加减形式转化为乘积形式是非常重要的一种变形，体会到这种变形是以后学习"整式的除法、分式化简和解高次方程"的基础．因此，"因式分解"这节课一定要建立上位概念，将"因式分解"纳入代数式运算、解高次方程这一体系之中，即通过问题引领，让学生感知多项式中的整体与部分的关系，感悟到通过因式分解实现多项式"降次"的目的，因为"降次"是方程求解、分式化简、整式除法运算中极其重要的思想方法，从而体会到学习因式分解的价值．学生只有在明白了为什么要学习因式分解的前提下，才有可能积极地、主动地参与学习．利用数式通性的引入设计既可以使学生了解学习因式分解的前因后果和来龙去脉，又可以通过渗透的方式为以后的分式运算和方程学习做好孕伏和准备．

现状 4　忽视学生已有的学习经验

学生学习的起点是影响新知识学习的重要因素，教师教学前首先要进行学情分析．学情分析的核心是学习条件分析．学习条件主要指学习当前内容所需要具备的内部条件（学生已有的

数学活动经验、认知规律、学习心向、思维障碍等)和外部条件(学习材料必须具有潜在的逻辑意义). 学习条件的分析是确定教学方法、组织教学材料的前提. 但教师往往习惯凭自己的教学经验和设想进行教学设计,忽视学生已有的学习过程和学习方法经验的积累和运用,以致学生不能运用"类比"的方法研究结构相似的内容,实现方法迁移,导致学生不能以少驭多、以简驭繁,只能依靠大题量、高难度的训练来巩固和掌握知识与方法,这是学生数学学习负担重的教学原因.

案例 1-4　菱形(第 1 课时)

环节 1　创设情境

师:观察教师手中的衣帽架是什么图案?

生:菱形

师:你能找出生活中的菱形图案吗?

生:(找出生活中许多菱形的图案)

师:今天,我们一起走入菱形,并板书课题.

师:首先让我们再一次感受身边的菱形图案(教师投影),我们不难发现菱形是特殊的图形,那是怎样的图形?

生:菱形是特殊的平行四边形.

环节 2　归纳概念

动手操作:教师将平行四边形的移动架中的一边进行平行移动,使两邻边相等,然后提问学生:这是什么图形?

生:菱形

师:什么叫菱形?

生:一组邻边相等的平行四边形叫作菱形.

教师板书定义并引导学生找关键词.

环节 3　探究性质

1. 动手操作

教师播放由长方形纸片通过两次对折,剪出菱形的视频(图 1-3).

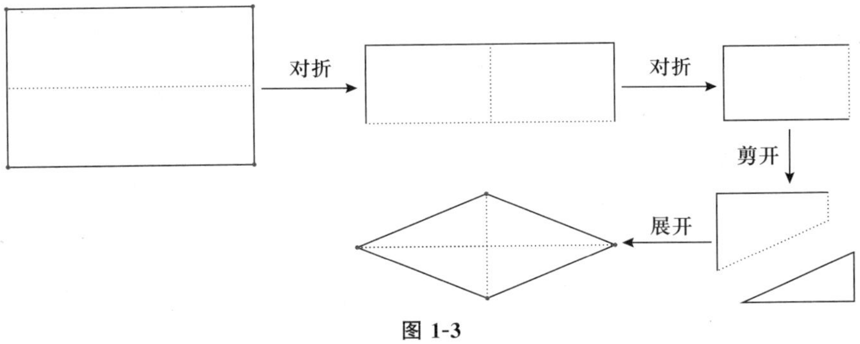

图 1-3

学生模仿视频的操作过程,进行剪纸操作.

2. 提出问题

问题 1　菱形是轴对称图形吗?如果是,它有几条对称轴?对称轴之间有什么位置关系?

问题 2　你能发现图 1-4 中的两个菱形有哪些相等的线段和角吗？

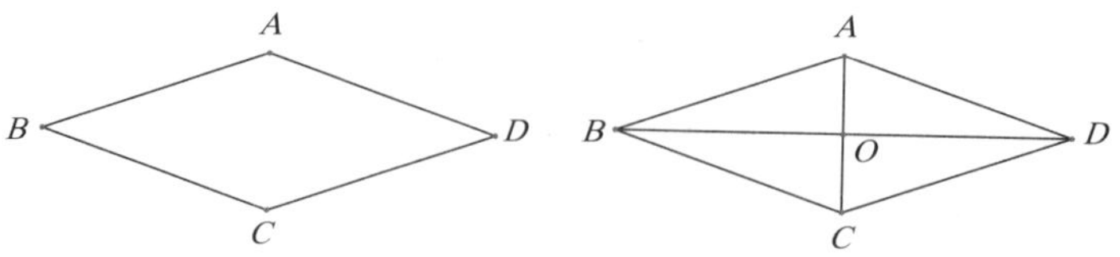

图 1-4

3. 发现猜想

生：菱形是轴对称图形，它有两条对称轴，对称轴互相垂直，如 $AC\perp BD$.

生：$OA=OC$，$OB=OD$，因为菱形是特殊的平行四边形，对角线互相平分.

生：$AB=BC=CD=DA$，菱形的四条边相等.

教师提示：有无相等的角？

生：$\angle ABC=\angle ADC$，$\angle BAD=\angle BCD$，原因是我通过折叠发现角重叠.

师：这就是平行四边形对角相等．还有相等的角吗？

生：$\angle BAC=\angle CAD=\angle BCA=\angle ACD$；$\angle CBD=\angle ABD=\angle ADB=\angle CDB$.

师：如何用文字来描述？

生：每一条对角线平分一组对角.

师：下面请同学们找出依据.（以下略）

【评析】从本案例看，主要存在两个问题：一是从概念教学角度分析，菱形是平行四边形的下位概念，与矩形概念又是并列结合关系，因此本节课的菱形概念教学宜采取“同化”教学方式，遗憾的是执教老师采取“概念形成”教学方式，破坏了四边形的逻辑体系，使得菱形的学习内容变得烦琐，学习过程不必要地被拉长．二是从整体性教学角度来分析，本节课忽视了对学生认知起点的分析，忽视学生已有的方法经验．学生在“平行四边形”这一章学习过程中，已经积累了平行四边形性质和判定研究的“原初经验”——性质研究从定义出发，强调“对平行四边形的几何要素和相关要素的位置、大小度量的研究”，即从角、边、对角线、对称性以及对角线把四边形分成的三角形等方面进行研究；判定研究其过程为“试验＋猜想＋论证”，注意利用判定与性质之间互为逆命题关系，从性质直接猜想判定，再加以证明．教材紧接着研究特殊的平行四边形——矩形，其特殊性是“角”的特殊化，因此矩形的研究，在学生已有的平行四边形研究过程中形成的“原初经验”上，类比平行四边形的研究方法：从定义出发，研究矩形“特殊在什么地方”，提出猜想，并加以论证．学生再一次感悟了研究平行四边形的“基本套路”，形成了平行四边形研究的“再生经验”．菱形也是特殊的平行四边形，其特殊性是“边”的特殊化，因此，对于“菱形”的研究，与平行四边形的研究以及矩形的研究有类似的方法性和过程性结构，学生完全有能力类比矩形的研究方法：从定义出发，研究特殊的平行四边形“特殊在什么地方”，提出猜想，并加以论证．具体来说就是从角、边、对角线、对称性以及对角线所分成的三角形等几个角度进行自主探究，进一步领会研究特殊四边形的方法，帮助学生形成“经验图式”，提升学生学习、研究能力，实现由“学会”向“会学”的转变．

章建跃博士说：数学教学要把“数学研究的基本思路”作为核心目标之一，即通过学习，让学生掌握研究、解决这一类问题的基本思维路径和基本操作方法．从学生对数学知识认知过程的角度来看，可以发现有些数学知识虽然表面不同，但是在认识这些数学知识的过程中却体现出共同的学习方法．所以这类知识的学习可运用从“思维路径”到“具体方法”的类比学习方法，要进行类比学习，必须了解学生特定的学习过程和方法经验．

学情分析对教学来说是一项基础且重要的工作，应遵循最近发展区原理，重点分析以下几个方面内容：分析学生已经具备的认知基础(包括日常生活经验、已掌握的相关知识技能和数学思想方法等)；分析达成教学目标所需要具备的认知基础；确定“已有的基础”和“需要的基础”之间的差异，分析哪些差距可以由学生通过努力自己消除，哪些差距需要学生在教师指导下消除；在上述分析的基础上明确教学难点，并分析突破难点的策略．[1]

现状 5　忽视从“整体到局部”的整体设计

数学是一个不可分割的、相互联系的整体．因此，数学教学应是一个系统、前后连贯、逻辑一致并相互支持的整体，应“先见森林，再见树木”，先考虑整体后考虑局部．但在教学实践中，由于教材“点状式”的编排方式，影响教师对数学知识的整体认识，导致教师忽视“知识点”背后的知识整体的结构关系，忽视知识形成发展过程中的逻辑关系．因此，教师在教学中若认识不到知识整体结构关系的存在，往往就不能很好地处理知识“整体”与“局部”之间的关系，往往从“局部到局部”或从“局部到整体”，其教学产生的结果是“只见树木，不见森林”.

案例 1-5　三角形全等的判定(第 1 课时)

环节 1　知识回顾

1. 什么叫全等图形？

2. 什么叫全等三角形？

3. 全等三角形有什么性质？

环节 2　合作学习

1. 已知一个三角形的三边长分别为 4 cm，5 cm，7 cm，你能画出这个三角形吗？

2. 把你所画的三角形与同伴画的三角形进行比较，它们能互相重合吗？

环节 3　三角形全等的判定方法(1)

1. 基本事实

文字语言：三边对应相等的两个三角形全等(简写成“边边边”或“SSS”)

符号语言：如图 1-5，在$\triangle ABC$ 和$\triangle A'B'C'$中，

若$\begin{cases}AB=A'B',\\AC=A'C',\\BC=B'C'.\end{cases}$则$\triangle ABC\cong\triangle A'B'C'(SSS)$

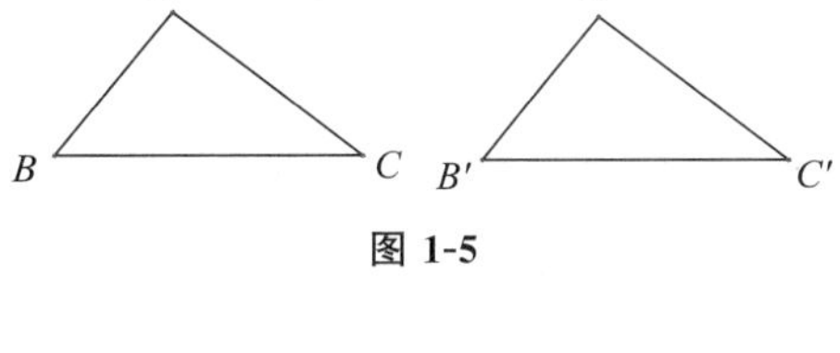

图 1-5

2. 实验验证(略)

环节 4　定理应用(略)

【评析】本节课通过“合作学习”让学生亲身经历基本事实(SSS)的发现过程，重视不同学生所画的三角形只要三边对应相等，它们都能彼此重合，说明发现的规律具有普遍意义，并且

是正确的．但问题是三角形有六个要素(三条边、三个角)，没有经过探究怎么就想到利用三个条件(三边)作为判断两个三角形全等的依据？判断两个三角形全等有哪些方法？是否就仅有“边边边定理”这一种方法？学生在不知就里的情况下只能跟着老师进行“画图”“叠合”“判定”，这是典型的“点状教学”方式．因此，本节课的教学应先引导学生从三角形的要素出发，探究出判断两个三角形全等的条件，整体感悟三角形全等的判定类型与方法．如两个三角形分别满足一个条件(边、角)、两个条件(两条边、一边一角、两个角)，利用举反例(证伪)的方法，发现满足一个条件或两个条件都不能确定两个三角形是否全等，在此基础上再来探究三个条件．两个三角形满足三个条件对应相等，有六种情况，教师要引导学生做好分类，再通过尺规画图验证或证伪的方法得出判定两个三角形全等的类型与方法，体现从“整体到局部”的整体思想，培养学生“有序思考”的思维习惯，发展学生几何直观能力．

当然，也可以从两个三角形全等的定义出发(三条边对应相等、三个角对应相等)，通过逐步减少三角形的元素，即从六个元素到五个元素，再到四个元素，……，逐步探究两个三角形全等的最少条件．

在教学中如果教师认识不到知识之间整体结构关系的存在，自然就不会重视处理好知识“整体”与每一节课“局部”之间的关系，就会割裂知识之间丰富的内在结构关联，割裂数学知识的发展过程，带来的结果是数学教学中的育人资源的原始性缺乏．

现状 6　忽视问题解决的价值与功能

理解教材是有效教学的前提，教师只有真正理解了教材内容的编写意图及教学本质，才能深入浅出地教学，将教材教“透”．但有的教师对教材的理解比较肤浅，在教学时仅停留在教材形式化的表面处理上，照本宣科，不能深入挖掘问题的功能和价值，不能理解教材知识背后的逻辑关系和问题解决的基本原理、核心思想方法，缺少从更高的层次理解数学．

案例 1-6　一次函数的简单应用

蓝鲸是现存动物中体型最大的一种，体长的最高纪录是 3 200 cm．根据生物学家对成熟雄性鲸体长的测量，其全长和吻尖到喷水孔的长度有一定的规律．

生物学家测得 7 条成熟的雄性鲸的全长 y 与吻尖到喷水孔的长度 x 的数据如表 1-1 所示．

表 1-1　　m

吻尖到喷水孔的长度 x	1.78	1.91	2.06	2.32	2.59	2.82	2.95
全长 y	10.00	10.25	10.72	11.52	12.50	13.16	13.90

议一议：(1)是否能用一次函数刻画两个变量 x 和 y 的关系？(2)请求这个一次函数的解析式．

解：建立坐标系，画出表中以 (x, y) 为坐标的 7 个点(图 1-6)．

这 7 个点几乎在同一条直线上，则所求的函数可以近似地看成一个一次函数．

设一次函数 $y=kx+b(k\neq 0)$．

把点 $(1.91, 10.25)$，$(2.59, 12.5)$ 代入 $y=kx+b$，解得 $k\approx 3.31$，$b\approx 3.93$．

所以所求得函数解析式为 $y=3.31x+3.93$.

将其余 5 个点坐标分别代入 $y=3.31x+3.93$(计算过程略).

发现:函数表达式两边的值近似地相等,证明所求得的函数表达式也是近似的,但基本反映 x 与 y 之间的函数关系.

方法总结:

确定两个变量是否构成一次函数的一种常用方法是利用图象去获得经验公式,这种方法的基本步骤:获得数据→描点成像→判断函数类型→求函数解析式→用实验数据代入检验.

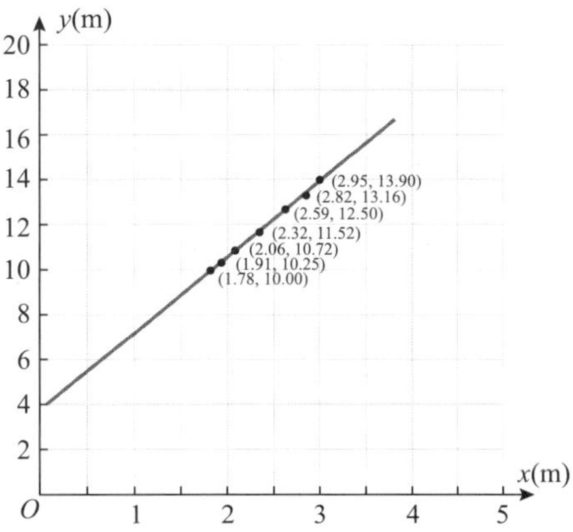

图 1-6

(以下略)

【评析】本例是一次函数实际背景的应用题.从学生角度来分析,由于涉及的数据较为复杂,计算、画图都比较麻烦,学生较难建立模型,加上以前学生没有接触过类似问题,缺乏学习经验.从教的角度来看,教师对本例的价值与功能了解不深,并且建模方法的获得缺少让学生深度感悟的过程,因此仅仅作为解决一个实际背景问题来教学,没有深入挖掘本例的教学价值与功能.首先,让学生理解为什么要求 y 与 x 之间的函数关系,即建立函数模型的必要性.函数是刻画现实生活中两个变量之间的关系,当一个量不容易刻画时,就常常去寻找另一个与之相关联的、容易刻画的量来表示,从而建立起它们之间的一种关系,这是学习函数的重要意义.本例中雄性鲸的全长 y 不容易测量,而其吻尖到喷水孔的距离 x 相对较易测量,因此我们就尝试建立 y 与 x 之间的一种函数关系,只要测量出 x 的长度,就可以近似地得出长度 y.这样,不仅帮助学生进一步理解函数的意义,而且让学生体验、感悟构建函数模型的必要性,促进学生有意义学习.其次,让学生经历建立函数模型的过程,学会建立数学模型的方法:研究者为了找到一般规律,从特殊入手,运用统计观念,收集到 7 条成熟的雄性鲸的全长 y 和吻尖到喷水孔的距离 x 的数据,通过整理(统计表)、分析(统计图),从"数"与"形"两个角度获取信息,猜想模型类型,求解函数模型,检验函数模型,利用模型解决问题.本例是学生建立函数模型的"起始课",教师要引导学生学会函数建模的"一般观念",发展学生的数学建模能力和数据分析观念,为后继其他函数的建模提供结构支撑,这是本例教学的核心价值.(详见案例 2-25)

数学理解的实质是建立概念、事实、方法或原理之间的内在联系,使之成为一个统一的、相互协调的整体.教师在教学时决不能停留在教材的形式化的表面处理上,而是要返璞归真,深入钻研教材、理解教材,力求把数学的形式化逻辑链条恢复为当初数学家发明创新时的火热思考,将数学知识的"教育学形态"转化为学生易于理解的"教育形态",进而让学生真正理解数学,理解数学学习的价值,感受数学的真谛!

以上 6 种现状,其原因可归结为:(1)"散"——知识点情结,教师较少引导学生在整体中去建构知识,学生学到太多庞杂而零散的知识,知识的结构化水平低,迁移能力弱;(2)"浅"——表层化理解,教师较少引导学生从更高层次理解学科知识,学生学到太多符号化、形式化的低位知识,难以理解知识背后所蕴含的基本原理、思想方法和价值意义;(3)"乱"——无序化学习,教师重视学生知识的积累与运用,但忽视学生研究知识的路径和方法经验的积累,以致学生不能运用"类比”的方法，研究结构相似的内容，难以养成“有逻辑地思考”的思维习惯．

这三方面的原因共同导致了一个结果：学生学到太多无意义的“惰性知识”，难以在更大范围和更高层次上迁移运用，致使面对新的问题或情境不能自觉地运用“一般观念”来指导学习、思考和解决问题．作为一门思维科学的数学学科，发挥其独特的育人功能，主要在培养学生的思维，特别是逻辑思维上，使学生学会思考，学会有逻辑地思考．因此，数学教学要从“散”“浅”“乱”走向“整”“深”“序”，追求知识的整体性、逻辑的连贯性、方法的普适性、思维的系统性、思想的一致性，努力使数学课堂教学成为一个融知识、方法、思想、价值于一体的“整体性教学”.[3]

二、教师缺乏创造性地“用”教材的意识和能力

《义务教育·数学课程标准(2011 年版)》以下简称《标准(2011 年)》在“实施建议”中提出教材编写应当体现整体性，注重突出核心内容，注重内容之间的相互联系，注重体现学生学习的整体性．[4]

教材的编写由于考虑到教材的结构体系(“模块化”结构)，大多按照“概念、定义—性质、定理、方法—运用”的演绎逻辑来编写，把数学知识的整体划分为一个个单元或知识点，以“知识点”为单位按知识的难易程度螺旋式上升方式呈现在各册教材中，并根据“知识点”的安排在“课”的时间单位内进行教学．这样的安排，有利于教师在单位时间内组织开展教学，有利于学生从较低起点感知和认识，但往往拉长了一节课前后知识之间的“距离”，削弱了知识的系统性和逻辑性．如果教师认识不到教材编排的缺陷，一味地机械照搬教材，不能依据学生的认知基础和学力水平对教材进行整合、重组，甚至重构，必将制约了学生活动和探索的层次和空间，阻碍了学生数学思维的发展．

(一)教师缺乏教材整合的意识和能力

教材的编写由于考虑区域的差异、学生的差异，对有些知识的分解过细，制约了学生的思维空间．而有些教师误解“用教材教”的内涵，照本宣科，在教学设计的时候往往只关注一节课的教学内容，关注课时的具体设计，不能在单元目标的引领下，根据单元内容的内在结构关系和学生的实际情况，对教学内容进行有效的整合．

案例 1-7　“等腰三角形性质”教材编排

某教材“等腰三角形”这一单元是由“§2.2 等腰三角形”和“§2.3 等腰三角形的性质定理”两节内容组成，共 3 课时．教师基本上都是按照教材的课时编排进行教学，如表 1-2 中的“原教材教学目标”(摘录《数学教学参考书(八年级上册)》).

【评析】根据教材内容的安排和课时目标，分三课时进行学习．第 1 课时探究等腰三角形的概念和对称性；第 2 课时探究等腰三角形的边角性质和等边三角形性质；第 3 课时探究等腰三角形的“三线合一”性质．这些性质探究的方法都是通过“折叠”等腰三角形图形，发现对称性、两底角相等和“三线合一”．上述的设计遵循教材的编排意图，从较低的起点，“牵着”学生“小步子”走，完成教学目标．这样的安排与设计，忽视了学生探究等腰三角形性质时的整体发现，即通过动手操作，折叠等腰三角形，整体发现等腰三角形的性质：对称性、边的关系、角的关系以及重要线段(三线合一)，导致的结果是不仅把本身相互联系的知识割裂开来，削弱了知识

的系统性和逻辑联系，降低了知识的自我生长能力．尤其是学生在性质的探究过程中，完全被教师的设计所“控制”——被动地跟着老师三次折叠等腰三角形，发现三条性质，学生的思维活动被“禁锢”，学生的探究活动犹如“戴着镣铐跳舞”，是典型的“假探究”，并且会导致学生厌烦和排斥的心理，导致对数学学习失去兴趣．

作者认为，教学设计应“尊重教材，但不能拘泥于教材”，在单元目标的引领下，采取单元整合教学，并将课题名称改为“等腰三角形及其性质”(表 1-2)．

表 1-2

<table>
<tr><th>原教材的教学目标</th><th>整合后的教学目标</th></tr>
<tr><td colspan="2">单元教学目标：
(1)了解等腰三角形和等边三角形的概念．(2)探索并证明等腰三角形的性质定理：等腰三角形是轴对称图形；等腰三角形两腰相等(定义)；等腰三角形两底角相等；等腰三角形底边上的中线、高线及顶角的平分线重合．(3)探索等边三角形的性质定理：等边三角形的各个角都等于 60°．</td></tr>
<tr><td>§2.2 等腰三角形
(1)了解等腰三角形的概念；(2)掌握等腰三角形的轴对称性：等腰三角形是轴对称图形，顶角平分线所在的直线是它的对称轴；(3)会运用等腰三角形的概念和轴对称性解决简单的几何问题；(4)了解等边三角形．</td><td>第 1 课时“等腰三角形及其性质”
(1)通过动手操作，让学生整体感知三角形的不同类型及其学习框架．(2)通过观察、比较抽象出等腰三角形和等边三角形的定义；了解等腰三角形和等边三角形的概念．(3)经历等腰三角形轴对称性的发现过程，以及由轴对称性发现、探索等腰三角形其他性质的过程，并掌握等腰三角形和等边三角形的有关性质．(4)会利用等腰三角形和等边三角形的有关性质进行简单的概念性应用．(5)通过本节课的学习，帮助学生进一步积累特殊图形研究的“基本套路”．</td></tr>
<tr><td>§2.3 等腰三角形的性质定理(1)
(1)经历根据等腰三角形的轴对称性发现等腰三角形性质的过程；(2)掌握等腰三角形性质定理 1：等腰三角形的两个底角相等；(3)会利用等腰三角形的性质定理 1 进行简单的推理、判断、计算和作图；(4)探索等边三角形的性质：等边三角形的各个内角都等于 60°．</td><td>第 2 课时“等腰三角形性质的简单应用”
(1)会运用等腰三角形的概念和轴对称性解决简单的几何问题；(2)会利用等腰三角形的性质定理进行简单的推理、判断、计算；(3)通过对等腰三角形其他重要线段(两腰上的中线、两腰上的高、两底角的角平分线)关系证明，拓展等腰三角形的性质(拓展性目标)；(4)在证题过程中，逐步培养学生用“分析法”分析、“综合法”书写的思维习惯．</td></tr>
<tr><td>§2.3 等腰三角形的性质定理(2)
(1)经历等腰三角形性质定理 2 的探索过程；(2)掌握等腰三角形性质定理 2：等腰三角形三线合一；(3)会利用等腰三角形的性质定理 2 进行简单的推理、判断、计算和作图．</td><td>第 3 课时“等腰三角形性质的应用”
(1)会运用等腰三角形的性质定理进行简单的作图；(2)会熟练、灵活运用等腰三角形的性质定理进行推理、计算；(3)会运用“分析法”进行解题思路分析；(4)能整理等腰三角形的概念和性质学习的内容、过程和方法，积累学习经验．</td></tr>
</table>

(详见案例 2-17)

(二)教师缺乏教材重组的意识和能力

教材内容编排，由于追求逻辑严谨性和体系形式化，有时需要将本来是一个整体的知识，分部分、分阶段学习．但这样的安排，往往会削弱知识本身的内在联系，影响学科整体的逻辑性．

案例 1-8 “逆命题和逆定理”一章的教材结构编排

某教材在八年级上册第一章“三角形的初步知识”安排了“定义、命题、证明”内容，在第二章“特殊三角形”两个重要单元“等腰三角形”和“直角三角形”之间安排了“逆命题和逆定理”内容．

【评析】“逆命题和逆定理”的内容学习是为“直角三角形判定”以及后继“特殊四边形的判定”服务的，目的是为了从数学内在的逻辑关系，获得“判定定理”．但这样的安排，有人为地“割裂”知识体系的倾向．首先，前一章学习了“命题”，理应将命题的内容进行较为系统的学习——命题的概念、命题的真假性、命题的关系（互逆命题）等，使学生对命题有一个整体的认识，况且学习“逆命题和逆定理”没有先验性知识的障碍；其次，将“逆命题和逆定理”穿插在“等腰三角形”和“直角三角形”之间，破坏了图形研究的自然的“逻辑体系”，因为几何图形的研究遵循从“一般到特殊”的过程，前一单元根据三角形的要素“边的特殊性”研究了“等腰三角形”，那学生会很自然地就提出下一单元根据“角的特殊性”研究“直角三角形”．而教材根据“按需安排”原则，将“逆命题和逆定理”穿插在板块知识之间，有“抽刀断水”之感，导致教材内容“不自然”．

针对教材编排，教师需要对教材内容进行重组，使教学更加自然、合理．建议将“逆命题和逆定理”内容纳入“命题”一章，这样不仅有利于学生形成对“命题”的整体认知，而且有利于学生整体研究“等腰三角形”．因为等腰三角形的性质定理与判定定理也是互逆关系，如果前一章就学习了“逆命题和逆定理”，在学习“等腰三角形的判定”时，教师就可以引导学生从命题之间的内在逻辑关系上获得猜想，进而得到判定定理，自然且合理，避免教材用实验画图的方法获得猜想．进而可以一脉相承地类比研究“直角三角形”，提高了学生几何研究的方法和能力，提升学科的育人价值．

（三）教师缺乏教材重构的意识和能力

教材是教学的基本依据，但教材提供的是一个范本、一个思路和一种参考．一本教材很难完全适合各具特色学校和个性特点的学生，教师要依据数学课程标准，结合数学学科特点和学生情况，对教材的内容进行适度的增加、删减、置换、加工和拓展，精心重构教材，使内容更符合内在逻辑关系，使教材更适合学生认知特点，使学生的能力得到螺旋式发展．

案例 1-9 “一元一次方程”一章的教材结构编排

实际问题 $\xrightarrow{\text{设未知数}}$ 方程 $\xrightarrow{\text{归纳}}$ 一元一次方程概念→一元一次方程的解→等式的基本性质→一元一次方程的解法→一元一次方程的应用．

【评析】从不同版本的教材来看，基本都按照上述的结构进行编排，所不同的是在“一元一次方程的解法”这一单元，有的教材就是仅仅探讨解法，只是到“一元一次方程的应用”这一单元，强化应用，突出建模思想．这样分解而成的知识点，体现的是学生先认识概念，后熟练解法，最后应用知识的过程，这是一个学生接受和掌握知识的过程．这样的编排从表面上看似乎很有逻辑，也遵循了知识由易到难、由简单到复杂的原则，但其教学的本质却是学生认识、理解和思维的割裂．从学生的角度分析，我们不难发现学生学习这一章最困难的是一元一次方程的应用．这是因为在一元一次方程概念的形成过程中，学生只管列出方程，不用思考为什么要列方程、如何解方程等问题；而在解方程的过程中，学生也是只管求解方程，不需要考虑方程是从哪里来的？解方程的目的意义何在？又有何用？其背景、解法和意义处于割裂状态．我们也不难发现学生在每个知识点的学习过程中始终处于盲目被动的状态，因此在求解方程的学习过程中，不需要学生形成思想，只需要会熟练解方程．而到了最后一元一次方程应用的教学内容，不仅需要学生学会审题、分析思考，还需要学生确立问题解决的策略，而且还需要灵活解决问题的思想，这对学生来说无疑是难点积聚在一起，增加学习的难度．

教科书体系不甚清晰甚至缺乏时，教师应进行知识的整合和体系的重构，创造性地使用教材．譬如"一元一次方程"这一章的教学，教师要将这些被分解割裂的知识点联系起来处理．建议在方程解法的每一节课的教学过程中，将概念和解法融于对实际问题的分析和解决过程之中，力求使学生经历现实情境中发现数学问题，根据问题抽象出数量关系，建立方程模型，然后求解方程并检验方程的解是否符合实际问题的意义的全过程，体现"实践—理论—实践"的认识过程．这样不仅可以使学生了解和思考方程是从哪里来，为什么要建立方程，如何求出方程的解，方程的解是否有意义等问题，以提升学生对方程学习的意义的理解；而且还可以使学生掌握方程学习的方法结构，以提升学生运用方法结构进行主动学习的能力；更重要的是，学生利用方程解决实际问题的能力，会随着问题的数量关系由简单到复杂的递进过程而得到提升，从而有效地分解本章的教学难点[5]．总之，本章的教学要以"方程模型思想"统领全章知识，培养学生用数学的眼光发现问题并提出数学问题，用数学的思维探索、分析和解决现实生活问题．

同样，在不等式内容教学时，也应将不等式的解法融入问题解决的过程中，以"不等式模型思想"统领知识，逐步提升运用不等式解决实际问题的能力．

案例 1-10　"代数式"内容教材编排结构

某教材对"代数式"内容作如下编排：（七年级上册）用字母表示数→单项式→多项式→整式→（八年级上册）分式概念→（八年级下册）二次根式→代数式．

【评析】这是一种从局部到整体的编排方式，其好处在于起点低，学习容易．但这样的教学编排一方面容易使学生在不知道知识整体背景的情况下处于被动学习的状态，如学生在学习单项式内容时，不知道单项式内容与哪些知识有联系，知识将向何处延伸与发展，学习单项式有什么作用，所以只能跟着老师被动地学．另一方面学生在理解整式概念的过程中存在困惑，即为什么在用运算符号连接数与字母只出现加、减、乘、乘方，而没有除法、开方运算，学生对"整式"概念的掌握一直处于"记忆"状态，只有等到学生学习了"分式""根式"以后，才能真正理解"整式"概念的内涵和外延．

因此，"代数式"内容教学建议从整体到局部，从上位到下位，即"用字母表示数→代数式→整式→分式→二次根式"．这是因为"学习者在接触一陌生的知识领域时，从已知的较一般的整体中分化细节，要比从已知的细节中概括整体容易些．"[2] 先让学生建立代数式的整体框架，再进入局部内容"整式""分式""根式"的学习，使各部分的内容有理想的"固着点"，促进知识的理解与联系，帮助学生建立有意义的学习心向．更重要的是，代数式与实数之间不仅有类似的结构，而且具有类似的名称，还具有可类比的关系存在．这样教师在教学时，就可以引导学生运用类比的方法来学习"式"的概念与运算，通过"数"与"式"的比较来区别和沟通两者的内在联系，促进"数式通性".

教学要基于教材，但也要超越教材，教师要灵活地、个性化地、创造性地对教材进行合理使用，尊重教学的逻辑体系，抓住数学本质，优化数学教学，拓展深化知识，使教材彰显出它的生机和活力．

三、数学课程标准对整体性教学的要求

（一）系统规划单元目标

在教学的实践中，一线教师在教学设计时的一种普遍现象是只注重课时目标，很少去关注、思考单元目标，更没有去顾及课程目标，因此教学设计往往只关注一节课的知识点的教学，表现为一种点状的教学设计．

《义务教育·数学课程标准（2022 年版）》（以下简称《标准（2022 年）》）在"课程实施"中指出："要依据核心素养的内涵和不同学段的主要表现，结合具体的教学内容，全面分析主题、单元和课时的特征，基于主题、单元整体设计教学目标，围绕单元目标细化具体课时的教学目标．"[6]因此，教师在设计教学目标时，应先设计单元目标，然后在单元目标引领下，再细化为具体的、可操作的课时目标．单元目标与课时目标之间是整体与部分、一般与具体的关系，体现了目标的整体性．

教学目标的设计还要着眼于学生数学核心素养的逐步形成．教师要结合教学内容找到数学核心素养在教学中的"孕育点"和"生长点"，在整体分析所学内容本质和学生学习特征基础上，将所学核心素养融入教学内容和教学过程之中，促进数学核心素养在课堂教学中落地生根．

（二）整体把握教学内容

教学内容是落实教学目标，发展学生数学核心素养的载体．《标准（2011 年）》指出："数学知识的教学，要注重知识的'生长点'与'延伸点'，把每堂课教学的知识置于整体知识的体系中，注重知识的结构和体系，处理好局部知识与整体知识的关系，引导学生感受数学的整体性．"[4]《标准（2022 年）》在"课程实施"中指出："在教学中要重视对教学内容的整体分析，帮助学生建立能体现数学学科本质、对未来学习有支撑意义的结构化的数学知识体系．"[6]因此，教师在教学中要注意引导学生在数学概念、原理及法则之间构建起更有效的认知结构，体验不同教学内容之间数学研究方法的一致性和可迁移性，帮助学生学会用整体的、联系的、发展的眼光看问题，形成科学的思维习惯，发展数学核心素养．

（三）重视单元整体教学设计

《标准（2022 年）》在"课程实施"中指出："改变过于注重以课时为单位的教学设计，推进单元整体教学设计，体现数学知识之间的内在逻辑关系，以及学习内容与核心素养表现的关联．"[6]因此，教师要积极探索大单元教学，开展跨学科的主题式、项目式学习等综合性教学活动，体会数学知识之间、数学与其他学科之间、数学与现实世界之间的联系，促进数学学科育人

方式和学习方式的根本变革.

作者认为,数学是一个由整体和部分构成的结构严密的逻辑体系,数学教学不能忽视知识之间相互的联结关系,不能把数学知识的整体分解为一个个孤立的、密封的知识点来进行教学.而是要将所教的内容置于整体的知识框架结构中去系统思考,帮助学生建立对数学的整体认识,促进学生对知识的理解达到关系性理解和整体把握.这种整体把握大局、通过思想决策支配行动的意识与能力,不仅是学生灵活地解决复杂问题的思想源泉,更是学生终身可持续发展的重要原动力.唯有通过教学着力于形成学生这样的意识与能力,学生才有可能不再是拘泥于方法的被动执行者,才有可能不再是简单套用公式的机械操作者,才有可能成为充满智慧的决策者和敢于开拓实践的创新者.

第二节　整体性教学的主要理论

一、系统思维理论

20 世纪初贝塔朗菲提出了影响全球的一般方法论——系统论.系统论把认识对象作为系统,从系统和要素、要素和要素、系统和环境的相互联系、相互作用中综合地考察认识对象.系统论强调事物的因果关系,站在事物全局的高度,用整体的视野去思考问题,优化问题解决策略.[7]系统思维不同于创造思维或形象思维,它是一种了解事理因果关系的思维逻辑,是对问题的提出、展开、发展以及问题的解决、结论的获得、过程的揭示、方法的运用与优化、结论的解释与影响等系列问题进行整体把握.[9]

指向系统思维的数学教学,要求建立整体观念、结构观念、立体观念等系统思维框架体系,将研究对象作为系统来认识,主要体现在两个方面:一是明确数学思维对象是由若干个要素构成的系统;二是将小系统放在大系统之内研究.

(一)建立系统思维的整体观念

系统思维的首要特性就是整体性,其核心思想是系统的整体观念.整体由部分组成,整体的性质决定部分的性质,部分的性质有赖于它在整体中的关系、位置和作用.[8]整体功能等于各部分功能之和再加上各部分相互联系形成结构产生的功能,可用关系式:$\sum E_{整}=\sum E_{部}+E_{联}$来表示,若系统的结构优化,则 $E_{联}>0$,系统的整体功能就大于各部分功能之和;若系统的结构劣化,则 $E_{联}<0$,系统的整体功能就小于各部分功能之和.因此,在问题解决和教学过程中,要"统揽全局、整体思维",不先聚焦于某些部分和细节,而是由整体到部分,并且要使整体结构朝着优化的方向发展,促进知识与方法的有效迁移.

在数学教学中,整体观念反映 3 个层次[9]:

层次 1.基于"课时"教教材,没有意识到对"课时素材"基于整体思维逻辑顺序进行重组、改编、整合,思维水平呈"点状",不具备自我整体观念.

层次 2.基于"章节"关系教教材,意识到以"章"高度研"节"内容,思维水平呈"线状",具备局部整体观念.

层次 3.基于"阶段"联系教教材,具有"学段"意识,站在 3 年甚至 6 年的高度定位课时目标内容，就内部关系串线结网，思维水平呈“面”状，具备系统整体观念．

案例 1-11 “一元二次方程”概念教学

“一元二次方程”概念教学，一般反映3种水平的整体教学观念．一是按照教材思维顺序展开：呈现几个实际问题→通过设未知数抽象为一元二次方程→将这些方程通过分析、比较、综合，归纳其共同本质属性→下定义→符号表示（一般形式）→概念辨析→一元二次方程的解→简单应用．这种照本宣科的教学行为，整体观念水平属于层次1．二是能类比一元一次方程概念的学习经验（过程经验、方法经验），类比学习一元二次方程的概念．这种站在单元体系关联设计的教学行为，整体观念水平属于层次2．三是通过学生列举熟悉的方程（一元一次方程、二元一次方程（组）、分式方程、根式方程），得到“方程家族”体系，再联系“实数”和“代数式”的分类，得到“数”“式”“方程”结构的一致性，促进了知识的联系，在此基础上，再类比一元一次方程的研究思路，整体构建“一元二次方程”一章的研究框架，然后进行局部研究一元二次方程概念．这种站在大单元的系统高度，运用联系的观点、类比学习方式以及从整体到局部研究策略的教学行为，整体观念水平属于层次3．

系统思维能缩短认知的距离，简化我们对事物认知的方法．从教学设计的思维方式看，系统思维能帮助我们做到“统揽全局”和“循序操作”，既从宏观视野上把握教学系统的整体特性，又从具体行动上突出设计的程序化和计划性，做到环环相扣、层层落实．[10]

（二）建立系统思维的结构观念

系统思维的第二个特性是结构性，即系统内各要素相互作用和相互联系所形成的结合方式．数学教学的结构性有三种表现形式：知识的框架性结构、学习的方法性结构和知识形成的过程性结构，主要有四层意思：一是用结构的观点看待和处理数学知识，揭示数学知识的内在结构；二是知识的框架性结构，即把一个研究的大问题分解为系列的子问题，进而形成母问题与子问题、主干问题与枝节问题层次分明、逻辑连贯、前后一致的问题体系；三是解决问题的过程性结构和方法性结构，即不是急于从局部、细节入手解决问题，而是尽量先搞清楚解决问题的总体思路和方法体系，使解决问题成为一个目标指向明确、思路清晰、条理清楚、结果可预测的过程；四是学习结果的结构性，即教学应促进和帮助学生形成良好的认知结构．[11]

初中数学中，数、式及其运算，方程、不等式与函数，平面几何，概率统计等等，都是一个个系统，每一个数学概念也可以看成一个子系统．如方程的研究，就是把方程作为一个系统来学习，按照“实际问题$\xrightarrow{\text{设未知数}}$方程模型$\xrightarrow{\text{抽象}}$方程概念（定义、表示、分类）→方程的解$\xrightarrow{\text{等式性质}}$解方程→方程应用”的学习过程展开；又如平面图形的研究，通常按如下的路径展开：具体事例$\xrightarrow{\text{抽象}}$基本图形（研究对象）→定义、表示、分类→图形的性质（要素、相关要素的相互关系）→判定（要素、相关要素）→特例（概念、性质、判定）→联系（应用），从定性（相等、不等、对称性等）到定量（周长、面积、勾股定理、相似、解三角形等）展开研究．这样的研究体现了系统思维方式的结构性，并且这种结构性具有普适性．章建跃博士指出“数学教学中，只要紧紧抓住这一结构，再通过横向或纵向地类比与联系，引导学生去认识和把握具体数学对象的要素和功能的关系，就能使它们建立起研究数学对象的结构，并形成完整的认识．”[12]

布鲁纳认为：“无论教什么课，务必要使学生理解这些科目的基本结构，这是使用知识、运用知识处理课外问题和事件或者处理日后课堂训练中遇到的问题的最起码要求．迁移这一经典问题的核心，是结构的教授与学习，而不是单纯的对事实和技巧的掌握．”[13]学生头脑中的数学结构组织得越好就越有利于保存、迁移和应用．因此，数学教学要站在系统思维结构的高度进行左勾右搭、上串下联，将零散知识串成线，沟通联系连成面，反思架构形成体．

(三)建立系统思维的立体观念

系统思维的第三个特性是立体性，是主体对系统客体的多维、多层次、多变量的全方位和立体的考察和思维．[14]其特点是纵向层次和横向要素的有机耦合，这是因为任何一个认识的客体，既是若干个子系统构成的系统，又是另一个更大系统中的子系统．作为一个独立的系统，它的发展是纵向的；作为一个子系统，它与其他子系统之间的联系是横向的．如整式方程是一个系统，分式方程也是一个系统，在各自的系统中，是纵向的，但它们在方程领域中，是并列结合关系，是呈横向结构的．

不仅数学概念具有系统性，而且一个数学命题甚至数学问题也具有系统性，要在反思变式中把握研究对象的立体层次、立体结构和总体功能．问题教学中立体思维大致有三种水平：[9]

层次 1. 没有变式问题的意识，就问题论问题，见木不见林，影响问题产生式形成，不具备方法论意识，立体方法心理水平低．

层次 2. 能纵向变式链接问题，具备线型方法论意识，但缺乏横向联系变式意识，影响立体方法的左右勾连．

层次 3. 变式联系问题，具备立体方法意识，站在系统思维高度进行垂直发展，水平关联，促进系统产生式形成．

案例 1-12　命题：如果一个角的两边分别平行于另一个角的两边，那么这两角相等或互补．

这个命题教学，一般呈现三种层次立体观念水平．一是将文字语言转化为符号语言，写出已知与求证，然后进行分类证明．这种为解题而解题，缺乏变式问题的意识，属于立体观念水平层次 1. 二是完成命题证明后，教师变式提问：这两个角在什么情况下是相等的，在什么情况下是互补的，你能归纳出一般规律吗？进而完成变式题：已知$\angle 1$与$\angle 2$的两边分别平行，且$2\angle 1+\angle 2=240^\circ$，求$\angle 1$和$\angle 2$的度数．这种基于纵向链接的思考和问题训练，显化了角所蕴含的本质思想——角是有方向的，与高中的向量知识相链接，属于立体观念水平层次 2. 立体观念水平 3，站在系统高度处理，积木成林，纵横联系，落实系统思维哲学课程观，当属已故北京特级教师孙维刚老师的处理艺术．

命题：当$CD/\!/OB$、$EF/\!/OA$时，$\angle 1$、$\angle 2$、$\angle 3$、$\angle 4$和$\angle AOB$相等或互补．[15]

策略 1：将图 1-7 中 5 个角的边的射线方向都加以标注，则得到如下结论：当两组平行边的射线方向全相同或全相反时，这两个角相等；两组平行边的射线方向一同一反时，这两个角互补，即$\angle AOB=\angle 3$，$\angle AOB+\angle 2=\angle AOB+\angle 4=180^\circ$，$\angle AOB=\angle 1$.

这样，就发掘了知识之间的联系与规律，加深了知识的理解．

策略 2:把两条射线方向相同的关系规定为"+",方向相反的关系规定为"−";把两个角相等的关系规定为"+",互补的关系规定为"−". 那么,有理数乘法的符号法则:正正得正,正负得负,负负得正,恰当地描述了本命题确切的结论. 这样的认识又加深了,大自然中的联系竟如此微妙!

策略 3:将图 1-7 中直线 EF 平移,使它与 OA 所在直线重合(图 1-8). 此时结论:$\angle AOB=\angle 3$,$\angle AOB+\angle 2=180°$,$\angle AOB=\angle 1$ 仍然成立,这就是"平行线的基本性质".

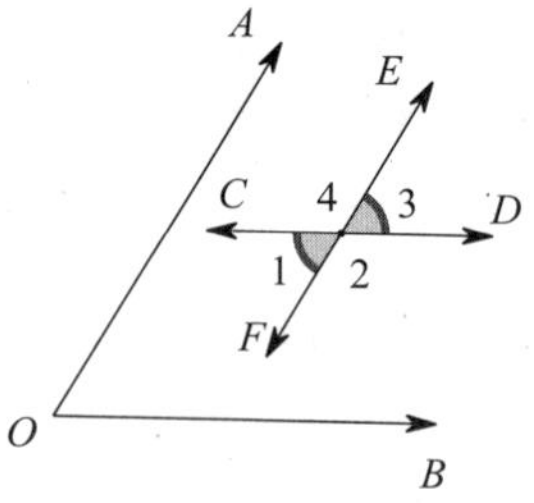

图 1-7

策略 4:在图 1-8 的基础上,把 CD 也平移,使之与 OB 所在的直线重合(图 1-9),此时 $\angle AOB=\angle 3$,不就是"等角的定义"吗?$\angle AOB$ 分别和$\angle 2$ 及$\angle 4$ 互补,不也是平角的定义吗? 而$\angle AOB$ 和$\angle 1$ 相等,竟然可同时认为是对顶角相等.

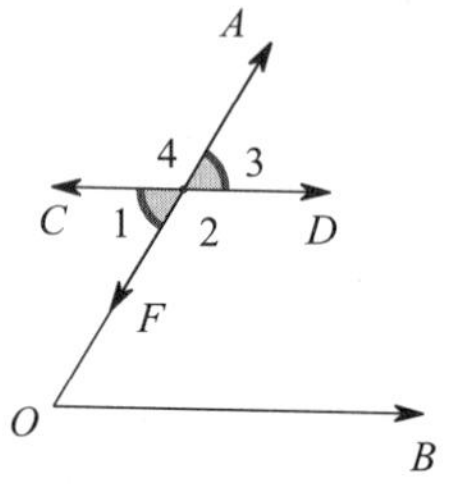

图 1-8

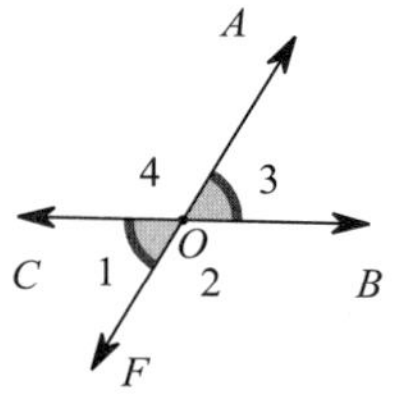

图 1-9

知识间的联系,竟如此令人意想不到,却又如此合情合理. 通过这样的教学,将七年级"平面几何"中与角有关的定义、定理全融合在一个命题中.

这种"系统思维"策略其目的是为了"九九归一",其优越性在于:首先,这个融会贯通的过程,使我们透过繁杂的现象,抓住了本质——角不仅有大小,而且是有方向的,同时运用符号法则简化了记忆. 同时,为高中的向量知识学习埋下伏笔. 其次,接触了一种认识问题的思想方法:由寻找联系入手,运用规定(定义)平移、变换等数学思想和从"特殊到一般,又从一般到特殊"的方法,把个别、离散的现象构造成浑然一体的系统,这标志着能力提高和素质发展.

系统思维能极大地简化人们对事物的认知,给我们带来整体观、全局观. 具备系统思维是逻辑抽象能力强的集中体现,同时,提升系统思维水平是发展学生运用数学知识与方法发现和提出问题、分析和解决问题能力的关键举措.

二、学习的迁移策略

(一)迁移的概念

"为迁移而教"是当今教学的热门话题,因为"迁移"能缩短认知距离,简化认知方法,是一种比较"经济"的学习方式. 学习的迁移是指一种学习对另一种学习的影响或习得的经验对其他活动的影响. 现代迁移理论把迁移定义为:学习者利用认知结构的原有观念,通过思维对新课题内容进行分析、概括,在揭示新旧课题共同本质基础上发生学习转迁.[16]认知结构的清晰性和稳定性直接关系到新知识学习的效果. 学习的迁移是一种普遍的现象,广泛地存在于各种学习材料和各种形式的学习和训练中，尤其以知识的学习和技能的学习最为显著．如分数的学习影响着学生对分式的学习，而分式的学习反过来影响着学生对分数新的理解．所以分式的学习通过分析、比较分数的学习结构（过程结构和方法结构），发现它们具有特殊与一般的关系，并且具有类似的学习结构，因此，可利用类比分数的研究思路来研究分式，实现迁移学习；又譬如学生掌握了利用“描点法”画一次函数图象的方法，就会将这种技能性的方法迁移到二次函数和反比例函数图象的画法；在数学解题教学中，通常所说的“举一反三，触类旁通”正是解题方法的水平迁移．这些都属于迁移现象．

（二）迁移的分类

迁移有不同的分类方式：

1. 按迁移产生的方向分类，可分为顺向迁移和逆向迁移．顺向迁移是先前学习对后继学习的影响，如分数的学习对分式学习的影响；逆向迁移是后继学习对先前学习的影响，如分式的学习能促进学生对分数知识的理解和巩固．顺向迁移有利于学生对新知识的理解和掌握，逆向迁移有利于学生对前经验的巩固和完善，有助于学生完善认知结构．因此，教学时，要充分利用顺向迁移和逆向迁移，促进学生主动学习，提高学习效果．

2. 按迁移产生的效果分类，可分为正迁移（积极迁移）和负迁移（消极迁移）．正迁移是一种学习对另一种学习的积极影响或促进，如有理数的学习能促进实数和复数的学习；三角形的学习有利于学生更好地学习四边形，这些都是正迁移．相反，负迁移是一种学习对另一种学习的阻碍或干扰，如生活中的垂直与几何的垂直概念的不一致，导致许多学生画$\triangle ABC$中AB边上的高出现如图1-10所示两种情况，这是一种典型的负迁移，对学生理解数学垂直概念产生了干扰．因此，在教学时，尽可能避免产生负迁移．

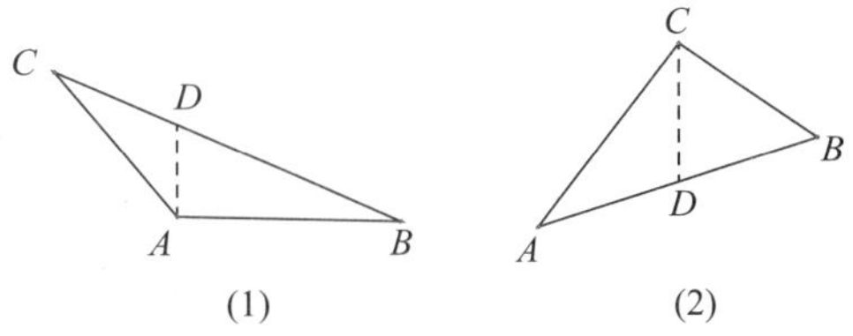

图 1-10

3. 按迁移产生的情景分类，迁移可分为水平迁移（横向迁移）和垂直迁移（纵向迁移）．水平迁移是指在内容和难度上相似的两种学习之间的迁移，如将矩形的学习经验迁移到菱形的学习；垂直迁移指不同难度、不同概括性的学习之间的相互影响，如将有理数的学习经验迁移到实数学习．

（三）学习的形式与迁移

奥苏贝尔认为，新知识与原有知识可以构成三种关系：一是原有观念为上位的，新的知识是下位的；二是原有观念是下位的，新知识是上位的；三是原有观念和新知识是并列的．新旧知识的三种关系，导致了三种形式的学习，即下位概念的学习、上位概念的学习和并列结合概念的学习．[2] 如图1-11所示．

1. 下位概念的学习．学生认知结构中原有的有关观念在概括水平和包摄性上高于学习的知识，新的知识是原有知识的下位知识，这样的学习就构成下位学习．下位知识的学习是一种自上而下的垂直迁移，宜采取“同化”的学习方式，如学习“矩形”“菱形”的内容时，应运用其上位知识“平行四边形”的学习经验，利用演绎推理进行迁移学习．尤其是下位概念的学习，如矩形的定义，宜采取“属＋种差”的定义方式，其中“属”是平行四边形，“种差”

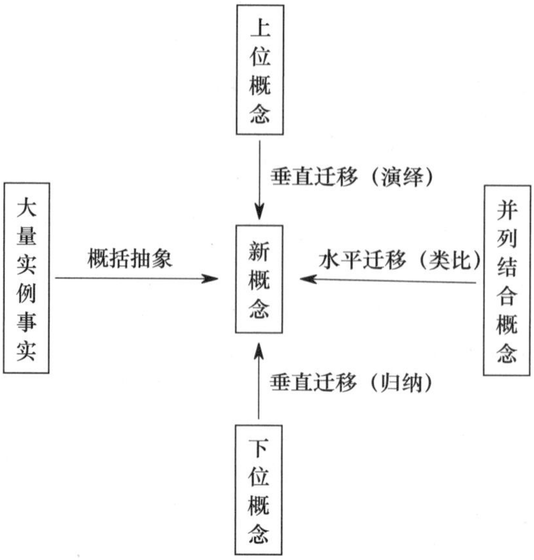

图 1-11

是一个角是直角．总之，下位概念的学习是由一般到个别、抽象到具体的认知过程，它导致认知结构不断分化和精细化．

按信息加工理论的原理，垂直迁移是学习者在已有的“原问题的知识组块”上加上某一小条件变化信息来处理一个目标问题，或从已有的知识组块中分离出相对较小的知识组块的信息加工过程(图 1-12)．学生垂直迁移能力的关键在于头脑中所贮存的关于“原问题的知识组块”和学生对目标问题的分析能力，而对目标问题的分析能力体现在学生是否能够从“目标问题”中分析出解决这一问题所需要的“新知识组块”．垂直迁移的难易度决定于“原问题知识组块”和“目标问题”的差异的大小．差异越小，即所需的“新知识组块”越小，迁移就越容易．当然，对同样一个问题，不同的处理问题或解决问题的方法，会有不同的难度，因此也需要不同的“新知识组块”．[16]

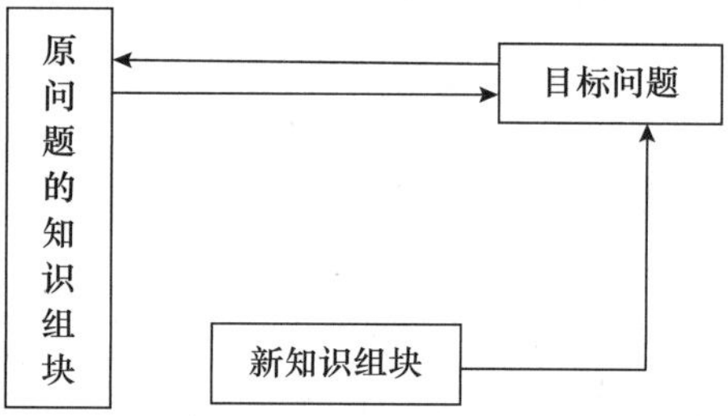

图 1-12

2. 上位概念的学习．当学生的认知结构中已经形成了几个观念，现在要在原有观念的基础上学习一个概括性和抽象水平更高的概念或命题，便产生了上位学习或总括学习．如“数的扩展”都是经历从下位到上位的总括学习过程．以有理数的学习为例，学生先学习了整数，由于实践中的测量、分物的需要和数学内在运算的需要，学习一类新的数——分数，在整数和分数的基础上再学习有理数这个新的总括性概念，并且有理数这个概念通过归纳、总结原有下位概念整数和分数的属性而获得意义．这是一种从下位到上位的总括学习，是自下而上的垂直迁移．总之，上位学习是由个别到一般、具体到抽象的认知过程，它导致具体知识统合在一个更概括、更抽象的观念之下，为新的具体知识的学习提供上位观念．

3. 并列结合概念的学习．当新的概念或命题与认知中的原有观念既不是类属关系，也不是总括关系，而是并列结合关系时，便产生并列结合学习．如方程与不等式尽管它们的概念、性质、解法不同，但它们之间具有类似的关键特征，而呈现并列关系．因此，不等式的学习可利用水平迁移的方法，类比方程进行学习．又如三角形和四边形尽管内容不同，但它们之间存在着类似的学习过程结构和学习方法结构，可以水平迁移．

三、奥苏贝尔的认知结构理论

奥苏贝尔从儿童习得知识的角度，提出了两个原则和先行组织者策略．

(一)逐渐分化原则

逐渐分化原则是指学生首先应学习最一般、最概括的观念，然后根据细节和具体性对它们逐渐加以分化．或者说，教学中应先学习上位概念，然后在上位概念的同化之中学习下位概念．

奥苏贝尔认为，利用逐渐分化原则处理教材的方式与人们自发地探究一个完全不熟悉的知识领域的自然顺序是一致的，而且与人们表证、组织与储存知识的方式也是吻合的．因为学生了解了知识的整体框架或上位概念的语义时，知识的总框架或上位概念就能够为学生的后续学习提供导航的作用，为学生的主动思维提供框架的支撑．由此，奥苏贝尔提出了两个假设：一是下位学习比上位学习更容易，学生从已知的包摄性较广的整体性知识中掌握分化的部分，比从已知的分化部分概括整体性知识的难度要低；二是某一学科在学生认知结构中的组织是有层次的：包容范围最广的那些观念位于这个结构的顶端，它们容纳概括性越来越低，分化程度越来越高的命题、概念和事实材料．[17]因此，当学生的认知结构中具有包含范围较广的知识，而这些知识与新知识之间的关系又特别紧密，它们又可以被用来作为学习新知识的理想“固着点”(即在学习者的认知结构中找到已包含着新材料并可以与之联系的起固定作用的观念)时，学习和保持新知识的效果最好．因此，教师在安排教学内容、计划教学程序时，要遵循由整体到局部，由上位到下位，由一般到特殊，应将每一个教学单元按概括性和包容性程度由大到小的顺序，依次呈现，从而使新知识的教学有理想的固着点．这不仅有利于学生对知识的整体理解，而且还可以促进知识的组块化、结构化，减轻学生的记忆负担，更好地帮助学生实现意义的“双向建构”(在已有认知结构同化新观念新意义的同时，新的知识信息的进入又使旧观念发生改造与重组)，从而形成良好的认知结构．

(二)综合贯通原则

是指对认知结构的已有知识重新加以组合，经过类推、分析、比较、综合，将新旧知识之间建立起联系，使所学知识构成清晰、稳定、整合的知识体系．这一原则是指教师应帮助学生对自己已有认知结构中的相关观念进行重新组合．[2]如将学过的知识与当前的学习材料进行比较和分析，发现彼此间的共同点和不同点，加深对新材料意义的理解．横向的比较和联系既可以在相似的材料间进行，也可以在观点对立的材料间进行．并列结合学习是促进知识综合贯通的典型方式．[2]这一原则在教育学上的意义就是教学要遵循从局部到新的整体，从而不断完善学生的认知结构．

(三)先行组织者策略

简称组织者，是指一些与教学内容相关的，并且先于学习材料之前呈现的一个抽象概括水平较高、比较清晰和稳定的引导性材料．组织者可以是一条定律、一个概念、一段概括性说明文字、一个直观形象的具体框架或模型，是新旧知识发生联系的桥梁，是教学的“GPS”，为教学“定位、把向”．

组织者的作用主要是搭建研究框架，引导思维方向，增强思维的逻辑性、条理性，为学生学习和理解新知识、研究和解决新问题提供脚手架．具体地说，组织者能激活认知结构中已具备的相关观念，使学生认识到新旧知识之间的联系，为学习新知识提供一个“固着点”，使新知识顺利地纳入已有的认知结构中去；组织者还能为将要学习的材料提供一个框架或线索，起到了“导游图”的作用，能使学生对学习进程心中有数，帮助学生建立有意义学习的心向，有助于学生掌握研究问题的方法．

教学在什么情况下需要设计组织者？奥苏贝尔认为，组织者最适宜在下面两种情况下运用：第一，当学生面对学习任务时，如果其认知结构中缺乏适当的上位观念可以用来同化新知识，则可以设计一个概括和包容水平高于要学习的新材料的组织者，以便获得一个可以同化新知识的认知框架，这种组织者称为陈述性组织者．第二，当学生面对新的学习任务时，如果其认知结构中已经具有同化新知识的适当观念，但原有观念不清晰或不巩固，学生难以应用，或者他们对新旧知识之间的关系辨别不清，则可以设计一个指出新旧知识异同的组织者，这种组织者称为比较性组织者．[18]

组织者如何设计？一是设计知识性结构，为学生提供新知学习的上位概念或知识大框架，引导学生形成对新知识本质属性的总体印象，使学生认识到知识之间的联系；二是设计过程性结构或方法性结构，为学生学习新知识提供类比或分辨的参照、提供学习线索，帮助学生获得研究内容、形成研究思路、找到研究方法．该策略强调组织者与学习者认知结构中已有观念相联系，提供一个能将新旧知识联系起来的“一般观念”，为新知学习提供一个“观念固着点”，使新知识顺利地纳入已有的认知结构中去，有效地帮助学习者组织要学习的材料．[18]

案例 1-13　“乘法公式”的组织者

在$(a+b)(c+d)=ac+ad+bc+bd$中，a,b,c,d可以是数、式或者别的什么．数学中经常要通过考察特殊情况来获得对问题的进一步认识，在多项式中，也有一些特殊情形值得研究．

问题：$(x+b)(x+d)$可以利用公式直接写出结果，它是$(a+b)(c+d)$在$a=c=x$时的特例．在$(a+b)(c+d)=ac+ad+bc+bd$中，你认为还有哪些特殊情形？你能得到什么？

【设计意图】通过“组织者”渗透从一般到特殊，考察特例，深入认识数学对象的方法；在让学生自主活动之前，先指出已有特例$(x+b)(x+d)$，使学生有一个类比对象，明确思考方向．

案例 1-14　“四边形”的组织者

今天开始学习“四边形”的有关知识．在研究“三角形”时，我们类比了“角”的研究思路．类似地，在研究“四边形”之前，我们先概括一下“三角形”的研究内容、过程和方法，以便为“四边形”学习搭建好“脚手架”．

1. 你能总结一下“三角形”一章研究的内容、过程与方法吗？

通过归纳得到：背景（实例）→三角形的概念（定义、表示、组成要素、相关要素）→三角形的分类(按边分类,按角分类)→三角形的性质(边的关系、角的关系、重要线段、稳定性等)→三角形的全等(概念、判定、性质)→特殊三角形的研究,按角的特殊(直角三角形)、边的特殊(等腰三角形)分类,从概念、性质、判定、大小度量等方面展开研究.

【设计意图】让学生明确一个类比对象,使他们逐步养成用几何研究的"基本套路"思考问题的习惯.

2. 类比三角形的研究,你能猜想出"四边形"研究的内容、过程和方法吗?

通过归纳得到:背景(实例)→四边形的概念(定义、表示、分类、组成要素、对角线等相关要素)→四边形的基本性质(内角和、外角和、稳定性等)→四边形的全等(暂时不研究)→特殊四边形的研究,也可按角的特殊、边的特殊分类,研究的基本内容也是概念、性质、判定、大小度量等.

【设计意图】通过类比,先让学生对"四边形"一章内容有一个整体认识,在后续研究中能"见树木也见森林",给学生提供基本思路、基本思想方法,从而增强学习主动性.

四、整体性教学及其特征

(一)整体性教学

整体性就是统一性和完善性,是指由各个部分通过稳固的相互联系而构成的发展着的联合体.任何事物都有整体性,任何整体性又都呈现过程性.

整体性教学是指学生、教师、教学内容、教学环境(活动)等不同要素相互联系构成的有机统一体及其发展的全过程,也包括构成这些要素的不同的次要素之间的统一性、协同性与集合性.具体包括四个方面内容:[19]

1. 学生认知结构的整体性.它是指学生认知结构中总是存在原有的适当观念和这种适当观念发展的空间.它要求教学过程中,教师首先要了解学生的认知结构,即了解学生对所学的内容是如何思考的,包括五种成分:学生对于内容已经知道了什么;可能的认知途径;学生理解的发展历程;学生认为内容是容易还是难懂;学生对内容的典型误解.然后适时地提醒学生把较大的、经过组织的知识网络与新事实联系起来.

2. 教学内容的整体性.即给学生提供整体的学习任务,让学生经历包括提出问题、分析问题、解决问题、拓展问题在内的完整的学习过程,重点思考:"为什么教?""教什么?"一般包括以下几种成分:内容在整个学科体系中的地位和作用;上位知识与下位知识之间的联系;新旧知识(包括数学外的其他学科知识)间的联系;与儿童生活经验的联系;数学的核心概念和过程;蕴涵在这些核心概念与过程里的数学思想方法;对学生今后学习和发展最有价值的知识.

3. 学习策略的整体性.它是由学习任务的整体性决定的,通常表现为学习过程中的目标设置、计划、反思与自我监控、复习巩固等.教师在教学过程中,重点思考"怎么教?",要努力创设适合学生学习的教学方式和学习方式,充分调动学生的积极性和主动性,并有意训练学生形成元认知学习能力和元学习策略.

4. 教学环境(活动)的整体性.它是指教学过程中教学环境的创设和教学活动的组织,即教学活动的设计与顺序安排、教学内容的呈现方式、师生之间的整体互动等.好的教学活动会给学生提供新知的适宜认知根源,新知识会在学生已有知识经验中得到解释,学生通过推理经历知识的形成过程，获得教师期望的理解；学生会有大量机会进行口头与书面的交流，发展数学交流的技巧；学生会在新旧知识之间建立合理的、实质性的联系，形成简洁统一的认知结构．

（二）整体性教学的基本特征

1. 整体性．是整体性教学的首要特征，要整体分析数学内容本质和学生认知规律，合理整合教学内容，分析主题—单元—课时的数学知识和核心素养表现，整体设计，分步实施，促进学生对数学教学内容的整体理解和把握，构建起数学学习主题统整下的脉络清晰、条理分明、相互联系的数学知识体系．

2. 迁移性．数学整体性教学强调前后知识与方法的关联，前面知识的学习对后续知识学习的正向推动作用，即正迁移，具体有：旧知识向新知识的迁移；知识由理解向表达迁移；由一个主题或概念向另一个主题或概念迁移；由零散知识向概括化、系统化迁移；由数学向其他学科迁移；由理论向实践迁移．体会不同教学内容之间数学研究方法的一致性和可迁移性．

3. 有序性．数学整体性教学强调教学立足学生已有的知识和经验进行学习，因此学生思考问题和解决问题不但方向清晰，而且知道先后次序，体现了思维的有序性（有意识地选择、有顺序地思考）．

4. 过程性．数学整体性教学强调知识之间的纵横联系、知识的发生发展过程、知识的来龙去脉、学生认知发展的过程以及教与学的互动过程．

5. 结构性．数学整体性教学强调内容组织的结构化，注重将新的知识嵌入学生已有的知识网络中，在适当的地方各占其位，并通过同化与顺应与其他知识关联起来，形成具有良好层次结构的新的知识网络。在这样的网络中、每一个知识尤其是核心知识将显露出它的意义和目的，表现出“理解与巩固”“检索与提取”“应用与迁移”之功效，使学生在全局中把握细节，合纵连横，见木见林．

参考文献

[1]章建跃．从数学整体观看“同底数幂的乘法”的教学[J]．中国数学教育（初中版），2013：7-8.

[2]皮连生．学与教的心理学[M]．上海：华东师范大学出版社，2009.

[3]朱先东．数学单元整体教学设计[J]．浙江教学研究，2021.1.

[4]中华人民共和国教育部制定．义务教育·数学课程标准（2011年版）[M]．北京：北京师范大学出版社，2012.

[5]叶澜，吴亚萍．“新基础教育”数学教学改革指导纲要[M]．桂林：广西师范大学出版社，2009.4.

[6]中华人民共和国教育部制定．义务教育·数学课程标准（2022年版）[M]．北京：北京师范大学出版社，2022.

[7][英]P·切克兰德．系统论的思想与实践[M]．北京：华夏出版社，1990.

[8]王鹏，潘光花，高峰强．经验的完形——格式塔心理学[M]．济南：山东教育出版社，2009.

[9]孙朝仁，朱桂凤．基于系统思维框架的图形与几何教学[J]．初中数学教与

学,2018.9.

[10]裴娣娜．现代教学论(第三卷)[M]. 北京:人民教育出版社,2005:396.

[11]李昌官．高中数学研究型教学[M]. 上海:华东师范大学出版社,2019:57.

[12]章建跃,陈向兰．数学教育之取势、明道、优术[J]. 初中数学教与学,2015.3.

[13]布鲁纳．布鲁纳教育文化观[M]. 宋文里,黄小鹏,译．北京:首都师范大学出版社,2011.

[14]刘锋．系统思维方式论纲[J]. 上海:上海交通大学学报(社科版),2001.9.

[15]孙维刚．孙维刚初中数学[M]. 北京:北京师范大学出版社,2005.1.

[16]曹宝龙．学习与迁移[M]. 杭州:浙江大学出版社,2009.6.

[17]曹才翰,章建跃．数学教育心理学[M]. 北京:北京师范大学出版社,1999.

[18]孔凡哲,曾峥．数学学习心理学[M]. 北京:北京大学出版社,2012.

[19]李昌官．寻找数学内在的力量[M]. 宁波:宁波出版社,2014.

第二章 数学整体性教学设计的策略与实施

第一节 数学整体性教学设计及其策略

一、数学整体性教学设计

什么是整体性教学设计？至今还没有形成统一的定义，结合第一章整体性的理论和专家、学者的观点，将其内涵界定为：数学整体性教学设计以系统论、整体观为指导，尊重学生的思维逻辑，遵循数学的学科逻辑，将结构关联的数学知识、方法作为一个“系统”，把具有相同或类似结构的一类课进行关联思考和整体设计，建立起新旧知识、方法以及观念之间的联系，形成数学学习的一般观念和基本策略，提升学生思维力、学习力、迁移力，发展学生数学素养．[1]

数学整体性教学在内容上体现在代数、几何、三角、统计等各部分内容及其相互之间的联系上，特别是由数学核心概念所反映的知识的整体性、逻辑的连贯性、方法的普适性、思维的系统性、思想的一致性；在策略上，主要运用“学·用”结构和“整体-部分-整体”两种策略，将教学内容、教学方法、学习方法、师生互动等要素组织成一个有机整体．

数学整体性教学设计强调形成学生主动类比发现结构，形成结构并加以拓展的学习心态和学习能力；强调将学生在学习过程中积累的经验迁移到新情境中，构建有序思维，解决挑战性问题；强调在知识的学习和问题的解决过程中形成知识体系、方法体系和思想体系，为后续学习提供更上位的观念．

二、“学·用”结构教学策略

“学·用”结构以学生的“学”为中心，以“用”知识和方法学习新知、解决问题为目标，把具有相同或类似结构的一类课进行关联思考和整体设计，即通过对教材内容的理解和整合，将同一个结构单元或者是不同单元但结构类同的内容的教学过程分为“学结构”和“用结构”两大阶段．前者重在发挥教师主导作用，引导学生整体认识知识关系、确定学习对象、形成学习经验；后者重在发挥学生主体作用，将前经验迁移到新的情境，类比学习新知识、解决新问题，并不断完善认知结构．其“学·用”结构如图 2-1 所示．[1]

上述教学过程中，首先，要结合具体情境，引导学生通过直观想象、数学抽象认识事物的本质、关系及其规律，获得数学的研究对象，这是开展整体深度学习活动的基础；其次，需要根据研究对象的特点确定合适的类比对象并构建研究路径，通过类比、联想、特殊化、一般化等推理

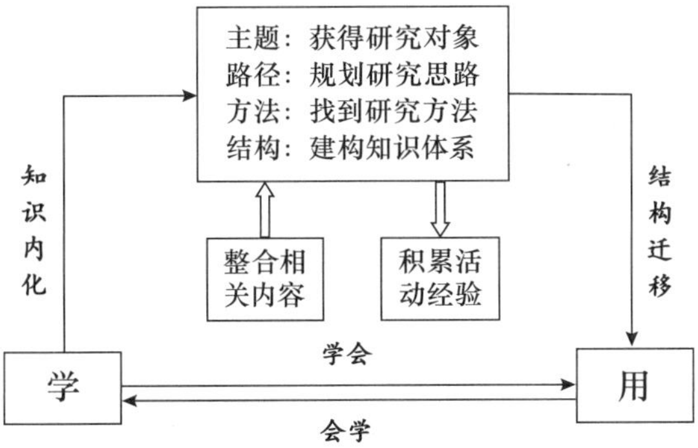

图 2-1

活动发现和提出数学问题（概念、性质、法则等）、形成研究思路、找到研究方法是感悟数学思想、积累数学活动经验的关键，也是实现数学学习“以简驭繁”的关键；再次，在整体思路和方法指引下，组织学生进行自主探究，建构知识体系，完善认知结构，这是整体性教学设计的核心；最后，将获得的“学习结构”（框架性结构、过程性结构和方法性结构的统称）迁移到新的情境中，研究新问题，这是实现会学的保证．[2]

以浙教版函数内容学习为例，一次函数的学习是“学结构”阶段，形成和积累经验（原初经验），反比例函数和二次函数的学习是“用结构”阶段，即将在一次函数的学习过程中形成的学习结构，通过类比迁移，学习反比例函数（运用原初经验），然后进一步运用一次函数和反比例函数的学习经验（再生经验），类比学习二次函数，进而形成经验图式（图 2-2）．

在“学结构”阶段，主要采用启发式、探究式等教学方式教会学生，让学生从背景问题（生活问题、数学问题）出发，在问题解决的过程中发现和建构知识，充分地感悟和体验知识之间内在关联，逐渐形成知识的框架性结构、学习的方法性结构和知识形成的过程性结构．当然一节课中这三种结构不是孤立存在的，往往伴随着发生，有时两种结构同时存在，甚至三种结构同时存在．为了让学生充分把握“学习结构”，形成学习的“一般观念”，这一阶段的教学速度可以根据学生的实际情况适度放慢，以学生是否确实形成对学习结构的理解和掌握为标准．在“用结构”进行学习阶段，主要让学生运用在“学结构”阶段所形成的知识、方法、过程等经验进行类比学习和主动学习，教学进程可适度加快，鼓励教师放手让学生自学．这一阶段不仅要运用好“先行组织者”教学策略，为新知的学习搭好“脚手架”，类比规划好“路线图”，而且要重视知识与方法的整体性、关联性和递进性，避免同一层次上的简单重复，着力培养学生的学习力和迁移力，实现从“学会”到“会学”的育人目标．

三、“整体-部分-整体”教学策略

根据“渐进分化”和“综合贯通”两条原则，要求教学设计遵循“整体-部分-整体”的教学策略，即在具体教学开始之前，先以一个单元或一章内容作为一个整体，将所教的内容作一个整体性的梗概介绍（即概览知识），引导学生整体感悟新知学习的背景框架、基本过程或基本方法；然后在整体感悟的基础上，运用学习的“一般观念”研究局部知识（即分化学习）；最后通过概括、总结、提炼，形成内容更丰富、结构更完善且具有个性化特征的新的整体．“整体-部分-整体”教学组织策略的结构如图 2-3 所示．

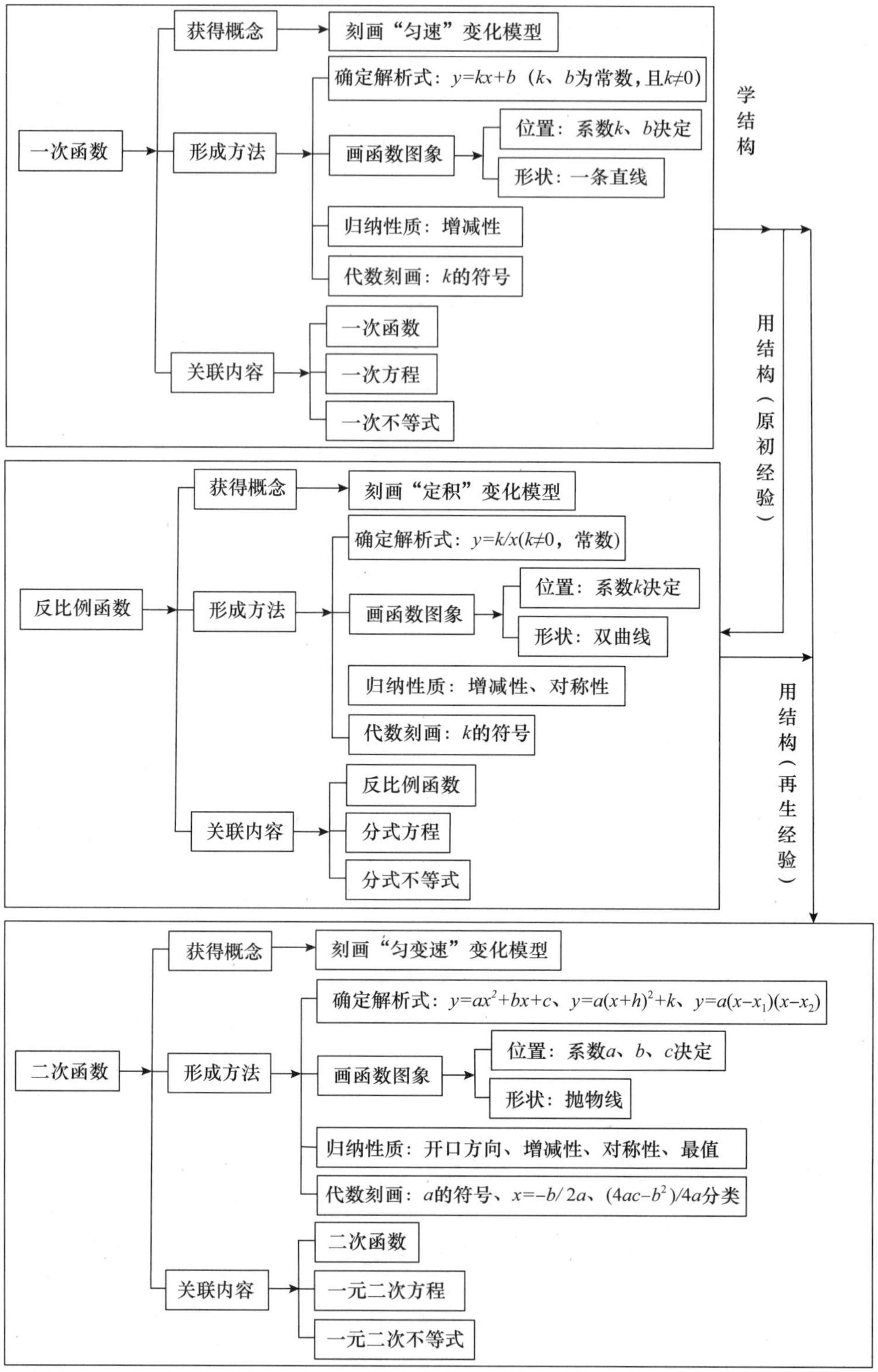
一次函数
获得概念
刻画“匀速”变化模型
形成方法
确定解析式：y=kx+b（k、b为常数，且k≠0）
画函数图象
位置：系数k、b决定
形状：一条直线
归纳性质：增减性
代数刻画：k的符号
关联内容
一次函数
一次方程
一次不等式
学结构
用结构（原初经验）
反比例函数
获得概念
刻画“定积”变化模型
形成方法
确定解析式：y=k/x(k≠0，常数)
画函数图象
位置：系数k决定
形状：双曲线
归纳性质：增减性、对称性
代数刻画：k的符号
关联内容
反比例函数
分式方程
分式不等式
用结构（再生经验）
二次函数
获得概念
刻画“匀变速”变化模型
形成方法
确定解析式：y=ax²+bx+c、y=a(x+h)²+k、y=a(x-x₁)(x-x₂)
画函数图象
位置：系数a、b、c决定
形状：抛物线
归纳性质：开口方向、增减性、对称性、最值
代数刻画：a的符号、x=-b/2a、(4ac-b²)/4a分类
关联内容
二次函数
一元二次方程
一元二次不等式

图 2-2

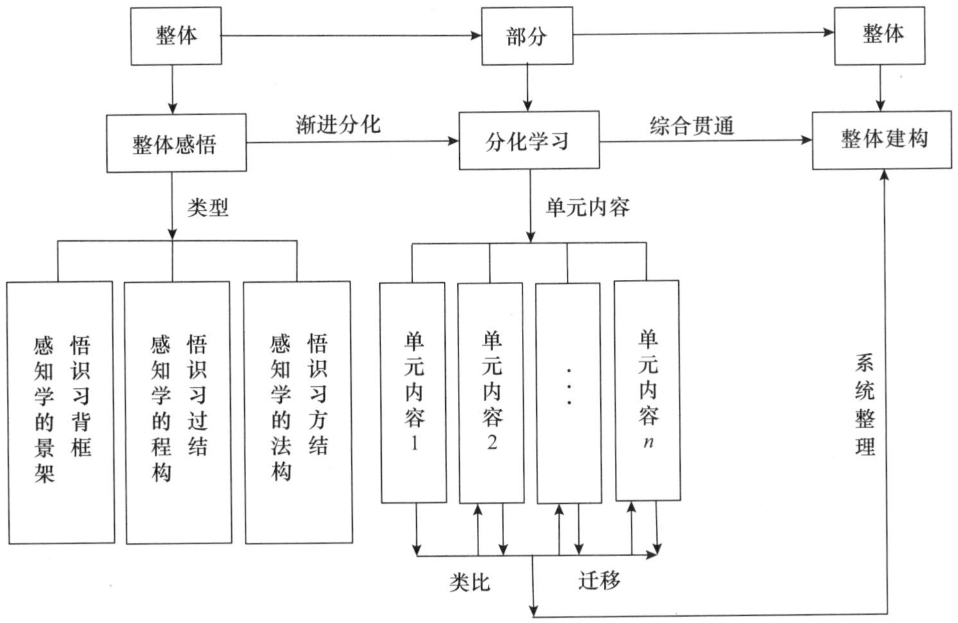

图 2-3

第一个"整体"是指"整体感悟",所谓"感悟"其实可分为"感"与"悟"两个心理过程,"感"是外界刺激作用于主体而产生的,是通过肢体(如感官等)的感触、接触,而不是通过大脑思维,他含有原始的、经验性的成分．这个过程是以内容的细节、局部为对象．"悟"是主体自身的,是通过大脑思维而产生的,是由表及里、见微知著的过程,这个过程着眼于内容的整体及其认知的经验．因此"整体感悟"是指对内容的"整体感知"和"整体把握",是建立在联想和想象、图式加工及完形心理能力基础之上的认知过程,主要包括整体感悟新知学习的框架结构(内容),或新知学习的过程结构(路径),或新知学习的方法结构(方法).[3]"整体感悟"是通过对背景材料的整体感知或通过先行组织者策略(整体把握)而发生的,其价值在于"统领",即在系统思维和整体观念引领下,对主题或单元内容做一个提纲挈领的"概览",使学生在后续具体内容的学习之前先对单元内容有一个结构性认识,让后继学习具有全局思维和整体视角．对主题或单元起始课一般用"整体感悟"的教学策略．以"代数式"主题学习为例,"代数式"的第一课时先让学生通过背景(实例)形成代数式的概念,然后引导学生观察、比较、分析不同类型代数式的结构特征,对代数式进行分类并类比实数进行抽象命名,帮助学生整体感悟代数式的知识框架——整式、分式、根式．又如在"分式"单元起始教学时,类比"整式"和"分数"的研究套路,初步建构分式的研究内容、研究过程和研究方法,把握大框架、明确大方向．

"部分"是第一个"整体"知识框架下的局部知识,或思维策略指导下的具体方法,是按照整体的目的发挥各自的作用．整体与部分是相对的,如代数式主题就是一个整体,整式、分式、根式都是代数式这一整体下的"次整体",而多项式又是整式这一整体下的"次整体"．整体与部分从结构上来说,是上位与下位的关系,其学习过程是同化过程,其学习方式是垂直迁移;而部分之间往往是并列结合关系,具有同构特征,其学习方式是水平迁移．因此,在"部分"的分化学习中,宜采取"学·用"结构教学组织策略,既要重视上下位的垂直迁移学习(纵向),如类比实数研究代数式、类比平行四边形研究矩形;又要重视并列结合关系的水平迁移学习(横向),

如类比整式研究分式和根式、类比三角形研究四边形、类比矩形研究菱形等．

尤其是要重视主题起始单元内容的学习，它具有初始性，具有种下整个主题知识“种子”的隐性“义务”，对本主题的其他单元有先行组织、结构统领并孕伏一种生长力量的功用．如整式单元是代数式主题的起始单元，教师引导学生运用启发式、探究式等学习方式学会代数学习的“一般观念”：背景→概念（定义、表示、分类）→性质→运算→联系与应用，这是代数式“学结构”阶段，是为分式、根式的学习“培好根”的过程．后续分式、根式单元知识具有“生长性”，教师要注意引导学生主动类比前经验进行迁移学习，促进代数式知识的自然生长，体现研究方法的普适性、逻辑的连贯性、思想的一致性．

第二个“整体”是指“整体构建”，主要是指单元知识整理和学习经验建构，当然也包括课时学习和单元复习．对主题起始单元的教学，一定要重视引导学生总结、归纳，积累原初的学习经验，初步形成本领域知识的研究框架、研究思路、研究方法，形成更上位的观念．对主题其他单元的教学，注重引导学生通过总结、梳理、归纳，将新的知识、方法、经验纳入学生已有的认知体系，并通过同化或顺应构成新的认知结构，实现知识与方法再建构，具有个性化特征．这个过程一定要遵循“学生先行，教师断后”教学原则，即学生自主建构、生生合作交流、师生共同完善．

特别是主题的最后（终端）单元，处在主题的“收口”位置，除了类比前经验进行迁移学习外，还肩负着前衔后合、完整领域认知结构的重任，体现知识与方法的关联性与进阶性．如代数式主题的终端单元——根式单元学习，要运用“综合贯通”原则，将前面学习的各“部分”内容、方法、路径进行总结提炼，逐步完善代数式的认知结构，形成代数式内容新的整体，并为代数系统其他主题知识的研究提供更上位的观念和“先行组织”．

本书依据《标准（2022年）》，初中数学内容自上而下分级层次为领域（如数与代数领域）→主题（大单元）（如函数主题）→单元（如一次函数单元）→课时（小单元）（如一次函数图象与性质）．

单元是基于一定的目标和内容所构成的学习模块，由若干个具有内在联系的课时所组成．[4] 单元的规划依据课程标准和教材，可以是教材的自然单元（章），也可以是教材重组单元，还可以是自拟专题单元．数学学科规划的单元，可以根据内容之间的不同关系体现不同的逻辑结构，主要有纵向结构单元、横向结构单元、融通结构单元等．

第二节　纵向结构关联知识的整体设计

纵向结构关联是指在单元内知识的发生发展关系或结构类同的单元间知识之间的关系，呈纵向关联和纵深发展．包含两种情况：一是单元内各个专题之间呈现一种知识递进关系，即专题1→专题2→…→专题n．从逻辑上看，各个专题之间具有比较明显的先后次序，必须前后依次展开，如实际背景→函数概念→图象与性质→联系与应用，这样的单元结构主要由单元内的数学核心知识之间所特有的逻辑关联所决定的．二是单元与单元之间具有同构特征，并且呈现一种知识递进关系，即…→单元1→单元2→…→单元n→…（单元1、…、单元n指初中阶段内容）．从逻辑上看，单元间的知识具有上、下位关系，教学上要遵循从下位到上位或从上位到下位的策略，做好纵向贯通，通常采取“上挂下联”方法．如整数、有理数、实数的运算及运算律，代数式的运算和运算律，其研究内容、过程、方法都有一致性，并且由特殊到一般、具体到抽象呈纵向发展．纵向结构单元知识的整体设计有助于学生从上、下位联系或纵向关联中，发现知识在其系统中的逻辑关系，反映的是知识之间的来龙去脉或因果关系．[2]

一、学——主题起始单元知识的整体设计

起始单元知识的整体设计是以一个单元内知识的发生、发展为线索，学习这一单元知识的“一般观念”，即问题如何发现、概念如何形成、性质如何研究、问题如何解决等．这个“一般观念”可以用作认识后续问题的基础，这些后续问题是开始所掌握的观念的特殊情况或一般化[5]．

如“有理数”单元是初中阶段“数”这一主题的起始单元，这一单元的教学核心任务是教师引导学生学习和形成数研究的“一般观念”：引入负数（生活实践的需要和数学自身发展的需要）→有理数的概念（定义，符号表示，分类及相关概念：相反数、倒数、绝对值）→有理数的性质（大小比较）→有理数的运算（运算法则、运算律）→有理数的应用．

在单元内知识的教学过程中，要重视学生对知识的理解与感悟，在此基础上，教师要注重引导学生积累单元内各专题学习经验，形成问题研究的观念系统（基本观念、方法观念和策略观念）．以“有理数”一章学习为例，教师要注重引导学生整理、归纳，形成以下4个方面的学习经验：数系扩充的基本原因是生产、生活实际的需求和数学自身发展的需求（满足运算的封闭性）；数系扩充的基本过程是“背景→概念→性质→运算→应用”；数系扩充学习的基本规律是引进一种新的数，就要定义它的运算，定义一种运算，就要研究它的运算律；数系扩充的基本思想是使得在原来范围内成立的规律在更大的范围内仍然成立．

数学教学的目的不只是学习现成知识，其最重要的目的是将习得的知识、方法迁移到新情境中去，也就是要学生学会创造性地解决问题．因此，在主题起始单元特别要重视学生对知识的意义理解、组织“学习结构”，并将“学习结构”迁移到新知的学习过程，从学会到会学．

（一）学会知识的框架性结构

知识的框架性结构（简称“框架性结构”），即把一个研究的大问题分解为系列的子问题，进而形成母问题与子问题、主干问题与枝节问题层次分明、逻辑连贯、前后一致的问题体系（P16）．

从数学知识本身的整体性来看，不同的教学单元之间存在框架性结构类同关系，在这类结构起始单元的教学中，如果能引导学生搭建起这个知识的大框架，就有可能在后续同类知识学习中，通过类同关系比较，寻找它们之间的区别和联系（区别体现了不同知识的本质属性），实现结构上的迁移，为后续同类结构知识的学习提供“知识的脚手架”．例如，小学的整数单元教学中，教学内容主要包括整数的意义、整数的性质、整数的运算以及运算的内部规律；在初中有理数单元教学中，同样需要从有理数的意义、有理数的性质、有理数的运算以及运算的内部规律展开教学；实数的单元教学也如出一辙．因此初中的有理数和实数与小学的整数知识之间有着共同的框架结构，学生如果从小学的整数阶段学习起，就能建立起这个知识学习的大框架，那么初中的有理数和实数学习就能通过比较整数的类同关系，寻找它们之间的区别和联系，不断地将有理数、实数知识纳入整数的认知结构之中，这就是一个体现数学认知结构化的教学过程，也是认知结构化不断发展完善的过程．

如果从数与代数的角度来看，数是具体的、特殊的，代数是抽象的、一般的，不仅实数的框架结构与代数式的框架结构具有类同性（同构现象），而且代数式的下位概念（整式、分式、根式）的教学内容与实数的教学内容类同，如整式的教学内容同样需要从整式的意义、性质、运算以及运算内部的规律展开，分式、根式的教学内容依然如此．因此实数的学习可类比有理数的

学习，代数式的学习可类比实数的学习展开，而小学整数的教学是整个代数教学的根基和类比源，从而实现跨主题的纵向融合．

案例 2-1　有理数的加法

有理数的加法是小学正数运算的延伸与拓展，是有理数运算的重要基础之一，是整个初中代数的基础，直接关系到有理数的运算、实数的运算、代数式的运算、解方程、解不等式等．从数学的运算结构来看，从"加减运算→乘除运算→乘方、开方运算"是一个纵向发展结构，其中有理数的加法运算是代数运算的最基本运算，是代数运算系统中起始内容，是中学代数运算"种子课"．因此，"有理数的加法"教学是"学结构"阶段，即让学生学会运算教学的"一般观念"：学习一种新的运算，就要学习运算法则与运算律，然后能综合运用法则与运算律进行准确而快速运算．因加法运算类型有多种，所以采取"整体进入式"教学，让学生整体感知加法运算类型，然后再进入局部的研究．

环节 1　创设情境，提出问题

1. 第一章"有理数"主要学习了哪些内容？类比小学数学的学习规律，我们接下来学习"有理数"哪些内容？怎么学习？你能画出学习"路线图"吗？

2. 在小学，已经熟悉了正数和 0 的运算，正数的运算有几种类型？每种运算的学习都经历了怎样的学习过程？

3. 在实际问题中，作加法运算的数往往可能超出正数的范围，你能举出一些实例吗？试试看．

教师出示课件：播放世界杯足球赛视频，并说明：足球循环赛中，通常把赢球数记为"＋"，输球数记为"－"，平球记为"0"，它们的和叫作净胜球数．

教师板书：赢球数(＋)＋输球数(－)＝净胜球数

4. 刚才视频中，甲乙两队的净胜球数分别为多少？如何列出算式？

(甲队进 4 个球，失 2 个球；乙队进 1 个球，失 3 个球)

甲队：$(+4)+(-2)$；乙队：$(+1)+(-3)$．

这里涉及正数和负数的运算，这就是我们今天要研究的"有理数的加法"．

【设计意图】问题 1 帮助学生建构"有理数运算"一章学习内容框架，形成上位概念；问题 2 帮助学生回忆正数的运算类型，为有理数运算类型提供类比对象；问题 3 从生活中学生所熟悉和喜欢的足球比赛视频入手，营造良好的学习氛围，将生活问题抽象为数学问题，让学生体会到在生活中用到正数和负数的加法，从而促进学生积极思考，激发学生求知的欲望；问题 4 获得研究对象——有理数的加法运算．

环节 2　整体感悟加法运算类型

1. 比赛有胜负，足球比赛上半场和下半场的输赢往往有几种情形？全场比赛会出现哪几种情况？

(赢、输、平；赢＋赢、赢＋输、赢＋平、输＋赢、输＋输、输＋平、平＋赢、平＋输、平＋平)

追问：如果用符号表示，可列出怎样的表格？

师生活动：

表 2-1

上＼下	赢(+)	输(−)	平(0)
赢(+)	(+,+)	(+,−)	(+,0)
输(−)	(−,+)	(−,−)	(−,0)
平(0)	(0,+)	(0,−)	(0,0)

2. 结合表 2-1,如果从加数的符号来看,加法有几种类型?哪几种加法我们小学就能解决了?本节课我们重点要解决哪几种类型加法问题?

【设计意图】通过足球上、下场比赛输赢情况,使问题有条理地出现在学生面前,然后让学生梳理出比赛可能情况,从而帮助学生整体感知有理数加法的类型,便于学生分类探究,培养学生分类、归纳的能力.进而获得重点研究对象:正数与负数、负数与正数、负数与负数三种类型加法运算,从而突出重点,便于用更多时间突破难点.

环节 3　整体探究加法法则

1. 完成表 2-2,然后思考下列问题:

表 2-2

项目	进球数	失球数	净胜球数
甲队	+4	−2	
乙队	+1	−3	
合计			

(1)怎样用算式表示甲乙两队进球总数、失球总数?并表示在数轴上.

(2)怎样用算式表示甲乙两队净胜球数?并表示在数轴上.

2. 你能从上面的算式中发现有理数的加法运算有怎样的规律?请你再举几个类似例子试试.(要求:先独立思考,如果有困难,小组开展合作交流)

对于异号两数相加情况,教师要引导学生注意方向和与起点的距离问题,即有理数的和要考虑符号和绝对值.

3. 交流结论,归纳法则

学生归纳法则,并完成表 2-3.

表 2-3

运算类型	运算结果	
	符号	绝对值
同号相加	加数符号	相加
异号相加	绝对值较大加数符号	较大绝对值减去较小绝对值

追问:法则的理解要注意什么?(符号与绝对值两个方面)

4. 在足球循环赛中,若乙队进 1 个球,失 1 个球,问乙队的净胜球数为多少?若乙队失

1个球，平1个球，则乙队的净胜球数为多少？

追问：你能根据算式归纳两个特殊有理数的加法运算法则吗？完善表2-3.

法则：①任何数与0相加，和不变；②互为相反数的两个数相加和为0.

5. 法则的探究经历了怎样的过程？运用了哪些数学思想方法？

6. 练习(略)

思考：运用有理数加法法则运算时，需要经历哪些步骤？

运算步骤：①判断类型(同号、异号、加数有0)；②确定和的符号；③进行绝对值的加减运算.

【设计意图】通过感兴趣的话题，亲自尝试解决，让学生通过合并、正负抵消的办法体会两个数相加的变化规律，通过讨论、交流，提炼出法则，在此基础上再研究特例，从而让学生经历了探索有理数加法法则的思维过程：实际背景→整体感知算式→比较算式(数形结合)→归纳法则→考查特例，核心方法为归纳，培养学生分类、归纳、概括、反思等能力. 注意引导学生在运用法则计算时养成“步骤化”习惯.

环节4　应用法则，促进理解(略)

环节5　整理知识，积累经验

1. 本节课，主要学习了哪些内容？在运用法则计算时有哪些步骤？易错点是什么？

2. 法则的探究经历了怎样的过程？运用了哪些方法？

3. 根据小学数的运算的学习经验，下节课我们将学习什么内容？(有理数加法的运算律)

【设计意图】引导学生进行知识整理，积累加法运算的学习内容、过程与方法经验，完善数运算的认知结构，并为数的乘法、乘方等运算以及代数式运算做好铺垫.

本节课的学习经历了两次框架结构的建立过程：一是在先行组织者环节，让学生类比小学数运算学习经验，建构“有理数运算”全章的学习内容框架和学习路径；二是通过足球比赛，帮助学生整体感知有理数加法运算类型，从而让学生建立了加法法则的框架结构.

(二)学会学习的方法性结构

学习的方法性结构(简称“方法性结构”)，即学习过程中所运用的方法体系，是一种有意识选择和有逻辑思考的思维策略.

从学生数学知识的学习过程角度，可以发现有些数学知识虽然表面不同，但在认识这些数学知识的过程中，却体现出类同的方法性结构[3]，如果教师引导学生在起始单元(课)的学习中学会了这种方法性结构，那么学生就可以利用这类方法性结构主动参与到其他同类知识的学习过程之中，实现方法迁移，从而为后续同类结构或类似结构知识学习提供“方法的脚手架”.

案例2-2　圆

本节课是圆这一主题的起始课，主要学习圆的概念和点与圆的位置关系. 而圆的概念学习，尤其是集合观点是高中曲线概念的基础. 点与圆位置关系的研究是初中阶段两个图形关系从定性描述到定量刻画的起始课，所以应引导学生学会“从定性描述到定量刻画”的学习方法结构，为后续直线与圆的位置关系和圆与圆的位置关系以及高中曲线与曲线的位置关系提供研究方法.

环节 1　以旧引新，整体建构

1. 同学们做套圈游戏，若按图 2-4 所示站成一排公平吗？怎样站才能做到公平？

2. 在小学，我们已经认识过圆，你对圆有哪些了解？

3. 在“直线、射线、线段”（简称为“线”）这一单元，我们学习了哪些内容？经历了怎样的学习过程？

师生活动：背景→概念（定义、表示、分类）→性质→特例研究→两个图形（线段、直线）关系（概念、判定、性质）

4. 你能类比“线”的学习经验，猜想“圆”这一章的学习内容和学习过程吗？

师生活动：背景→圆的概念→圆的性质→与圆有关的两个图形关系（概念、判定、性质）

图 2-4

【设计意图】把“套圈游戏”这个学生成长中的常见游戏作为问题情境，获得研究对象，返回学生生活的成长之中，是一种效法自然的形式．通过回忆邻近概念“直线、射线、线段”内容的学习经验，帮助学生建立类比对象，整体建立“圆”一章学习结构．

环节 2　概括定义，确定要素

1. 圆究竟有怎样的特点？请你用给定两种工具画圆，并请你谈谈两种工具画圆有何感受？（工具 1：一根两端打结的棉线；工具 2：一根两端打结的橡皮筋）

2. 用棉线画，半径就确定吗？你是怎么画的？

3. 你能总结出画圆的步骤吗？依据刚才画圆过程，请你归纳圆是什么图形？

师生活动：画圆三部曲：一点——定点（O）；二线——线段（OA）；三旋转——一周（端点 A）．

定义：在同一个平面内，线段 OA 绕固定的一个端点 O 旋转一周，另一个端点 A 所经过的封闭曲线叫作圆．

追问 1：定义中的关键词是什么？为什么要在“同一个平面”内？

追问 2：圆的大小、位置由什么因素决定？圆的要素是什么？

师生活动：半径决定圆的大小，圆心决定圆的位置；圆的要素是圆心和半径．

【设计意图】通过利用两种工具画图，使学生感悟到确定“圆”的基本条件：圆心和半径（即两个要素），概括圆的本质属性，进而让学生归纳“圆”的定义．

环节 3　探究点与圆的位置关系

1. 点与直线有几种位置关系？如何判断？

师生活动：方法 1——观察图形，点在直线上和点在直线外．方法 2——点到直线的距离，$d=0$↔点在直线上；$d>0$↔点在直线外．

教师强调：方法 1 是定性描述，方法 2 是定量刻画．

2. 类比点与直线位置关系，点与圆有几种位置关系？应如何判断？

师生活动：方法 1——观察图形，定性描述（图 2-5），即点 A 在圆上，点 B 在圆内，点 C 在圆外．

方法 2——数形结合，定量刻画（图 2-6），设点到圆心距离为 d，圆的半径为 r，则有下面结论（图 2-7）：

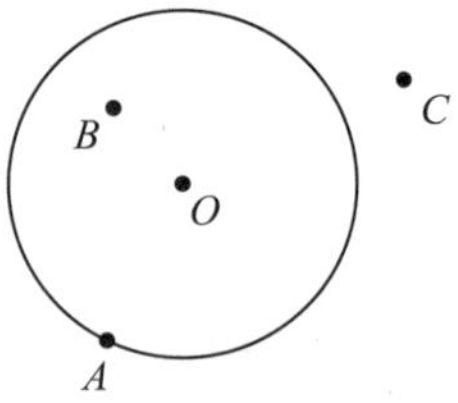

图 2-5

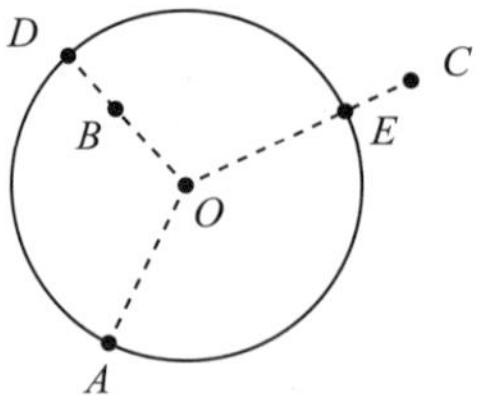

图 2-6

形（位置）⟶ 数（d与r关系）

点在圆上 ⟶ $d=r$

点在圆内 ⟶ $d<r$

点在圆外 ⟶ $d>r$

图 2-7

追问 1：你能说明上述结论成立的理由吗？

师生活动：①A 在⊙O 上，根据定义，A 点到圆心 O 的距离 d 都等于⊙O 半径 r，即 $d=r$. ②B 在⊙O 内，连接 OB，并延长 OB 交⊙O 于点 D，则 $d=OB=OD-BD=r-BD<r$. ③C 在⊙O 外，连接 OC，交⊙O 于点 E，则 $d=OC=OE+EC=r+EC>r$.

追问 2：上述结论反过来成立吗？即 $d=r\to$点在圆上，$d<r\to$点在圆内，$d>r\to$点在圆外，请说明理由．

师生活动：成立，如图 2-6 所示，若 $d=r\to$点 A 在圆上，理由如下：假设点 A 不在⊙O 上，则点 A 在⊙O 内或⊙O 外，由原结论有 $d<r$ 或 $d>r$，这与条件 $d=r$ 不符，所以假设错误，故点 A 在⊙O 上．其他两种情况，请同学们自主完成．

追问 3：由此你能得到怎样的结论？

3．点于圆的位置关系（图 2-7）．

4．练习（略）．

【设计意图】类比点与直线的位置关系和判定方法，得到点与圆的位置关系和判定方法，让学生学会研究两个图形关系的一般方法：从图形直观判断——定性描述，到点到圆心距离 d 与半径 r 的大小关系表示——定量刻画，从“定性”到“定量”为后续两个图形关系的研究奠定方法基础．同时，注重互逆关系的说理，培养学生逻辑推理能力，促进学生深度学习，也为直线与圆的位置关系定量研究储备知识与方法．

环节 4　圆的集合观点

1．圆是由无数个点组成的集合，由“点在圆上⇔$d=r$”，你能得出圆是怎样的集合？

这是本节课的难点，教师组织学生再一次画图，并提醒学生仔细观察画图过程中圆规笔尖所经过的路径和痕迹．

追问 1：这样画出的无数个点有怎样的规律？

追问 2：到圆心距离 d 等于半径 r 的点是否一定都在圆上？为什么？

师生归纳：圆上的点到圆心距离都等于半径，到圆心的距离等于半径的点都在圆上，所以，圆可以看成是到圆心的距离等于半径的点的集合．

2．你能否从集合的角度定义圆？

圆的集合定义：圆是到定点的距离等于定长的点的集合．

注意：在这里学生可能会说“圆是到圆心的距离等于半径的点的集合”，要引导学生思考：为什么要把圆心换成定点，半径换成定长？

3．类比圆的集合定义，圆的内部、外部又怎样定义？

追问：为什么这里说圆心、半径，不说定点、定长？

【设计意图】通过画图感悟规律，化抽象为直观，并通过追问帮助学生体会集合的完备性和纯粹性，从而得到圆的准确的"集合定义"，并拓展"圆的内部"与"圆的外部"概念，促进概念的内涵和外延的理解．

环节5　圆的其他概念

弧、等弧、同心圆、等圆等概念．(略)

环节6　知识整理，提炼方法

1. 这节课主要学习了哪些内容？经历了怎样的学习过程？运用了哪些数学思想方法？

师生活动：先行组织——获得研究对象"圆"——整体建构圆的研究框架——局部研究：圆的定义、要素、相关要素——点与圆的位置关系(判定、性质)——圆的集合定义——推广．渗透类比学习、数形结合、集合观点、定性与定量结合、反证法．

2. 点与圆的位置关系有几种判定方法？如何判定？

师生活动：运用定性描述与定量刻画方法，先定性再定量，两者有机结合．

3. 三角形和四边形都有图形的要素与相关要素，你认为圆的要素是什么？相关要素呢？

师生活动：圆的要素为圆心、半径、圆周(圆上的点)；相关要素为弦、弧、圆心角等与圆有关的线段、角．

4. 根据"线"的学习经验，接下来我们将学习圆的什么内容？

师生活动：研究圆的相关要素的关系——圆的性质．

【设计意图】一是通过整理提炼两个图形位置关系的研究框架和研究方法，先从整体出发进行初步的定性描述，然后运用数形结合等思想方法进行数量化的定量刻画，从而精确把握两个图形的特征及其变化规律，为后续两个图形位置关系的研究奠定方法基础；二是几何要素之间确定的位置关系、大小关系就是几何图形的性质，让学生了解圆的要素及相关要素，有助于学生理解研究圆的数学对象，指明研究方向．

(三)学会知识形成的过程性结构

知识形成的过程性结构(简称"过程性结构")即在新知的学习过程中，不急于从局部、细节入手，而是尽量先架构该类知识学习的总体思路，使学习成为一个目标指向明确、思路清晰的的过程．

从数学知识形成过程展开的角度，可以发现某类数学知识具有共同的形成过程结构．例如数的教学过程结构：背景引入→概念→性质→运算→联系与应用，而数概念的教学过程结构：背景引入(现实需要和数学内在需要)→定义→表示→读写→分类→应用．又如规律的探索和图形研究等，这些内容的教学过程结构是：发现和猜想→验证和去伪→归纳与概括→反思与拓展．如果学生在起始内容学习就能学会这样的过程性结构，学生在后续内容的学习过程中就可以主动迁移应用这个过程性结构开展学习，为后续同类结构知识的研究提供"基本套路"(或者说"过程的脚手架")，从而在新知的学习时就能主动规划学习路径，明确学习方向．

案例2-3　从自然数到有理数(共2课时)

《标准(2022年)》对负数的要求：理解负数的意义．负数的意义从小学移到初中学习，本课例按此要求设计．

环节 1　忆旧引新，再现经验

1. 请你举例说说，在小学我们已经学习了哪些数？

预设结果：自然数、分数、小数、百分数．教师要注意引导学生分类，要通过让学生举例说明“分数、小数和百分数”都属于分数，只是表示方式不同而已，并且它们之间可以“互化”，最后教师板书分类．

2. 结合图 2-8(1)，图 2-8(2)，谈谈你对小学自然数的形成和发展过程的认识，自然数在生产或生活实践中有哪些应用？

由计数，排序，产生数1，2，3，…

(1)

由表示“没有”“空位”，产生数0

(2)

由分物，测量，产生分数 $\frac{1}{2}$，$\frac{1}{3}$，…

(3)

图 2-8

先让学生交流，然后教师归纳总结：从数与社会生活的联系来看，数起源于人们的社会生活的需要，人类祖先在生产劳动中不同的记数、排序、标号等产生了自然数．

3. 结合图 2-8(3)，说说分数又是怎样产生的？

【设计意图】帮助学生了解自然数和分数形成和发展的过程，体验数既是对社会生活的抽象表达，又广泛应用于社会生活之中．

4. 小学教材五年级下册“分数的意义和性质”一课中有这么一句话“在进行测量、分物或计算时，往往不能正好得到整数的结果，这时常用分数来表示．”请你结合具体例子谈谈对这句话的理解．

师生归纳“数产生”的基本规律：分数的产生一方面是基于生活和生产的需要，如分物、测量等；另一方面是基于数学自身发展的需要，如两个整数 2 与 10 作除法运算，其运算结果有两种可能：一种是 $10\div2=5$，其结果还是整数，运算“封闭”；另一种是 $2\div10$，其结果不是整数，运算“不封闭”，因此产生了新的一类数——分数．不仅是分数，其他数的产生也都是基于实践的需要和数学自身发展的需要．

5. 分数的学习经历了怎样的过程？

预设结果：背景 $\xrightarrow{\text{数的扩充}}$ 分数定义、表示→分类→性质→运算→应用

【设计意图】以“分数”为例，帮助学生理解数的产生与发展的基本原理——生活、生产实践需要和数学自身发展的需要，数学自身发展的需要体现在运算的“封闭性”上，为后续新数的学习积累基本活动经验．通过复习分数的学习过程，为整体建构有理数的学习过程埋好伏笔．

环节 2　负数的产生

1. 正数和 0 够用吗？请你举例说明．

2. 解答下列问题：

(1)杭州冬季里某一天的气温为 $-4\sim3$ ℃，“-4”的含义是什么？这一天杭州的温差是多少？

预设结果："−4"的含义是表示零下4摄氏度，这一天杭州的温差为最高温度3 ℃和最低温度−4 ℃的差，即3−(−4)=7 ℃

(2)某年，我国花生的产量比上一年增长1.8%，油菜籽产量比上一年增长−2.7%．"增长−2.7%"表示什么意思？

预设结果："增长−2.7%"表示减少2.7%.

(3)小明同学通过捡、卖废品，既保护了环境，又积攒了零花钱，下表是他某个月的部分收支情况．

收支情况表　　________年________月

日期	收入(+)或支出(−)	结余	注释
2日	3.5	8.5	卖废品
8日	−4.5	4.0	买圆珠笔、铅笔芯
12日	−5.2	−1.2	买科普书，同学代付

这里，"结余−1.2"是什么意思？怎样得到的？

预设结果："结余−1.2"表示亏欠1.2元，因为4.0−5.2=−1.2.

追问1：(1)～(3)问题中出现了哪些数？你能得到怎样的结论？

预设结果：在气温、生产和生活中，正数不够用．如(1)～(3)问题中出现了两类数，一类是正数，如3，1.8%，3.5等；另一类数，如−4，−2.7%，−4.5，−1.2等，在正数前面加上符号"−"(负)，这样的数叫作负数．因此，负数的产生是基于生活、生产等实践的需要．

追问2：观察算式3−(−4)=7和4.0−5.2=−1.2，你又能得到怎样的结论？

预设结果：在数学中，不一定都是两个正数的运算，有可能是正数与负数运算，并且两个正数相减结果也不一定是正数，有可能是负数．因此，负数的产生也是数学运算的需要．

【设计意图】帮助学生进一步体会和理解正数(自然数和分数)在生产和生活中的局限性，负数的产生是基于生活、生产实践的需要．追问2是让学生观察算式3−(−4)=7和4.0−5.2=−1.2，感受负数的产生又是基于数学自身发展的需要，即数学中的运算不限于正数运算，并且两个正数相减结果不一定是正数，打破了运算的"封闭性"，因此要产生一类新的数．让学生经历数范围不断形成和扩张过程，既是对数的形成与发展经验的运用，也是对原有经验的发展和丰富，促进学生由"原初经验"向"再生经验"发展．

环节3　负数的意义

1. 定义：在正数的前面加上符号"−"(负)的数叫作负数．

2. 读、写：(略)

3. 注意：①有时，为了明确表达意义，在正数前面也加"+"(正)号，如+3，+1.8%，正号可以省略不写，但负号不能省略；②0既不是正数，也不是负数，是正数与负数的"临界数".

4. 思考：气温−4 ℃与3 ℃，增长1.8%与降低2.7%，向右移动1 m与向左移动3 m，收入3.5元与支出4.5元，这些量有怎样的关系？你如何理解"相反意义的量"？

追问："相反意义的量"与"意义相反的量"表述的意思是否相同？

【设计意图】帮助学生理解"相反意义的量"，用正数、负数表示具有相反意义的量时，难点是描述向指定方向变化的情况，即向指定方向变化用正数表示；向指定方向的相反方向变化用负数表示．这与学生的日常经验有一定的矛盾，需要一个“心理转换”，如“增长－2.7%”转换为“降低2.7%”，“结余－1.2”转换为“不足1.2”，需要对“负”与“正”的相对性有较好的理解．

5．介绍负数发展史料（略）

环节4　应用新知（略）

环节5　梳理小结

1．从自然数和分数扩展到负数的原因是什么？

2．什么是负数？你如何理解“相反意义的量”？

3．负数概念的学习经历了怎样的过程？

【设计意图】帮助学生整理知识与方法，积累负数研究的方法与研究过程经验，为后续其他新数的研究提供“脚手架”的结构支撑．

环节6　有理数的概念

1．合作学习：首先读出下列各数，然后每一小组确定一个分类标准，将下列各数按小组确定的标准进行分类．

$5,0,2\,016,-7,1\frac{8}{13},0.\dot{6},-1,1.01,\frac{1}{4},-\frac{9}{5},-61.3.$

（友情提示：同一个问题分类只能采取一种标准，分类时要做到“不遗漏、不重复”．）

【设计意图】让学生充分讨论、交流，在辨析过程中理解不同类型的数以及它们之间的关系，培养分类的意识与方法．分类对学生来说难度比较大，教师教学既要重心下移，又要做好提炼、归纳．

2．有理数的分类

方法1：按整、分标准（图2-9）

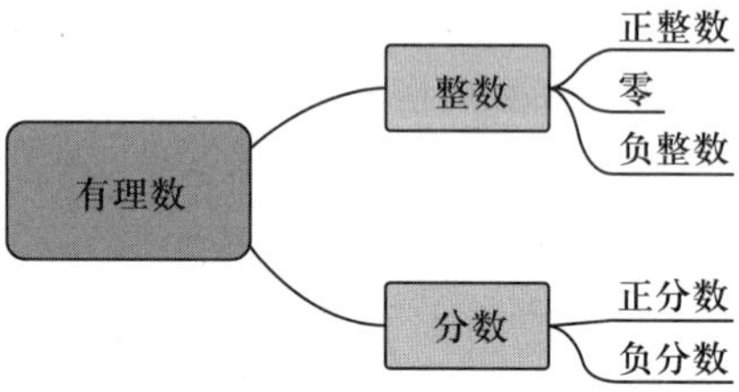

图2-9

方法2：按正、负标准（图2-10）

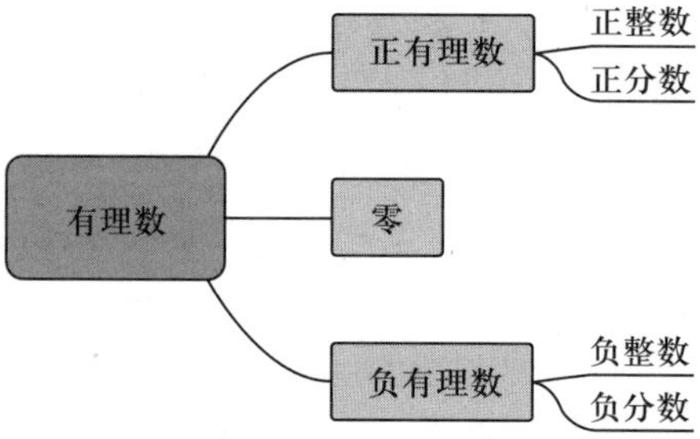

图2-10

3．定义：正整数、零和负整数统称为整数；正分数、负分数统称为分数；整数和分数统称为有理数

追问1：你能根据分类2定义有理数吗？

追问2：根据有理数的定义，你认为有理数的本质是什么？

【设计意图】（1）帮助学生理解有理数分类及其方法，感受数的扩充过程．（2）了解从下位到上位概念发展的同化定义方式（总括定义），并理解有理数的本质——有限小数或无限循环小数．

环节7　概念应用（略）

环节8　整理建构

1．你是如何理解负数和相反意义的量？

2．什么是有理数？有理数的分类要注意什么？有理数的本质是什么？

3. 为什么要学习有理数？从自然数扩充到有理数经历了怎样的过程？

预设结果：负数的产生→负数的意义→负数的表示、读写→有理数概念（定义、分类）

4. 类比小学“分数”的学习经验，你能猜想出“有理数”后续内容的学习路径吗？

预设结果：有理数性质→有理数的运算→有理数应用．

【设计意图】复习概念，强化分类的方法，总结数系扩充的原理和过程以及新数学习的“一般观念”，为后续数系扩充和新数学习积累基本活动经验．

数是学生学习数学需要建立的最为基本的概念．学生关于数概念建构的质量直接关系到学生当下甚至今后的数学学习质量．因此要借助于数概念的教学，使学生经历数概念不断形成和扩张的过程，感悟数认识的过程性结构和方法性结构的存在．在这个过程中，帮助学生把握数概念认识的基本结构，主动地认识数的意义、组成、读写、分类，即理解数的概念包括定义、表示和分类，其中定义方式为外延列举式、表示指符号和图形、分类关键是分类标准的确定，在把握数的构造结构基础上能够不断生成新的数；帮助学生从本质上沟通整数、小数和分数之间的内在联系；更为重要的是，还要帮助学生了解前人创造发明数的原理之所在，即生活生产发展的需要和数学本身发展的需要，感受渗透其中的智慧和力量．

（四）学会多种学习结构的融合

学习是以知识为载体、过程为主线、方法为主导，是融知识、过程和方法为一体的思维活动．因此，在教学活动中，由于教学内容不同，有的主要体现其中的一种学习结构类型，有的可能体现两种甚至三种学习结构，要学会融会贯通．

案例 2-4　一元一次方程[*]

《标准（2022 年）》将原来小学“方程的认识”内容移至初中阶段学习，因此“方程”主题的内容结构如图 2-11 所示．

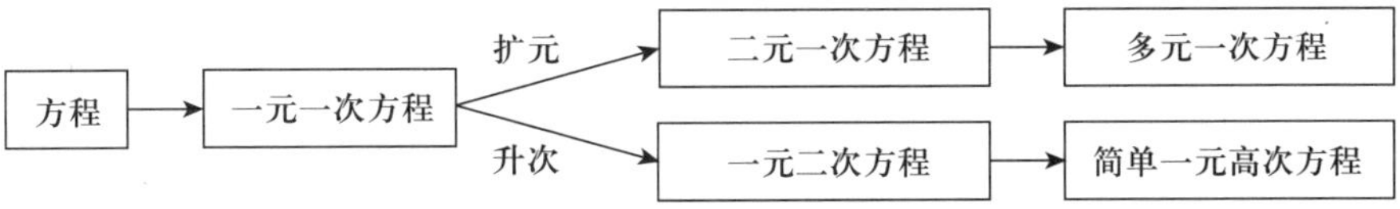

图 2-11

因此，一元一次方程的学习内容是初中方程主题中具体方程的起始单元，是“学结构”阶段，这一阶段要让学生学会一元一次方程研究的内容、思路、方法，为后续其他具体方程的研究积累基本活动经验，并形成方程研究的“一般观念”（图 2-12）：

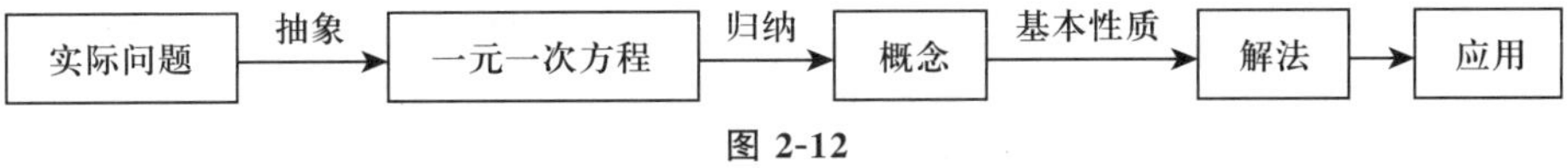

图 2-12

* 浙江省名师展示课，由杭州市采荷中学徐杰老师执教．案例根据《标准（2022 年）》作修改．

环节 1　获得研究对象

1. 上节课，我们学习了“方程”，学习了哪些内容？经历了怎样的学习过程？

师生活动：实例→抽象为等式→概括本质属性→下定义→概念辨析→方程分类→方程的解→解法（尝试检验法）

2. 初中阶段的方程主要包括哪些方程？我们应先学习哪一类方程？如何研究？

师生活动：方程类型有一元一次方程、二元一次方程、一元二次方程、分式方程，先学习一元一次方程．研究思路为实例→一元一次方程概念（定义、表示）→一元一次方程的解→解一元一次方程→应用．

【设计意图】整理上位知识以及研究的过程和方法，为下位知识——一元一次方程的研究提供研究思路和研究方法．

环节 2　一元一次方程概念学习

1. 根据下列问题，设未知数并列出方程：

(1)在 2020 年日本东京的奥运会上，我国获 88 枚奖牌，其中银牌 32 枚，金牌数是铜牌数的 2 倍还多 2 枚，你能求出金牌的数量吗？

(2)某校女生占全体学生数的 52%，比男生多 80 人，这个学校有多少学生？

(3)一辆客车和一辆卡车同时从 A 地出发沿同一公路同方向行驶，客车的行驶速度是 70 km/h，卡车的行驶速度为 60 km/h，客车比卡车早 1 h 经过 B 地．A，B 两地间的路程 s 是多少？

(4)丢番图是古希腊数学家，他的墓志铭写着：上帝给予的童年占六分之一，又过十二分之一，两颊长胡，再过七分之一，点燃起结婚的蜡烛．五年之后天赐贵子，可怜迟到的宁馨儿，享年仅及其父之半，便进入冰冷的墓．悲伤只有用数论的研究去弥补，又过四年，他也走完了人生的旅途．你知道丢番图活到多少岁？

【设计意图】将实际问题通过数学化抽象出方程模型，体验学习方程的必要性，也为归纳一元一次方程的概念做准备．由于学生在小学阶段习惯运用算术的方法解决实际问题，所以设置问题(4)，让学生用算术的方法很难列式，但用方程就容易列式，体现方程的优越性，感受学习方程的必要性和重要性，并为尝试检验法求解埋下伏笔．

2. 观察方程 $32+x+2x+2=88$，$0.52x-(1-0.52x)=80$，$\frac{s}{60}-\frac{s}{70}=1$，$x=\frac{x}{6}+\frac{x}{12}+\frac{x}{7}+5+\frac{x}{2}+4$，你能说说这些方程有什么共同特征？

特征：一个未知数、未知数的次数为 1 次、两边都是整式．

3. 你能给这样的方程下个定义吗？

定义：只含有一个未知数并且未知数的次数是 1 次的整式方程叫作一元一次方程．

追问 1：如何辨别一个方程是不是一元一次方程？定义中的关键词分别有哪些？

归纳方法：定义法；关键词：整式、一个、1 次．

追问 2：最简单的一元一次方程一般形式可怎样表示？（$ax=b$，其中 a、b 为常数且 $a\neq0$）

4. 下列各式中，哪些是方程？哪些是一元一次方程？说说你的理由．

(1)$5x=0$．　(2)$\frac{3}{x-3}=4$．　(3)$1+3x$．　(4)$y^2=4+y$

(5)$3m+2=1-m$.　　(6)$4x-y=2$.　　(7)$3x+y-2z=5$.

5. 一元一次方程概念的学习经历了怎样的过程?

【设计意图】①通过对一元一次方程的共同特征分析,抽象归纳一元一次方程的概念;②通过找关键词、辨析比较内化一元一次方程概念的内涵与外延;③让学生积累"概念形成"学习的"基本套路":大量实例→抽象出方程模型→聚类分析(找共同本质属性)→定义、表示→概念辨析(找关键词、辨析).

环节3　类比学习一元一次方程的解

1. 我们知道,使方程左右两边的值相等的未知数的值叫作方程的解,那么你认为什么叫一元一次方程的解?

归纳一元一次方程的解的定义(略)

2. 判断下列 m 的值是不是一元一次方程 $3m=4m+5$ 的解.

①$m=5$.　　②$m=-3$.　　③$m=-5$.

(教师用PPT出示题目,并板书第①题的过程,学生独立完成第②③题)

3. 请写出一个一元一次方程,使它的解为 $x=3$.

4. 你能利用尝试检验法求出古希腊数学家丢番图的年龄吗? 利用尝试检验法求方程的解有什么不足? 为此,你有什么想法?

【设计意图】①帮助学生在已学过的方程解的概念的基础上,运用类比思想,得到一元一次方程的解的概念;②能够以书面形式说明未知数的某个值是否为方程的解,进一步了解方程解的概念;③用尝试检验法解"丢番图年龄"问题,进一步感受尝试检验法是求方程的解的一种重要且特殊的方法,不是一种普遍适用方法,激发学生探究一元一次方程的解法,同时渗透数学史.

环节4　整理知识,提炼经验

1. 今天学习内容分别是什么? 它们之间有怎样的关系? 你能画出思维导图来表示吗?

2. 本节课的学习经历了怎样的过程? 学习过程中运用了哪些方法?

3. 你认为研究一元一次方程还要研究哪些问题?

【设计意图】通过梳理知识和方法,帮助学生体会到学习方程的必要性,积累一元一次方程概念学习的过程经验:背景$\xrightarrow{\text{抽象}}$一元一次方程模型$\xrightarrow{\text{概括}}$本质属性$\xrightarrow{\text{归纳}}$一元一次方程定义、表示→一元一次方程的解;方法经验:抽象、归纳;模型思想、方程思想;尝试检验法.明确一元一次方程后继研究内容和方向:等式基本性质→解一元一次方程→一元一次方程应用.为后续二元一次方程、一元二次方程、分式方程和一元一次不等式等内容学习提供"脚手架"的结构支撑.

案例2-5　正比例函数的图象与性质

在浙教版教材中,八年级上册"第5章一次函数"教材编排为:常量与变量→函数→一次函数→一次函数的图象→一次函数的简单应用."一次函数的图象"分两课时教学,第一课时是"一次函数的图象",第二课时是"一次函数的性质","正比例函数的图象与性质"是作为"一次函数的图象与性质"的特例进行研究.在"一次函数的图象"这一课中,先让学生认识"函数图象"的概念，再研究函数的图象，而在"函数"这一课中已出现了"用图象法来表示函数"的方法，因此笔者认为教材编写缺乏整体思考，一是既然"函数"这节课已经出现了"图象法"概念，就应该将"函数图象"的概念融合在一起；二是一次函数的图象与性质分开教学，有人为割裂的倾向，应融合在一起，一气呵成，因为通过"图象"观察得出"性质"是很自然的；三是函数的图象与性质对学生来说是全新的内容，而且是函数研究的核心内容，需要学生深度感悟其研究的内容、过程与方法，因此探究的具体函数应该简单、探究内容不宜过多．因此笔者将这一章的学习内容作了适当调整：一是将"函数图象"概念纳入"函数"这一课；二是将"正比例函数的图象与性质"作为整个中学"函数的图象与性质"的起始课，进行单独研究，寄希望通过本节课的学习，让学生理解和掌握具体函数研究的"一般观念"．教学设计过程：

环节1　回顾与思考

1．上节课，我们学习了一次函数的概念，会利用待定系数法求一次函数的表达式，请你写出一次函数表达式的一般形式．

2．对于正比例函数 $y=kx(k\neq0)$，每给出一个 k 的值，就得到不同的正比例函数，请同学们取一些值试试？（如 k 分别取 1，2，0.5，−1，−2，−0.5，分别得到正比例函数 $y=x$，$y=2x$，$y=0.5x$，$y=-x$，$y=-2x$，$y=-0.5x$．）

这些函数有怎样的特点？本节课，我们就来研究正比例函数的图象与性质．

【设计意图】遵循学生代数学习经验——从特殊到一般的原则开展研究，并使学生明确研究性质从寻找共性入手，获得研究对象．

环节2　探究 $y=kx(k>0)$ 的图象与性质

1．函数的表示方法有哪几种？用它们来表示函数各有怎样的优点？

函数三种表示方法各自的优点：解析法变量间关系清楚，便于分析计算；列表法能直接得到某些具体的对应值；图象法能直观地表示变量间变化过程和变化趋势，反映函数的特征．

2．我们先来研究 $y=x$，$y=2x$，$y=0.5x$ 这一类函数的性质，从列表法和图象法入手．

教师：我们从最简单的函数开始研究，请同学们用列表法表示函数 $y=x$．

x	…						…
$y=x$	…						…

教师要关注学生：(1)取数要有代表性；(2)为什么加"…"，引导学生运用定义进行解释．

3．如何画 $y=x$ 函数的图象？

借用方格纸，教师指导学生画图：先建立坐标系，然后描点、连线．

(1)描点：分别以表中 x 的值作为点的横坐标，对应的 y 值作为纵坐标，在平面直角坐标系中画出相应的点．

(2)连线：将这些点依次连接起来．

在这个环节中，教师先让学生观察所画的点，有怎样的位置关系？引发学生猜想：这些点近似在一条直线上．然后让学生将这些点顺次连接起来．学生可能连成线段，教师应让学生说想法，并结合不同学生的作品和表格作适当解释．

(3)验证（借助几何画板）：

①请你说出坐标满足函数 $y=x$ 的一些点，这些点都在直线 l 上吗？

②在直线 l 上任意取一点，这些点的坐标都满足 $y=x$ 吗？由此，你得到怎样的结论？

结论：函数 $y=x$ 的图象是一条直线(图 2-13).

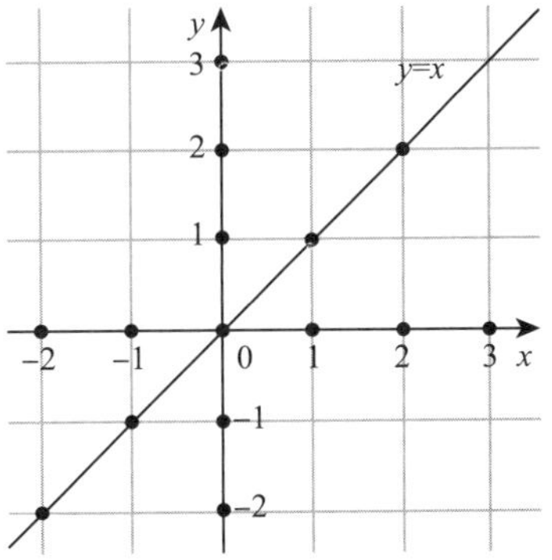

图 2-13

4. 画函数 $y=x$ 的图象经历了怎样的过程？要注意什么？

【设计意图】帮助学生学会用"描点法"画图象的具体方法——列表、描点、连线，积累用描点法画图的经验．验证环节由师生共同完成，分两个步骤进行，让学生体验验证的目的和意义，初步感受纯粹性和完备性．

5. 请同学们类比 $y=x$ 图象的画法，在同一坐标系中画出函数 $y=2x$ 和 $y=0.5x$ 图象．

教师引导学生"列表、描点、连线"，列表取数既要有代表性(正数、0、负数)，也要便于计算和描点．

6. 观察图 2-14，函数 $y=x$，$y=2x$ 和 $y=0.5x$ 图象有什么共性？你是从哪些角度观察？

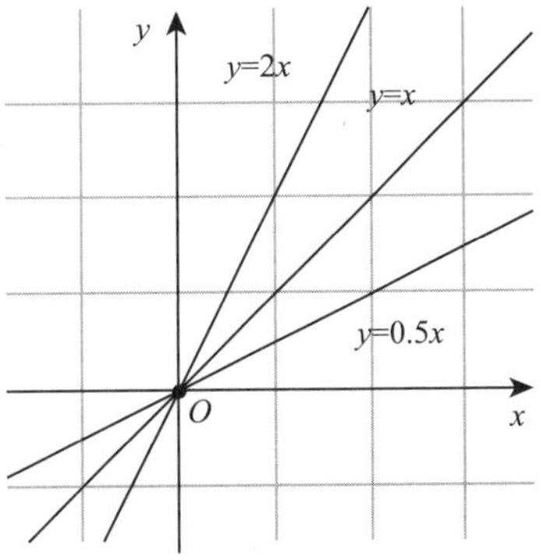

图 2-14

(1)解析式：k 的共性——$k>0$.

(2)图象特征

①图象形状：过原点的一条直线；

②图象位置：经过一、三象限；

③图象趋势：从左到右是"上升"的；

④k 越大，直线倾斜度越大，越靠近 y 轴．

7. 你能利用函数解析式说明图象为什么都经过原点？为什么只经过一、三象限？

(当 $x=0$ 时，$y=0$；当 $x>0$ 时，$y>0$；$x<0$ 时，$y<0$)

8. 如何利用解析式解释它们的图象从左到右是上升的？

【设计意图】①让学生类比函数 $y=x$ 图象画法，一方面巩固"描点法"，另一方面为归纳图象特征和函数性质提供素材；②探究先"以形助数"——通过观察图象归纳性质，后"以数释形"——通过解析式研究性质，体会数形结合研究函数图象与性质的思想方法．

9. 上述结论能推广到一般情形吗？

归纳：函数 $y=kx(k>0)$的图象与性质

(1)图象特征：

①图象形状：过原点的一条直线；

②图象位置：经过一、三象限；

③图象趋势：从左到右是"上升"的；

④k 越大，直线倾斜度越大，越靠近 y 轴．

(2)函数性质：y 随着 x 的增大而增大．

【设计意图】由特殊到一般，归纳图象特征与函数性质．

环节 3　总结提炼正比例函数 $y=kx(k>0)$研究过程的方法

(1)图象的画法——描点法：列表、描点、连线，以及注意点．

(2)正比例函数的图象与性质的探究经历了怎样的过程？性质是如何得到的？体现了怎样的数学思想方法？

【设计意图】引导学生及时总结、提炼研究过程与方法，形成函数研究的原初经验，这是“学结构”阶段．

环节4　类比探究 $y=kx(k<0)$ 的图象与性质

1. 你能类比 $y=kx(k>0)$ 函数研究过程、方法，探究函数 $y=kx(k<0)$ 的图象与性质？（以 $y=-x$，$y=-2x$ 和 $y=-0.5x$ 为例）

教师引导学生先列表，然后在同一坐标系中用描点法画图（图2-15），再观察图象位置与特征，归纳函数的性质，并用解析式解释．

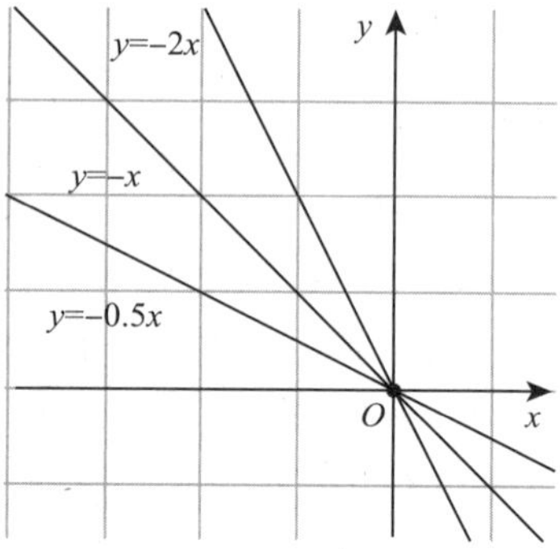

图 2-15

【设计意图】采取“学·用”结构教学策略，一是巩固函数 $y=kx(k>0)$ 的研究过程与方法，二是让学生类比 $y=kx(k>0)$ 的研究经验自主研究 $y=kx(k<0)$ 的图象与性质，形成“再生经验”，优化经验图式．

2. 请同学们类比归纳函数 $y=kx(k<0)$ 的图象与性质．

(1)图象特征

①图象形状：过原点的一条直线；

②图象位置：经过二、四象限；

③图象趋势：从左到右是“下降”的；

④k 越小，$|k|$ 越大，直线倾斜度越大，越靠近 y 轴．

(2)函数性质：y 随着 x 的增大而减小．

3. 完成下表，归纳函数 $y=kx(k\neq 0)$ 的图象与性质

$y=kx(k\neq 0)$	$k>0$	$k<0$
图象特征		
函数性质		

思考：正比例函数的要素是什么？核心要素是什么？（即决定图象与性质的量是什么？）画正比例函数的图象有没有更简便的方法？

正比例函数的要素是 k、x、y，核心要素是常量 k，它决定着图象的位置与性质．因为正比例函数的图象是一条过原点的直线，所以只要定出两点即可．

【设计意图】此环节运用“学·用”结构教学策略中的“用结构”教学，让学生及时运用初始经验进行类比学习，一方面培养学生类比学习能力，积累函数图象与性质的研究经验，另一方面贯彻“学为中心”基本原则，学生会解决的问题都放手让学生解决，培养学生主动学习、主动探究的习惯．

环节5　拓展性研究——正比例函数 $y=kx(k\neq 0)$ 图象连续变化规律

问题：观察同一直角坐标系中的六个函数（图2-16）：$y=x$，$y=2x$，$y=0.5x$，$y=-x$，$y=-0.5x$，$y=-2x$ 图象的变化，有怎样特点？你发现了怎样的结论？

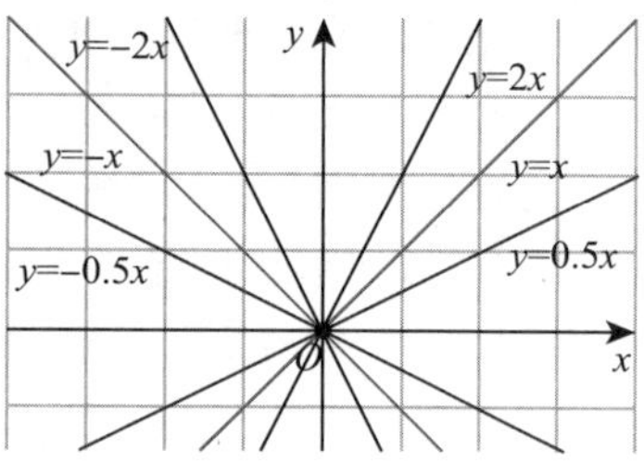

图 2-16

结论：(1)若 k 从大到小连续变化，则直线绕原点 O 顺时针

旋转．$|k|$越大，直线越陡，越靠近 y 轴；$|k|$越小，直线越平缓，越靠近 x 轴．(2)若 k_1，k_2 互为相反数，则函数 $y=k_1x$ 与 $y=k_2x$ 的图象关于 y 轴对称．

【设计意图】在发现、归纳正比例函数基本性质的基础上，进一步引导学生比较图象特征，发现系数 k 与直线的倾斜度关系，为基础好的学生拓宽知识，培养图象信息能力．

环节 6　新知应用(略)

环节 7　知识整理

1. 本节课主要研究了正比例函数的图象和性质，结合前面函数知识的学习，你能画出研究正比例函数的结构图吗？

学生完成图 2-17.

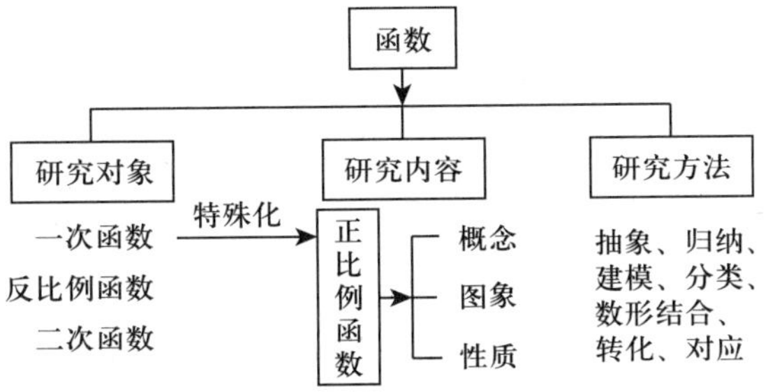

图 2-17

2. 正比例函数的图象与性质主要由哪个要素决定？(由特征数 k 决定)

3. 图象和性质的探究经历了怎样的过程？运用了怎样的学习策略？

画出函数图象(从描点法到两点法)→观察图象(形状、位置、趋势)→概括性质(函数增减性与特征数 k 的关系)

运用“学・用”结果策略，先研究 $k>0$ 情况，再类比 $k>0$ 自主研究 $k<0$ 情况．

【设计意图】以“研究对象—研究内容—研究方法”为基本框架，把初中阶段要学习的几类函数整合在一起，并且以正比例函数的整体架构给出研究函数的“一般套路”，为后续函数的研究起到先行组织者作用．

【教学设计说明】研究某个具体函数，一般要经历：概念的形成→确定表达式(包括变量取值范围)→绘制图象→观察图象特征(形状、位置、对称性)→研究性质(增减性、最值等)→应用性质(研究与之相关的问题或解决实际问题)的过程．一次函数，尤其是正比例函数教学属于“学结构”阶段，这一教学阶段要让学生在学习过程中积累以下经验：

1. 函数的研究过程经验：抽象函数模型→给出函数定义→画出函数图象→研究函数性质→应用函数性质，即研究一个新函数的“基本套路”(图 2-18).

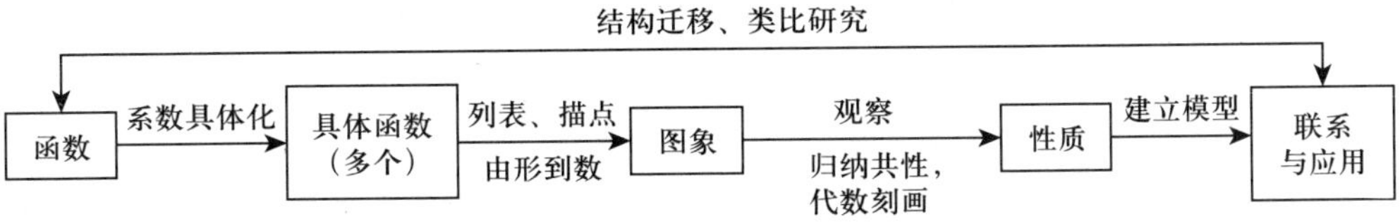

图 2-18

2. 函数图象画法经验：列表、描点、连线．

3. 函数性质研究经验：考察函数解析式中参数变化对图象位置特点和几何特征影响，对函数自变量和函数值之间关系影响．而利用图象的“特征”确定函数“特性”是研究函数性质的基本方法．

4. 数学抽象的活动经验：函数学习要经历两次抽象过程，一是实际问题通过数学化抽象得到函数概念模型；二是函数概念模型归纳形成抽象的函数概念．

5. 函数研究的思想方法：数形结合思想，即以形表数、以数释形；转化思想，即由“解析式”（确定自变量取值范围）到“作图”（列表、描点、连线），再到“性质”（观察图象、探究性质），体现了由“数”到“形”，再由“形”到“数”的转化过程；对应思想，即将函数中的变量 x，y 之间的对应关系，通过图象的形状、变化趋势，借助平面直角坐标系和点的坐标，直观地予以呈现，体现了变化与对应的思想；归纳思想，即从特殊到一般，体现归纳思想．

6. 应用函数的知识分析和解决问题的活动经验——建立函数模型，解决实际问题．

在函数这一知识体系学习过程中，函数的概念以及正比例函数的知识形成过程结构和学习方法结构是“学结构”阶段，即“种子课”，对于初中的一次函数、反比例函数、二次函数以及高中函数的学习，是“用结构”阶段，即“生长课”，教师要注重引导学生运用函数概念和正比例函数学习所形成的经验，类比学习其他新的函数，并拓展掌握与结构类似的相关知识，逐步完善函数这一类知识的认知结构．

二、用——主题关联知识的整体设计

根据纵向结构单元间知识的上下位关系和同构特征，将主题起始单元学习过程中形成的学习结构（内容、过程和方法结构）作为先行组织，类比研究其上位知识或下位知识．譬如“实数”单元的研究，教师运用先行组织者教学策略，引导学生类比“有理数”单元的学习经验，主动构建“实数”单元的学习结构：引入无理数（生活实践的需要和数学自身发展的需要）→实数的概念（定义，符号及在数轴上表示，分类，相关概念）→实数的性质（大小比较）→实数的运算（运算法则、运算律）→实数的应用．

学生在后继的“代数式”的学习，甚至高中的“复数”和“向量”的学习，同样都经历这样的类同学习过程．因此，从中学的“数”的学习来看，“有理数”单元的学习是“学结构”阶段，“实数”“代数式”和“复数”“向量”的学习是“用结构”阶段．当然，初中的“有理数”学习不是凭空的，而是基于小学的知识与方法，如果往前推，小学的“整数”的学习是“学结构”阶段，中学的“数”“式”学习是“用结构”阶段，所以教师要系统理解教材，做好教学衔接，实施“远迁移”教学，使知识有理想的“生长点”和“延伸点”．

（一）类比运用框架性结构学习

教师引导学生回忆结构关联的知识框架（类比对象），运用先行组织者策略，类比建构新知识的框架性结构，即为新知的学习搭建好“知识的脚手架”．

案例 2-6　有理数乘法

环节 1　先行组织者

1. 前面，我们学习了有理数的加减运算，学习了哪些内容？请你画出知识框架图．

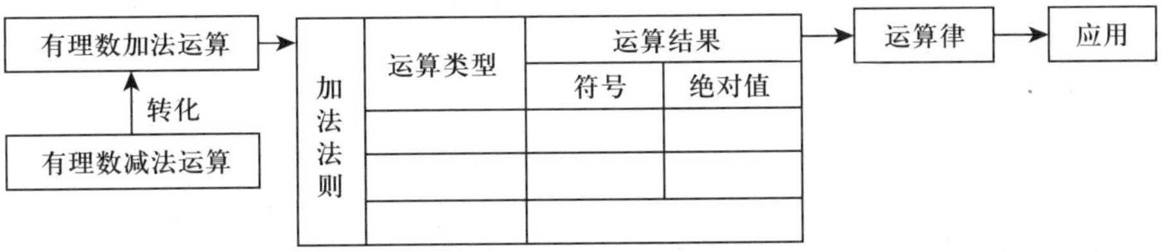

2. 法则的探究经历了怎样的学习过程？运用了哪些方法？

师生活动：在学生独立思考、合作交流基础上，形成过程结构(图 2-19)：

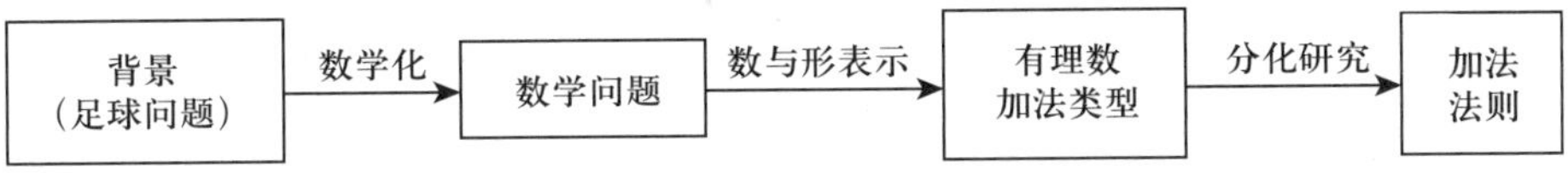

图 2-19

研究方法：整体感知加法类型；将实际问题抽象为数学问题；用数轴表示加法算式，体现数形结合思想；从特殊到一般，体现归纳思想．

3. 结合小学自然数运算学习经验，接下来我们应学习有理数哪种运算？——揭示课题

4. 小学学习自然数时，乘法是怎样定义的？请你举例说明．

师生活动：譬如 3×2 表示 2 个 3 相加，即 $3\times2=3+3=6$．因此，$m\cdot n$ 表示 n 个 m 相加，即 $m\times n=\overbrace{m+m+\cdots+m}^{n}$．

追问 1：你能将 $3\times2=3+3=6$ 的意义用数轴来表示吗？

师生活动：师生一起画出如图 2-20 所示．

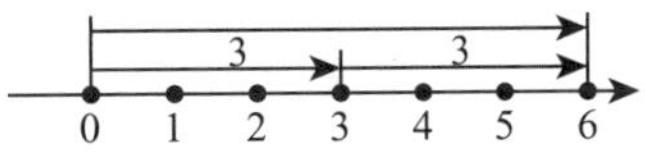

图 2-20

追问 2：乘法从小学的非负数范围拓展到有理数范围，原来的运算法则和运算律是否同样适用？——提出问题

【设计意图】(1)运用先行组织者策略引导学生整体感知“有理数加法”的学习结构，为“有理数乘法”学习提供类比对象；(2)帮助学生回顾小学整数乘法的意义，为学生理解乘数为正数的有理数乘法铺垫；(3)引导学生从数与形两方面理解正整数乘法的意义，促进学生对乘法意义的理解，并为探究新知奠定基础．

环节 2　整体感知有理数乘法类型

1. 有理数的乘法运算有哪几种情况？请举例说明．

2. 你能类比有理数加法运算类型，对以上九种运算作进一步归类吗？请用表格表示．

追问：在这九种运算中，你已经会了的是哪几种运算？

师生活动：正数乘以正数小学已学过，任何数与零相乘或零乘以任何数都等于零．

【设计意图】引导学生类比有理数加法的内容框架，整体感知有理数乘法的类型，从而获得研究对象，突出研究重点．在分类时，注意引导学生有序分类，做到不重复、不遗漏．

环节3　对比联想，探究有理数乘法法则

1. 本节课我们就一起重点研究“正数乘以负数、负数乘以正数、负数乘以负数”这三种类型的乘法运算．先研究“负数乘以正数”，应怎样运算？能否转化为我们已经学习过的问题来解决？怎么转化？

师生活动：根据乘法的意义，$m\cdot n$表示n个m相加，即$m\times n=\overbrace{m+m+\cdots+m}^{n}$，这样$(-3)\times 2$可以看作2个$(-3)$相加，即$(-3)+(-3)=-6$.

教师：很好，负数乘以正数时，乘法的意义可看作被乘数的连加．

追问：你能否用数轴表示？

师生活动：如图2-21所示，教师强调方向和距离，即符号与绝对值．

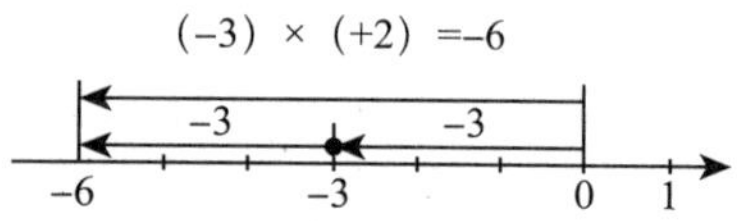

图 2-21

2.“正数乘以负数”又怎样运算？

学生：根据乘法交换律，正数乘以负数等于负数乘以正数，如$3\times(-2)=(-2)\times 3=-6$.

教师：想法很好，但乘法交换律是否适合有理数运算，我们还没有研究？

学生思维卡住，面面相觑．

教师提示：如果把$+2$表示收入2元，那么-2表示什么意义？（引导学生回忆负数意义）

教师：负数与正数表示相反意义的量，乘数为正数时，表示“被乘数的连加”，那乘数为负数时，可表示什么意义呢？

（这个问题对学生来说有基础的，因为在有理数加法法则学习时，学生已经感受到负数的价值：负数可以把减去一个负数变成加上一个正数．）

师生活动：因为“连加”的相反意义是“连减”，所以当乘数为负数时，乘法的意义就可看作被乘数的连减．譬如，$3\times(-2)=0-3-3=-6$.

学生：我认为也可以这样理解，因为2与-2表示相反意义，所以乘数为负数可表示“被乘数相反数的连加”，$3\times(-2)=(-3)+(-3)=-6$.

教师：真棒！把乘数为负数理解为被乘数相反数的连加，很有创意．做乘法时，当乘数是负数时，乘法的意义可看作被乘数的连减，也可以看成被乘数相反数的连加．

3.“负数乘以负数”又该如何运算？

学生：因为乘数为负数，表示被乘数的连减，所以$(-3)\times(-2)$表示2个(-3)连减，即$0-(-3)-(-3)=(+3)+(+3)=3\times 2=6$.

学生：乘数为负数，也可以看成被乘数相反数的连加，如$(-3)\times(-2)$可看作2个3连加，所以$(-3)\times(-2)=3\times 2=6$.

追问：很好！那“负数乘以负数”的乘法意义是什么？

师生活动：两个负数相乘，结果是正数，并把它们的绝对值相乘．

4. 你能归纳出两个非零的有理数相乘的意义吗？试试看．

师生活动：两个非零有理数的乘积$m\cdot n$，当$n>0$时，$m\cdot n$表示n个m连加；当$n<0$时，$m\cdot n$表示$(-n)$个m连减，或者表示$(-n)$个$(-m)$连加．

5. 请同桌相互之间再举几个算式试试，你能类比有理数加法法则得出乘法的法则吗？并完成表2-4.

表 2-4

乘法法则	运算类型	运算结果	
		符号	绝对值
	同号相乘	正号	相乘
	异号相乘	负号	相乘
	数与零相乘	零	

追问 1：如何理解乘法法则？

师生活动：先观察运算类型，再确定运算符号，最后计算绝对值．

追问 2：你对乘法有何新的认识？

师生活动：乘法是加法的一种特殊运算，乘数为正数，乘法运算是几个加数相同的特殊加法；乘数为负数，可以理解为被乘数连减，也可理解为被乘数相反数的连加．

【设计意图】法则的探究遵循从易到难原则，层层推进，突破“乘数为负数”的有理数乘法法则．借助于“负数的相反意义”，将“连加”转化为“连减”或将乘数为负数转化为乘数为正数，从而突破有理数运算法则的难点．

环节 4　法则运用（略，强调算理及其“步骤化”：观察类型、确定符号、计算绝对值）

环节 5　知识整理，形成体系

1．本节课主要学习了哪些内容？请你画出知识结构图（图 2-22）．

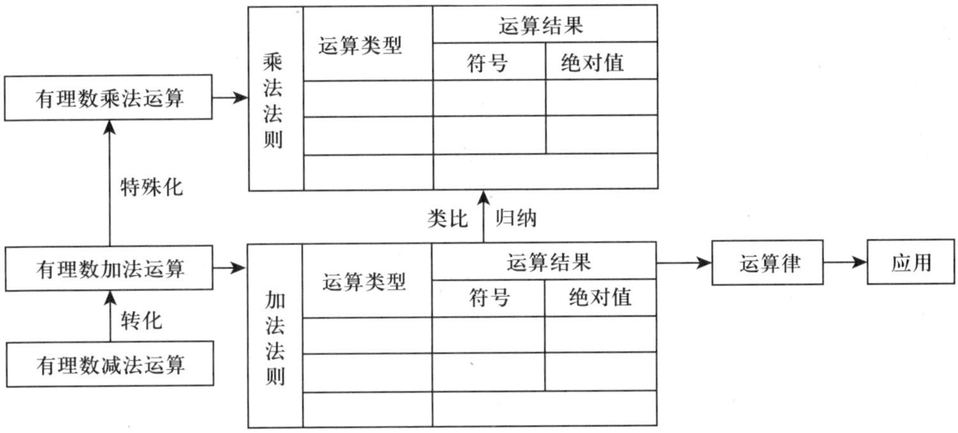

图 2-22

2．运用法则计算的基本步骤是怎样的？

3．在法则的探究过程中，我们运用了哪些方法？

（整体、分类、抽象、归纳、数形结合、转化等思想方法）

4．类比有理数的加法运算，后续我们将学习什么内容？

【设计意图】通过画知识的结构图梳理知识和方法，形成知识体系，促进对法则的理解与联系，并引导学生根据代数运算学习的“一般观念”，明确后续研究方向．

环节 6　拓展延伸

你们能在现实中找到解释“有理数乘法法则”的模型吗？如果有困难，请到网上查阅资料．

学生找到的模型大多是“行程模型”“水箱模型”“收入、损失模型”

【设计意图】让学生在现实中寻找解释“有理数乘法法则”的有效模型，将抽象的法则直观化，帮助学生进一步理解“负负得正”的法则意义以及法则的合理性，从生活逻辑走向数学逻辑．

(二)类比运用方法性结构学习

教师引导学生回忆结构关联知识学习过程中形成的方法结构，运用先行组织者策略，引导学生搭建新知学习方法的“脚手架”，实现方法的迁移．

案例 2-7　直线与圆的位置关系

环节 1　先行组织者

1. 我们已经学习了同一平面内一些图形的位置关系，说说看，有哪些图形的位置关系？

生 1：点与直线的位置关系；直线与直线的位置关系；点与圆的位置关系等．

2. 以点与圆的位置关系为例，点与圆有哪些位置关系？如何判断？

生 2：方法一是观察点与圆位置关系，点在圆内、点在圆上和点在圆外(图 2-5)；方法二是测量(图 2-6)，比较点与圆心 O 距离 d 与半径 r 的关系，即当 $d>r$ 时，点在圆外，如点 A；$d=r$ 时，点在圆上，如点 B；$d<r$ 时，点在圆内，如点 C. 反之也成立(图 2-23).

教师：很好，观察是直观判断，这是一种定性描述；测量是寻找图形的数量关系，这是一种定量刻画．这两种方法都是判断两个图形位置关系的重要方法．一般来说，两个图形位置关系的研究遵循从定性描述到定量刻画．

形（位置）	⇔	数（d与r关系）
点在圆上	⇔	$d=r$
点在圆内	⇔	$d<r$
点在圆外	⇔	$d>r$

图 2-23

【设计意图】点与圆的位置关系与直线与圆的位置关系具有同构特征，所以将点与圆的位置关系作为类比源．点与圆的位置关系从两方面分析：一是位置关系(定性描述)，它是图形的直观表现；二是数量关系(定量刻画)，它是由 d 与 r 关系来刻画的．这为研究直线与圆的位置关系做好了方法铺垫．

环节 2　探究直线与圆的位置关系的判定方法

1. 实验操作，整体感知．

探究活动：在纸上画一条直线 m，把硬币看作一个圆．在纸上移动硬币，你能发现在移动硬币的过程中，硬币与直线 m 有几种位置关系？请你试着画一画，并说说你的分类标准．

生 3：直线与圆有三种不同位置关系．可以用直线与圆的公共点数来判断，公共点数分别有 0，1，2 个(图 2-24).

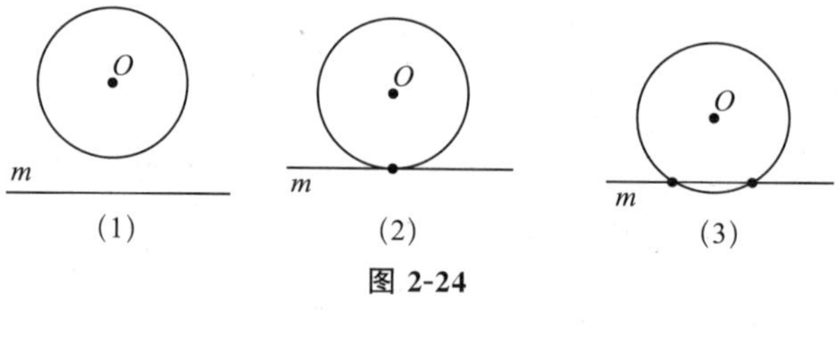

图 2-24

生 4：也可以比较圆心到直线的距离 d 与圆的半径 r 的关系．

追问：为什么想到用这个方法来判断？

生 4：类比点与圆的位置关系．

教师：很好！具体如何判断？

生 4：当 $d>r$ 时，直线 m 与⊙O 没有公共点（图 2-25（1））；当 $d=r$ 时，直线 m 与⊙O 有一个公共点（图 2-25（2））；当 $d<r$ 时，直线 m 与⊙O 有两个公共点（图 2-25（3））．

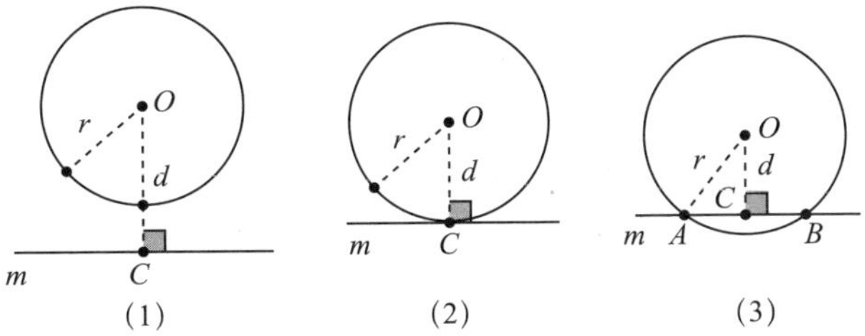

图 2-25

2．概括特征，抽象命名

如图 2-24（1），当直线 m 与⊙O 没有公共点时，直线 m 与⊙O 相离；如图 2-24（2），当直线 m 与⊙O 有唯一公共点时，直线 m 与⊙O 相切，直线 m 叫作⊙O 的切线，公共点叫切点；如图 2-24（3），当直线 m 与⊙O 有两个公共点时，直线 m 与⊙O 相交，直线 m 叫作圆⊙O 的割线．

3．观察生活，寻找模型

你能举出直线与圆位置关系的生活中一些实际例子吗？

4．知识整理，形成体系

请同学们归纳直线与圆的位置关系，并完成表 2-5.

表 2-5

直线与圆的位置关系	相交	相切	相离
图形			
公共点数			
公共点名称			
直线名称			
圆心到直线距离 d 与半径 r 的关系			

【设计意图】（1）将硬币看作一个圆进行实验操作，让学生整体感知直线与圆的各种位置关系，并通过画图帮助学生观察、比较、分析，归纳图形的位置特征，进行合理的分类，体现了直观性．（2）由于学生已有点与圆位置关系的研究经验，所以在判定直线与圆的位置关系时就很自然地想到类比点与圆的位置关系的判定方法，从定性描述到定量刻画两个角度思考，反映了思维的有序性．

环节 3　理性思考，定性定量辩证统一

1．如图 2-25 所示，为什么 $d=r$ 时，直线与⊙O 有唯一公共点？$d>r$ 时，直线与⊙O 没有公共点？$d<r$ 时，直线与$\odot O$有两个公共点？请说明理由．

2．当直线 m 与$\odot O$有唯一公共点时，一定有 $d=r$ 吗？直线与$\odot O$没有公共点时，一定有 $d>r$ 吗？直线与$\odot O$有两个公共点时，一定有 $d<r$ 吗？请说明理由．

证明(略)

3．你能从定性和定量两个方面得到直线与圆的位置关系吗？

数(d 与 r 的关系) $\Leftrightarrow$ 形(位置) $\Leftrightarrow$ 公共点数

$d=r\Leftrightarrow$直线与圆相切$\Leftrightarrow$唯一公共点

$d<r\Leftrightarrow$直线与圆相交$\Leftrightarrow$有两个公共点

$d>r\Leftrightarrow$直线与圆相离$\Leftrightarrow$无公共点

【设计意图】类比点与圆的位置关系的研究方法和推理方法，研究直线与圆的位置关系，帮助学生进一步理解定性描述与定量刻画两种方法的转化和等价关系，渗透辩证统一的思想；运用逻辑推理(包括反证法)证明结论，培养学生会用数学思维思考数学问题的能力．

环节 3　知识应用(略)

环节 4　系统梳理，升华方法

1．请回忆同一平面内几何图形间的位置关系及量化方法，并完成表 2-6.

表 2-6

类型	位置关系(定性描述)	数量关系(定量刻画)
点与点	重合、不重合	设两点之间的距离为 d．则 $d>0\Leftrightarrow$两点不重合；$d=0\Leftrightarrow$两点重合．
点与直线	点在直线上、点在直线外	设点到直线的距离为 d．则 $d=0\Leftrightarrow$点在直线上；$d>0\Leftrightarrow$点在直线外．
点与圆	点在圆外、点在圆上、点在圆内	设点到圆心的距离为 d，圆的半径为 r．则 $d>r\Leftrightarrow$点在圆外；$d=r\Leftrightarrow$点在圆上；$d<r\Leftrightarrow$点在圆内
直线与直线	相交、平行(公共点数分别为 1、0)	借助于同位角、内错角和同旁内角的关系刻画
直线与圆	相离、相切、相交(公共点数分别为 0、1、2)	设圆心到直线的距离为 d，圆的半径为 r．则 $d>r\Leftrightarrow$直线与圆相离；$d=r\Leftrightarrow$直线与圆相切；$d<r\Leftrightarrow$直线与圆相交

2．本节课的学习，我们经历了怎样的过程？运用了哪些数学思想方法？

学习过程：先行组织→实验操作、整体感知直线与圆的位置关系→定性描述直线与圆的位置关系→定量研究直线与圆的位置关系→整理提升．

主要思想方法：整体感知、类比、分类、归纳、推理(包括反证法)、数形结合．

【设计意图】通过梳理不同图形间的位置关系，帮助学生比较、辨别图形间的位置特征和定量刻画的方法，理解它们的区别与联系，促进知识的纵横联系，强化方法的普适性，运用类似的方法解决同类问题．

环节 5　延伸思考，迁移运用

你能类比直线与圆的位置关系的研究方法，自主探索其他图形之间的位置关系？比如圆与圆的位置关系，三角形与圆的位置关系，四边形与圆的位置关系等．

【设计意图】让学生带着已有的知识和方法经验——直线与圆的位置关系研究方法，去探索未知的问题，培养学生探究能力和问题解决能力．

如圆与圆的位置关系的探究，就可类比直线与圆的位置关系的研究过程与方法：

(1)实验操作，整体感知．学生在纸上画一个圆，用一枚硬币摆放不同位置——学生整体感知两个圆的各种位置关系——学生画出两个圆的不同位置关系——同学相互补充，逐渐完善．

(2)动态演示，整体把握．教师利用几何画板演示两个圆不同位置的动态过程(从左边相离到右边相离)(图 2-26)，帮助学生整体把握图形的特征．

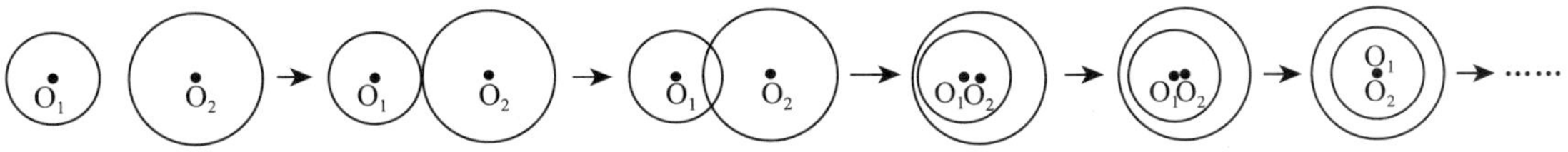

图 2-26

(3)概括特征，抽象命名．根据两个圆的位置特征(公共点个数)，分三大类(五小类)，即相离(外离、内含)、相切(外切、内切)、相交，并进行命名．

(4)定量刻画，确定关系．探究两圆位置关系与 d、r_1、r_2 之间关系，并作逻辑推理．

(三)类比运用过程性结构学习

教师引导学生回忆在同类结构知识学习时形成的过程性结构，运用先行组织者策略，引导学生搭建新知学习过程的“脚手架”，为新知的学习提供了基本思维路径，明晰学习方向．

案例 2-8 实数(第 1 课时)

环节 1 先行组织者

1. 前面，我们接触的数都是有理数，请你举例说说有理数包括哪些数？它的本质是什么？

师生活动：学生画韦恩图，有理数的本质是有限小数或无限循环小数——整数或整数比，然后教师介绍毕达哥拉斯学派观点．

2. 小学的自然数和正分数为什么要扩充到有理数？“有理数”一章学了哪些内容？经历了怎样的学习过程？

师生活动：扩充的原因是基于实践的需要和数学运算的需要；“有理数”一章学习的内容和过程：背景(生活、数学)→负数(定义、表示)→有理数(定义、分类)→性质[相反数、绝对值、大小比较——数与形(借助数轴)]→运算(法则、运算律，六则运算)→联系与应用．

追问：在现实生活或数学研究中，有理数够用吗？

【设计意图】通过先行组织者环节，引导学生回忆有理数学习的内容和过程结构，不仅为实数的学习提供了类比源，而且搭建了学习过程的“脚手架”，为学生自主整体建构“实数”一章学习结构做好准备．

环节 2 无理数概念

1. 如图 2-27，是一个由四个面积为 1 的小正方形拼成的大正方形．你能将大正方形折出一个面积为 2 的正方形吗？折出的正方形边长是多少？如何表示？

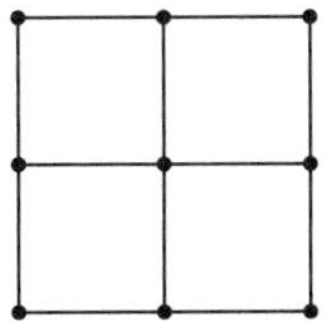

图 2-27

师生活动：学生折出图 2-28 所示的正方形 $ABCD$，并得出正方形 $ABCD$ 的边长为$\sqrt{2}$.

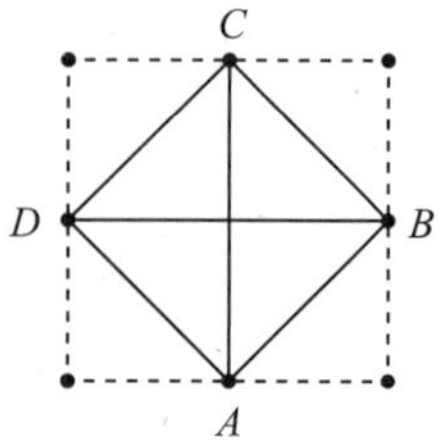
图 2-28

设问：$\sqrt{2}$有多大？它是怎样的一个数？

尝试：如图 2-29，边长 $AB=\sqrt{2}$.

$\because 1<\sqrt{2}<2$，$\therefore \sqrt{2}$不是整数，$\therefore \sqrt{2}=1\cdots$.

$\because 1.4^2<2$，$2<1.5^2$，$\therefore 1.4<\sqrt{2}<1.5$. $\therefore \sqrt{2}=1.4\cdots$

又$\because 1.41^2<2$，$2<1.42^2$，$\therefore 1.41<\sqrt{2}<1.42$，$\therefore \sqrt{2}=1.41\cdots$

验证：$\sqrt{2}=1.4142135623730950488016887242096980 78\cdots$（利用计算机）

猜想：$\sqrt{2}$是一个无限的不循环的小数．(证明放在课后拓展课进行研究)

提出本课核心问题：$\sqrt{2}$不是有理数，那是什么数？

2. 介绍数学史——无理数的发现过程以及年轻数学家希伯索斯为追求科学真理献出自己的生命，发挥数学学科的育人价值．

3. 定义：像$\sqrt{2}$这种无限不循环的小数叫作无理数．

追问：定义中的关键词是什么？你能举出其他的无理数吗？

师生一起整理归纳无理数的不同形式特征：

(1)圆周率 π 及一些含有 π 的数，如 $2\pi+1$，$\frac{\pi}{3}$等．

(2)开方开不尽的数，如$\sqrt{3}$，$\sqrt[3]{4}$等．

(3)有一定的规律，但不循环的无限小数，如 0.1010010001…(每两个 1 之间依次增加一个 0)，等．

【设计意图】让学生充分感受引入无理数的必要性．面积为 2 的正方形是客观存在的，因此其边长也是客观存在的，但用目前已有的数系无法表示．类比引入负数表示相反意义的量，需要引入一种新数，并根据无理数的不同形式进行分类．

环节 3　数的扩充——实数

1. 比较有理数与无理数的区别．

2. 把下列各数分别填在相应的集合内：

$\sqrt[3]{2}$，$\frac{7}{3}$，$\sqrt{7}$，$2\pi-1$，$-\frac{5}{2}$，0，$\sqrt{\frac{4}{9}}$，$-\sqrt{15}$，$-\sqrt[3]{27}$，0.3737737773…(每两个 3 之间依次增加一个 7)．

有理数{　　　　　　　　　　…}，无理数{　　　　　　　　　　…}

追问：你分类的标准是什么？

3. 请你类比有理数的定义，给出实数的定义．

师生活动：有理数与无理数统称为实数．

追问：实数是如何扩充的？

师生活动：有理数$\xrightarrow{\text{添加无理数}}$实数

4. 类比有理数的分类方法，请你对实数进行分类．(两种分类方法，略)

5. 类比有理数的学习经验，你能规划出“实数”一章学习的“路线图”吗？

师生活动：背景→实数的概念(定义、分类)→性质[相反数、绝对值、大小比较→数与形(借助数轴)]→运算(法则、运算律,六则运算)→联系与应用.

【设计意图】让学生类比有理数概念的学习经验,学习实数概念,经历定义、分类的过程;并通过类比有理数构建"实数"一章的学习"路线图",整体把握学习方向.

环节 4　知识应用(略)

环节 5　知识整理

1. 为什么要产生实数? 有理数是如何扩充到实数? 实数怎样分类?

2. 实数概念的学习经历了怎样的过程? 运用了什么方法?

3. 类比"有理数"的学习过程,接下来我们将学习"实数"的哪些内容?

【设计意图】完善与发展数扩充的学习经验,注重学习方法的积累与提升,为高中的复数学习提供先行组织.

(四)综合运用学习结构

数学的学习既要关注学习的内容,又要关注学习的过程和方法,所以在新知的学习过程中,大都既有过程性结构,又有方法性结构,甚至还伴随着框架性结构. 以上的"学结构"和"用结构"所举的 8 个案例并不是就仅仅存在某一类结构,它们大多是多种结构并存,如"从自然数到有理数"和"实数"不仅涉及全章的内容框架,还涉及数扩充的基本规律和认识新数的方法(方法结构)以及新数的研究过程(背景→概念→性质→运算→应用). 因此数学学习是结构的学习、形成和运用过程,是一个不断结构化的过程,也是一个螺旋式上升的过程.

案例 2-9　二元一次方程*

一元一次方程从"元"方向的扩张就产生了"二元一次方程(组)""三元一次方程(组)"甚至是"多元一次方程(组)",因此,"二元一次方程"与"一元一次方程"呈纵向结构关联,可类比"一元一次方程"的学习经验进行迁移学习.

环节 1　先行组织者

1. 创设问题情境——课前播放台州市中学生篮球联赛照片.

上课前同学们欣赏了篮球比赛的精彩画面,今天这节课我们就从篮球联赛的积分问题出发学习新的知识,先请同学们解决下面问题:

台州市中学生篮球联赛中,每场比赛都要分出胜负,每队胜 1 场得 2 分,负 1 场得 1 分. 白云队在全部的 10 场比赛中得到 18 分,那么白云队胜了几场,负了几场?

思考:我们在"一元一次方程"这一章,主要学习了哪些内容? 是怎样学习的? 你能用知识结构图来表示吗? 试试看.

师生活动:在学生交流、补充、完善的基础上完成结构图,如图 2-29 所示.

具体来说,就是"实际问题→方程→整体感知方程类型→一元一次方程概念(定义、表示)→一元一次方程解的概念→利用尝试检验法解一元一次方程→等式的基本性质→解一元一次方程→一元一次方程应用."

*　浙江省名师展示课,由台州市白云学校项军老师执教

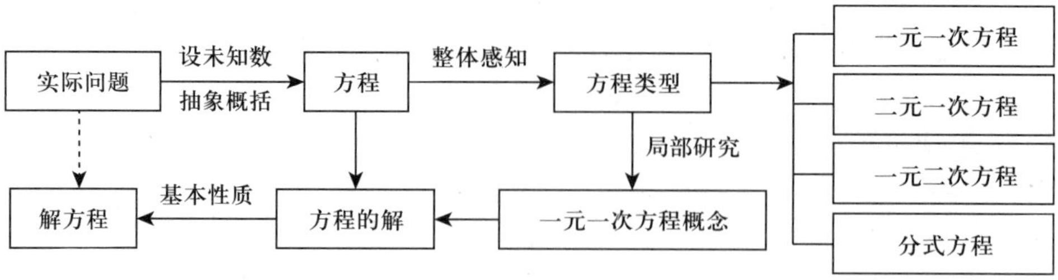

图 2-29

2. 根据方程的分类，你认为接下来我们将学习什么方程？

追问：类比“一元一次方程”一章的学习经验，猜想“二元一次方程”一章怎样学习？

师生活动：实际问题→抽象为二元一次方程→定义、表示、解→用尝试检验法求二元一次方程的解→解二元一次方程→二元一次方程的应用．

【设计意图】根据方程的结构关系，引出局部学习内容——二元一次方程，再通过复习一元一次方的研究结构，引发学生类比的意向，整体建构二元一次方程的学习路径和方法．

环节 2　类比学习概念

1. 解答下列问题(只要求列出方程)：

(1)上述篮球比赛问题中要求的是两个未知量，能否设两个未知数来解决呢？试试看．

(2)5 只雀，6 只燕，共重 16 两，雀重燕轻，互换其中 1 只，恰好一样重，问雀燕各几两？(《九章算术》)

【设计意图】问题(1)从学生身边感兴趣的话题引入，激发学生学习的兴趣．由同一背景引出一元一次方程和二元一次方程(组)两种模型，通过对列一元一次方程解决实际问题的一般过程的复习，给二元一次方程(组)的学习提供类比的素材，让学生初步体验二元一次方程(组)是刻画现实世界中含有多个未知数问题的数学模型．问题(2)学生用算术或一元一次方程列式都比较困难，但用二元一次方程就比较容易，让学生充分体验到学习二元一次方程解决问题的可行性、必要性和优越性，感受学习二元一次方程的重要性，同时渗透数学史．

2. 同学们刚才列出的这些方程 $x+y=10$，$2x+y=18$，$5a+6b=16$，$4a+b=5b+a$ 有什么共同特征？

3. 类比一元一次方程，你能给这类方程下个定义吗？

追问 1：二元一次方程如何用一般形式来表示？($ax+by+c=0$，其中 $a\neq0$，$b\neq0$)

追问 2：为什么要有限制条件 $a\neq0$，$b\neq0$？

4. 概念辨析(略)

5. 二元一次方程概念学习，经历了怎样的过程？运用了哪些思想方法？

学习过程：实际问题$\xrightarrow{\text{抽象}}$二元一次方程$\xrightarrow{\text{概括}}$下定义→表示→辨析．

思想方法：将实际问题数学化，抽象为二元一次方程；概括方程的本质属性，归纳定义；建立二元一次方程模型；类比一元一次方程学习二元一次方程．

【设计意图】将实际问题抽象为二元一次方程，让学生通过观察、比较、概括，形成二元一次方程的概念，体会抽象、归纳和模型思想；引导学生运用类比的学习方法探索新知．

环节 3　类比研究方程的解

1. 结合一元一次方程的学习经验，学习二元一次方程概念以后，接下来要学习什么？

追问1：你能类比一元一次方程的解，定义二元一次方程的解吗？

追问2：满足方程 $x+y=10$，且符合实际意义的 x、y 的值有哪些？请同学们把它一一列举出来．

追问3：你能解释一下 $x=0, y=10$；$x=10, y=0$ 表示的实际意义吗？

2. 同学们刚才都用直接列举法得出 x、y 的值，是否可以用列表法得出 x、y 的值？（课件出示）

x	0	1	2	3	4	5	6	7	8	9	10
y											

从表格中，我们发现每一对 x、y 的值都能使方程左右两边的值相等，因此我们把使二元一次方程两边的值相等的两个未知数的值，叫作二元一次方程的解．因为是一对未知数的值，所以，我们还要给每对值加上大括号，如 $\begin{cases} x=0, \\ y=10. \end{cases}$

追问1：若不考虑实际意义，满足方程 $x+y=10$ 的解还有吗？有多少组？

追问2：二元一次方程的解与一元一次方程的解有什么区别？

（强调"一个"与"一对"；"有限"与"无限"的区别）

【设计意图】尊重学生的认知规律，引导学生初步体会二元一次方程的解与一元一次方程的解的不同之处．让学生经历"二元一次方程在实际问题或有条件限制下可能只有有限个解→在一般情况下有无数个解"渐进过程．

3. 课内练习（略）

变式：试写出其中一个解为 $\begin{cases} x=1 \\ y=-3 \end{cases}$ 的一个二元一次方程．

要求：每人写一个，写好的同学将答案写在黑板上，然后每个同学评一个，并指出你最喜欢哪个方程，为什么？他是怎么编的？

【设计意图】让学生学会检验一对数是不是某个二元一次方程的解．通过开放性问题设计，帮助学生进一步理解二元一次方程解的特征，为二元一次方程组的解埋下伏笔．"由方程写解，由解写方程"渗透"先猜想后验证"的数学思想．

环节4　知识应用

1. 已知方程 $3x+2y=10$.

(1)用关于 x 的代数式表示 y.

(2)求当 $x=-2,0,3$ 时对应的 y 的值，并写出方程 $3x+2y=10$ 的三个解．

追问：当 x 每确定一个值时，y 都有几个值与它对应？

【设计意图】在学生感觉用枚举法解二元一次方程时比较繁琐，提出"用含一个未知数的代数式来表示另一个未知数"就能求出所有适合方程的解，感受到用该方法有效地简化求解过程，同时渗透"特殊-一般-特殊"的数学思想，渗透了主元思想和转化思想，以及函数的对应思想，不仅有效地突破了难点，还让学生学会了思考和解决问题的方法，这更有利于学生的后续学习．

2. 练习（略）

环节 5　知识梳理

请同学们整理归纳一下本节课的学习内容、学习过程与学习方法？

内容与过程：复习一元一次方程学习结构→类比学习，建立二元一次方程概念：实际问题→定义→表示→二元一次方程的解→用尝试检验法解二元一次方程．

学习方法：类比一元一次方程学习二元一次方程；将实际问题抽象、概括得到二元一次方程，归纳二元一次方程的定义和一般形式；利用尝试检验法求二元一次方程的解；对应思想、模型思想．

【设计意图】教学不仅仅是和学生分享知识和方法，更重要的是培养学生的学习方法、思维习惯，积累学习经验、提高学习能力，完善学生的认知结构．

环节 6　课后延伸

1. 本节课你还有哪些困惑吗？

2. 篮球比赛的问题中，由方程 $x+y=10$ 得出这 11 组解，我们能否就确定白云队在这次比赛中胜了几场，负了几场？为什么？

追问：问题中的未知数 x 和 y 是只要满足其中一个方程还是要同时满足两个方程 $x+y=10$ 和 $2x+y=18$？

这就是我们下节课要学习的内容“二元一次方程组”．

【设计意图】做好承上启下，让学生带着问题、带着思考离开教室，迎接下节课的学习，激发学生对新知学习的兴趣和欲望．

案例 2-10　一次函数的图象及其性质

中学函数（正比例函数、一次函数、反比例函数、二次函数以及高中的指数函数、对数函数等）内容的结构类同，其研究过程与研究方法一脉相承．

正比例函数的研究过程为：实际问题→正比例函数概念→图象与性质[探究过程：画图象（列表、描点、连线）—观察图象—归纳位置与性质—验证（高中要求及初中较高要求）]→应用，渗透数形结合思想和数学源于实践又应用于实践的辩证思想．对一次函数、反比例函数、二次函数以及高中的指数函数、对数函数等函数的研究都可以类比正比例函数的研究路径与方法进行研究．

环节 1　先行组织者

1. 用 6 m 长的绳子围成长方形，若设长方形的一边长为 x，另一边长为 y，你们能写出 y 与 x 之间的关系吗？y 与 x 之间是函数关系吗？为什么？

追问：y 与 x 之间是什么函数？为什么？

【设计意图】情境认知理论认为，知识要学生在恰当的情境中主动探究建构，促进知识、技能和经验的相互连接，进而激发学生探究的热情，促进学生的有效认知．同时帮助学生回顾一次函数的概念．

2. 上节课，我们学习了正比例函数的图象与性质，能说说正比例函数 $y=kx$ 的图象特征和函数性质吗？画正比例函数图象的步骤有哪些？正比例函数的性质是怎样获得的？

3. 类比正比例函数的学习经验，接下去我们要研究一次函数 $y=kx+b(k\neq0)$ 哪些问题？应该怎样研究？

学生回顾、整理，教师板书．一次函数的图象与性质的研究过程：画图象(列表、描点、连线)→观察图象→归纳图象位置特征→归纳函数性质→应用．先研究 $k>0$ 情况，再类比研究 $k<0$ 情况．

【设计意图】通过回顾和比较正比例函数的图象与性质及其研究过程，引导学生自然合理地提出一次函数的研究任务和研究方法．

环节 2　类比研究图象

1. 函数 $y=2x$、$y=2x+1$ 和 $y=2x-1$ 的解析式有什么特点？

2. 在同一坐标系中画函数 $y=2x$、$y=2x+1$ 和 $y=2x-1$ 的图象．

教师引导学生列表时，利用描点法画图(图 2-30)．

x	…	-2	-1	0	1	2	…
$y=2x$	…						…
$y=2x+1$	…						…
$y=2x-1$	…						…

3. 观察图 2-30 中的三个函数图象，它们有什么共同之处？又有什么不同之处？

教师先引导学生讨论、交流，然后总结、归纳结论：

相同点：(1)都是一条直线；(2)图象都经过一、三象限；(3)从左到右都是上升的；(4)三条直线互相平行．

不同点：$y=2x$ 的图象过原点；$y=2x+1$ 的图象过(0,1)，且还经过第二象限；$y=2x-1$ 的图象过(0,-1)，且还经过第四象限．

4. 函数 $y=2x+1$ 和 $y=2x-1$ 的图象为什么是直线？你能结合解析式和表格进行解释吗？

教师引导学生讨论、归纳：先比较 $y=2x+1$ 与 $y=2x$ 的解析式，发现当 x 分别取-2，-1，0，1，2 时，一次函数 $y=2x+1$ 的函数值都比正比例函数 $y=2x$ 的函数值对应地多 1，这个规律对自变量的任何取值都成立，反映在图象上就是 $y=2x$ 图象上每一点都向上平移 1 个单位．所以函数 $y=2x+1$ 的图象是平行于 $y=2x$ 图象的一条直线．然后用“几何画板”验证．

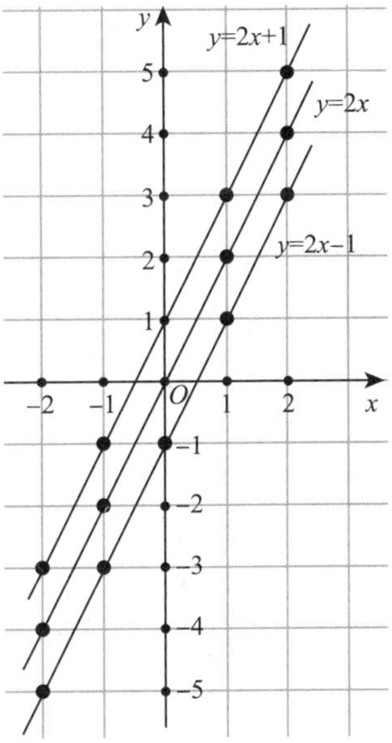

图 2-30

教师追问：那直线 $y=2x-1$ 的图象？

学生类比归纳结论，教师用几何画板验证．

【设计意图】让学生先按照正比例函数研究的方法用描点法画 $y=2x+1$、$y=2x-1$ 的图象，观察发现其图象可能是直线后，通过回顾正比例函数图象也是直线，让学生自然合理地想到需要与正比例函数图象进行比较，从表达式、表格和图象三个方面比较分析两个图象之间的关系(结合图形平移相关知识)，再通过动画展示验证，从而确认函数 $y=2x\pm1$ 图象都是一条直线．

5. 对于一般的一次函数 $y=kx+b(k>0)$的图象是什么形状？它与直线 $y=kx(k>0)$有什么关系？

【设计意图】引导学生在总结归纳上面两个图象规律的基础上，把得到的结论从特殊推广到一般．

6. 一次函数 $y=kx+b(k<0)$ 的图象有什么特征？请类比 $y=kx+b(k>0)$ 自主研究.

7. 既然一次函数的图象是一条直线，在几何中，直线是怎样确定的？由此，能得到画一次函数图象的简便方法吗？

【设计意图】运用"学·用"结构策略，培养学生自主探究能力，并结合"两点确定一条直线"基本事实，引导学生发现用"两点法"画一次函数图象.

环节3　类比研究性质

1. 在研究正比例函数时，我们是如何得到正比例函数性质？

追问：我们要研究一次函数的性质，该怎么做？

【设计意图】类比正比例函数图象性质的研究，引导学生提出一次函数性质的研究内容(增减性与系数 k 的关系)和研究方法(画不同的具体函数图象，观察图象，归纳性质).

2. 在同一坐标系中，分别画出下列一次函数的图象，并思考 k、b 的符号对函数 $y=kx+b$ $(k\neq0)$ 的图象位置和性质有什么影响？

(1) $y=x+2$，(2) $y=3x-2$，(3) $y=-x+6$，(4) $y=-3x-2$.

一次函数 $y=kx+b(k\neq0)$ 图象与性质：

图象位置：____；

图象特征：____；

函数增减性：______________________________________.

验证：在学生得到结论后，教师用"几何画板"展示这种变化规律($k>0$ 且固定不变时，让 x 变化，看 y 怎样变化？$k<0$ 且固定不变时，让 x 变化，看 y 怎样变化). 在此基础上，通过让 k 的值从正变到负，看增减性的变化. 再变化 b 的值，发现函数的增减性不变，从而从直观上验证了一次函数的增减性只与系数 k 符号有关.

【设计意图】先让学生用"两点法"画四个典型性的具体的函数图象，再通过观察、比较、归纳，概括出一次函数的性质. 为了让学生更深刻地理解函数的增减性与系数 k 的关系，采用"几何画板"制作动画，让学生通过动态的视觉感知和语言表征，再结合函数解析式进一步理解系数 k 对一次函数 $y=kx+b(k\neq0)$ 的增减性的影响.

环节4　巩固应用(略)

环节5　知识整理

(1)本节课，我们研究了什么？经历了怎样的研究过程？运用了哪些方法？

(2)一次函数 $y=kx+b(k\neq0)$ 的要素是什么？它们对图象与性质有怎样的影响？请完成表 2-7.

表 2-7

$y=kx+b(k\neq0)$		示意图	图象位置特征	图象自左向右变化趋势	y 随 x 的增大如何变化
$k>0$	$b=0$				
	$b>0$				
	$b<0$				
$k<0$	$b=0$				
	$b>0$				
	$b<0$				

教师概括：本节课类比正比例函数的学习结构，通过“画图象、看图象、想性质”的步骤成功地发现了一次函数的图象特征和性质，在性质的探究过程中，“以图助数，以数释图”，这种函数性质的探究步骤和数形结合的思想在今后其他函数的学习中仍然很有用．

【设计意图】让学生回顾课堂经历的基础上，从知识、方法等角度总结自己的收获，并通过交流相互分享、互相启发．教师通过概括性引导，提升学生对一次函数的图象与性质的进一步认识与理解．

第三节　横向结构关联知识的整体设计

横向结构关联是指单元内知识呈现或局部呈现并列关系或结构类同的单元之间呈现并列结合关系．包含两种情形：一是主题中若干个单元呈现并列结合关系，如代数式主题中整式、分式、根式．这种结构关系往往会有一个统领性问题或上位概念，然后呈现或局部呈现并列的关系，有的主题内容可能还会有一个总结性的结论或活动，也可能两者都有，呈现“总-分-总”结构(图 2-31)．如特殊四边形，先学习平行四边形，再学习矩形、菱形，最后学习正方形，正方形的学习在方法上处于总结位置．本书将单元 1 称为主题起始单元，单元 2 至单元 $n-1$ 称为主题中程单元，单元 n 称为主题终端单元．这三种单元在整个主题教学中分别起着“起”“承”“合”的作用；二是单元知识呈纵向结构，但其中某个课时知识呈现并列关系，如乘法公式、三角形全等与相似判定等．

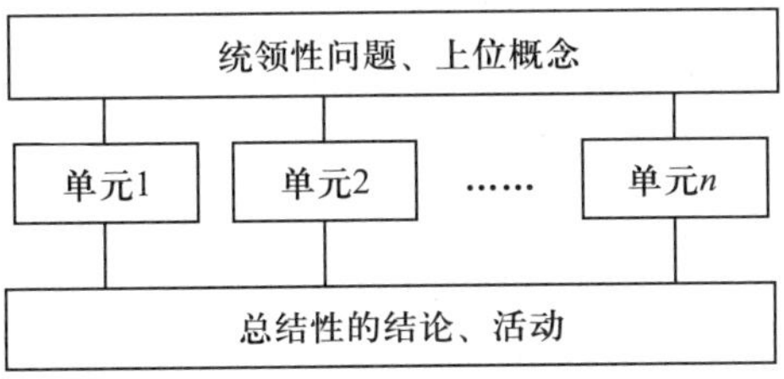

图 2-31

一、学——主题起始单元知识的整体设计

横向结构主题起始单元知识教学要遵循“逐渐分化”原则，从整体认识到局部研究，需要经历“引入→类概念→规划研究思路→局部知识研究”的过程．其中类概念的学习一般在起始单元的起始课发生，要经历“整体感悟”的过程：具体事例$\xrightarrow{\text{抽象}}$基本图式$\xrightarrow{\text{概括}}$对象划分$\xrightarrow{\text{分类}}$类概念→抽象命名，这样有助于学生了解知识的框架或知识的来龙去脉，了解知识之间的联系，使新知的学习有理想的“固着点”．当然，过程中的“抽象命名”不是重点，只要学生知道有这样的概念和名称即可，重点是让学生知道新知在知识系统中的地位和作用，以及整体背景下局部知识的类型．“局部研究”需要经历“引入→概念(属)→性质(判定)→应用→特例研究(概念、性质、判定、应用)”的过程．在“局部研究”的基础上，再引导学生对单元学习的内容、过程和方法进行系统整理和归纳，形成单元学习结构，为其他单元的研究提供基本活动经验，这一环节要遵循“综合贯通”原则．

如“三角形”是“多边形”内容的起始单元，其学习需要经历“整体-部分-整体”的过程，教学设计路径：三角形实例→三角形图形→三角形概念→三角形分类(按边和角两个要素分类)→三角形的性质(要素：边、角关系；相关要素：高线、中线、角平分线及外角等关系)→三角形全等(概念、性质、判定)$\xrightarrow{\text{特例研究}}$等腰三角形(概念、性质、判定)→直角三角形(概念、性质、判定)→系统整理．其中“三角形实例→三角形分类”是让学生概览不同类型的三角形，形成对三角形的“整体感悟”的过程；“三角形的性质→直角三角形”以及九年级的“相似三角形”是“局部研究”的过程，遵循图形研究的“一般观念”；“系统整理”是为了促进知识的系统化、结构化，形成新的整体．

起始单元教学，特别要注意两点：一是在起始单元的起始课教学中，要组织学生深度参与，整体感知，获得研究对象，构建研究框架，规划研究思路，这是整体性教学的困难所在，因为这个过程需要抽象、概括以及分类思想，对初中学生来说具有一定的挑战性；二是要重视组织学生的学习整理，不仅要总结、归纳本节课或本单元的知识结构，而且要总结、提炼学生学习的方法结构和知识形成的过程结构，帮助学生在大脑中形成结构功能良好、迁移能力强的认知结构，促进学生的学习从“局部”走向新的“整体”．如“三角形”单元知识的学习，教师要引导学生逐步积累和形成几何研究的“基本套路”：

一是三角形概念学习要经历“通过三角形实例，抽象为三角形图形，概括图形共同特征，归纳形成三角形的概念”的过程；二是三角形的分类标准是三角形的组成要素，即要按照三角形的要素(边、角)的大小和位置关系进行分类；三是三角形性质的研究对象为要素(边、角)关系以及相关要素(外角、3种重要线段)关系；四是三角形的研究思路为从一个图形研究到两个图形关系研究，从上位到下位，从一般到特殊，从定性到定量展开研究．

(一)整体感悟单元知识的背景框架

在数学新的知识具体教学开始之前，以一个单元作为一个整体，引导学生感知材料，教师将所教学的内容作一个总体性的梗概介绍，当学生概览内容的框架或知识的来龙去脉、了解知识的联系和方法结构后，再进入局部知识的重点演绎，适用于单元起始课“整体进入式”的教学．这种整体感悟知识的背景框架策略又有两种类型：类型一是上位概念或上位知识学习(以下简称“上位概念”学习)，即所要学习的内容其自身就是这一主题知识的上位概念，如“代数式”“方程”“函数”“几何图形”“多边形”等概念，分别是各个主题的上位概念(或类概念)；类型二是下位概念的学习，通常是下位概念的第一类属概念，即主题起始单元的属概念，如“整式乘法”下位起始属概念为“同底数幂的乘法”，“四边形”下位起始属概念是“平行四边形”，“图形的变化”下位起始属概念是“图形的平移”，其教学遵循先整体后局部的逻辑顺序．

类型一　上位概念学习的整体感悟策略

“整体感悟”包括“整体感知”和“整体把握”两个阶段，上位概念学习的框架结构和程序如图 2-32 所示．

整体感知：教师引导学生概览问题的背景材料，所提供的材料要求具有全面性和典型性．然后，教师引导学生聚类分析，抽象、归纳共同本质特征．再根据本质特征概括形成概念(类概

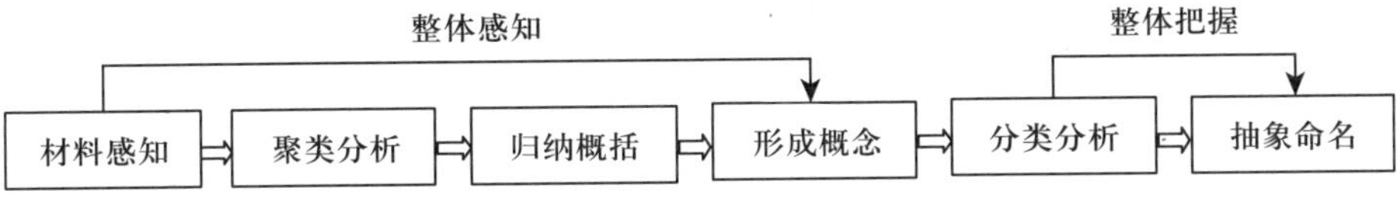

图 2-32

念)．明确概念的内涵，并经历概念的精致过程．

整体把握：在学生形成类概念的基础上，教师引导学生对材料进行分类分析，即将概念所包含的数学对象按不同属性(通常以组成要素为标准)分成若干子类，整体感知知识的结构体系．由于分类的依据是数学对象的属性，所以呈现的背景材料应充分体现不同的属性．分类时特别要找准分类标准，按一个确定的、统一的标准进行．然后，教师引导学生给类概念下的属概念进行命名．当然这个抽象命名不是重点，只要学生知道有这样的概念和名称即可，重点是让学生知道这些概念在知识系统中的地位和作用，以及整体背景下局部知识的类型．

如函数概念教学：大量实例→抽象为数学问题→归纳本质属性(三要素)→函数定义、表示→函数分类→定义域、值域．

案例 2-11　代数式

环节 1　复习旧知，理解意义

1. 下列三个问题列式表示的意义有何区别？

(1)大米的单价为 4.8 元/kg，食油的单价为 16 元/L. 买 10 kg 大米，2 L 食油需____元．

(2)大米的单价为 a 元/kg，食油的单价为 b 元/L. 买 10 kg 大米，2 L 食油需____元．

(3)大米的单价为 4.8 元/kg，食油的单价为 16 元/L. 买 x kg 大米，y L 食油需____元．

2. 思考：用字母表示数有什么优越性？

【设计意图】$10\times4.8+2\times16$ 只表示特定价格与购买量时，需要的钱；$10a+2b$ 能表示特定购买量，价格变化时，需要的钱；$4.8x+16y$ 能表示特定价格，购买量变化时，需要的钱．从而让学生体会具体与抽象、特殊与一般的关系，明确后两者表示更具有普遍性、更简明的特点，进一步感受“用字母表示数”的优越性，发展学生的符号意识．

环节 2　整体感知，形成概念

1. 解答下列问题(略)

2. 观察刚才得到的式子，有什么共同特征？

$10a+5b$，$x-2$，$2sh$，$\dfrac{l+180}{t}$，$2a^2$，$\sqrt{3m}$．

3. 代数式的概念

(1)定义：由数、表示数的字母和运算符号组成的数学表达式称为代数式．

(2)说明：①运算符号是指加、减、乘、除、乘方和开方；②单独的一个数或者字母也称代数式．

(3)代数式定义的关键词是什么？

(4)判断下列各个式子是不是代数式？你是如何判断的？(略)

(5)定义的获得经历了怎样的过程？

（实际问题$\xrightarrow{\text{抽象}}$数学式子$\xrightarrow{\text{概括}}$共同特征$\xrightarrow{\text{归纳}}$定义→辨析）

4. 概念应用（略）

【设计意图】让学生掌握“概念形成”学习的一般观念：感知材料，抽象归纳本质属性，形成概念，突出代数学习的基本方法——归纳，为后续其他代数概念如方程、不等式、函数等概念的教学提供先行组织，具有奠基作用．代数式的应用主要是通过列代数式与列代数式表达的意义不同来帮助学生理解代数式的价值——使用符号可以进行运算和推理，得到的结论具有一般性，加深对代数式的意义：“可以一般地、简明地表示实际问题中的量，给数量关系的研究带来方便”的理解．

环节 3　整体把握，抽象命名

1. 观察刚才列出的代数式，你能根据这些式子的特征进行分类吗？

$$10a+5b,x-2,2sh,\frac{l+180}{t},2a^2,\sqrt{3m},3x-3,2x+\frac{1}{2}y,(a+b)^2,\sqrt[3]{2a},\frac{80t}{80+v}.$$

学生交流讨论，得到代数式的分类：

$$代数式\begin{cases}有理式\begin{cases}整式\begin{cases}单项式\\多项式\end{cases}\\分式\end{cases}\\无理式——根式\end{cases}$$

2. 联想类比：请想象这个分类与之前学过的哪个分类类似？

3. 理解内化：为什么代数式的分类与实数的分类如此相似？

【设计意图】从整体上建立起代数式内容框架，不仅帮助学生从整体上理解概念的本质，促进了数与式的沟通以及数式的类比学习，而且帮助学生了解知识之间的结构关联和来龙去脉，把握大方向，为后续的学习提供导航作用．

代数式的分类对七年级学生来说，挑战性较大，该环节的教学，要视学生情况而定．如果班级学生整体能力不强，分类时应调整设问顺序和方式，为学生提供“脚手架”，譬如“类比实数的分类，你能把下列代数式进行分类吗？”这样，学生有了类比源，思维就有方向，分类就有标准，适当降低了问题的难度．

环节 4　知识梳理，反思建构

1. 请你谈谈对本节课学习的内容“代数式”的认识．

2. 代数式概念的学习主要经历了怎样的过程？运用了哪些主要数学思想方法？

3. 类比“实数”的学习经验，你能猜想建构出“代数式”内容学习的路线图吗？

【设计意图】(1)整理知识，提炼概念学习的过程：实际问题$\xrightarrow{\text{抽象}}$数学式子$\xrightarrow{\text{概括}}$共同特征$\xrightarrow{\text{归纳}}$定义→辨析→分类→应用；学习的方法：抽象、概括、归纳、分类，为后续代数概念如方程、不等式、函数等概念的学习积累基本活动经验．(2)整体把握代数式研究的基本路径．引导学生类比构建代数式学习“路线图”：先学习整式，再学习分式，最后学习根式；整式学习结构：背景→概念（定义、分类）→性质→运算→应用．分式与根式的学习也是一脉相承，帮助学生明确研究思路和研究方法．

章建跃博士提出“先构建整体框架，再展开具体探究”的教学主张，他认为“在面对一个新的数学研究对象时，要有‘整体观’，先为学生构建研究的整体框架，再在‘获得研究对象就是要让学生理解相关数学概念的内涵和外延’‘研究数学对象的性质就是探究它的要素、相关要素之间稳定的联系’‘通过类比、推广、特殊化等发现和提出值得研究的问题’‘通过建立相关知识的联系，使学生形成思维功能强大的知识体系，更有效地解决问题’等具有普遍意义的一般观念的指导下，展开学习和研究．”[6]

案例 2-12　认识方程

《标准(2022 年)》第四学段对方程概念的学习要求：能根据现实情境理解方程的意义，能针对具体问题列出方程；理解方程解的意义，经历估计方程解的过程．根据这一要求，原小学阶段的“简易方程”内容将移到初中阶段学习．因此，作者类比“不等式”一章内容，将七年级“方程”这一主题的内容初拟学习框架：认识方程→等式基本性质→一元一次方程概念→一元一次方程解法→一元一次方程的应用．

环节 1　创设情境，形成概念

1. 解答下列问题：

(1)观察图 2-33 中的三幅图，你能用数量关系表示水杯、水与砝码之间关系吗？

图 2-33

追问：现实中，两个数量之间有怎样的关系？(相等关系和不等关系)

教师：我们先研究相等关系，请继续解答下列三个问题(略)．

2. 观察同学们列出的等式，它们有什么共同特征？

$100+x=250$，$\frac{2x+12}{3}=14$，$x+y=100$，$x(x+30)=1\,800$，$\frac{1800}{x}=x+30$，$\frac{1\,800}{x+30}=x$.

共同特征：(1)都是等式；(2)都含有未知数．

3. 方程概念

(1)定义：含有未知数的等式叫作方程．

(2)方程的元和次概念．(略)

(3)介绍方程数学史料．(略)

4. 你能写出一些方程吗？

5. 下列各式中，哪些是方程？说说你的理由．(略)

6. 思考：方程概念的学习经历了怎样的过程？运用了哪些数学思想方法？

【设计意图】先让学生整体感知现实(生活和数学)中的两个数量存在两种关系，即相等关系和不等关系，先研究特殊情况——相等关系，获得研究对象．再通过实例，让学生积累“方程概念形成”的“基本套路”：大量实例→抽象出方程模型→聚类分析(找共同本质属性)→定义→概念辨析，培养学生抽象观念、概括能力以及模型思想．

环节2　整体感悟方程的类型

合作学习：观察下列方程，你能根据方程未知数的位置与次数特征给它们进行分类吗？

$100+x=250$，$\dfrac{2x+12}{3}=14$，$x+y=100$，$x(x+30)=1\,800$，$\dfrac{1\,800}{x}=x+30$，$\sqrt{x-1}=2$．

师生归纳：

- 方程
  - 有理方程
    - 整式方程
      - 一元一次方程
      - 二元一次方程
      - 一元二次方程
    - 分式方程
  - 无理方程——根式方程

初中阶段主要学习有理方程，到高中阶段将学习无理方程以及其他方程．

追问1：方程的分类，与我们前面学过的哪个知识类似？

追问2：为什么会有如此类似的结构(分类)？

【设计意图】通过分类，让学生整体感悟初中方程的不同类型，使每一类方程的学习都有理想的“固着点”，帮助学生了解知识的来龙去脉、明确学习方向，并通过联想，使方程的分类与实数、代数式的分类进行了统一，促进了知识的横向联系．

环节3　方程的解

1. 图2-39杯子中的水是多少克？即方程 $100+x=250$ 未知数 x 的值是多少？

2. 定义：使方程左右两边相等的未知数的值叫作方程的解．如方程 $100+x=250$，当 $x=150$ 时，方程左边 $=100+150=250=$ 右边，所以 $x=150$ 就是方程 $100+x=250$ 的解．

追问：定义的关键词是什么？

3. 判断下列 t 的值是不是方程 $2t+1=7-t$ 的解．

①$t=-2$．　　②$t=2$．

【设计意图】让学生理解方程解的意义和学会检验未知数的值是否为方程解的方法，为后续具体方程的解的学习积累经验．

环节4　方程的解法探究——尝试检验法

1. 如何求方程 $\dfrac{2x+12}{3}=14$ 的解？

追问1：小明投进球数 x 有什么特征？

追问2：小明投进球数 x 估计在什么范围？

学生讨论得到 x 可能值为11，12，13，14，15，16，17，代入方程左边的代数式 $\dfrac{2x+12}{3}$，求出代数式的值，如表2-8：

表 2-8

x	11	12	13	14	15	16	17
$\dfrac{2x+12}{3}$	$\dfrac{34}{3}$	12	$\dfrac{38}{3}$	$\dfrac{40}{3}$	14	$\dfrac{44}{3}$	$\dfrac{46}{3}$

由表 2-9 知，$x=15$ 是方程$\dfrac{2x+12}{3}=14$ 的解．

2．尝试检验法：学生阅读教材．

追问：尝试检验法求方程的解的步骤有哪些？

归纳步骤：(1)分析未知数的特征；(2)确定未知数的一个较小的取值范围；(3)依次代入方程进行尝试检验；(4)确定方程的解．

3．练习(略)

【设计意图】①让学生感受尝试检验法的实用性和学习的必要性；②学习和归纳尝试检验法的方法与步骤，体验用列表法进行检验的过程，积累"尝试检验法"经验．

环节 5　整理知识，形成经验

1．现实中的两个数量之间有怎样关系？方程学习了哪些内容？它们之间有怎样的关系？你能用思维导图来表示吗？

师生一起完成思维导图(图 2-34)．

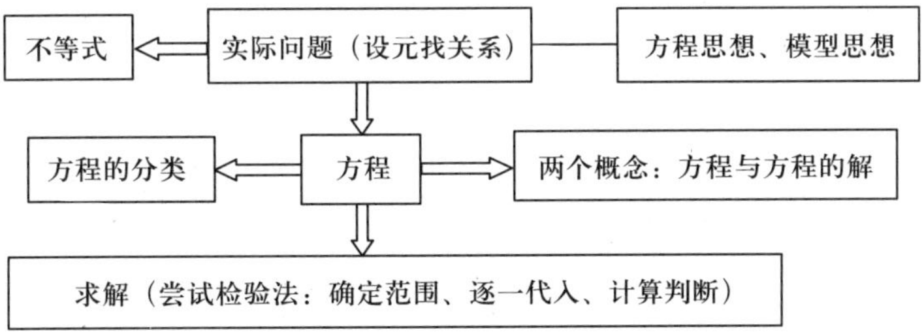

图 2-34

2．本节课的学习经历了怎样的过程？学习过程中运用了哪些方法？

学习过程：实际问题→抽象方程模型→概括等式特征→方程概念→方程的分类→方程的解→探究方程的解的方法(尝试检验法)．

学习方法：将实际问题通过数学化抽象为等式、通过具体的等式归纳方程概念，体现模型思想与方程思想；运用尝试检验法求方程的解；整体感悟两个数量之间的关系和初中阶段方程类型，形成方程知识框架，体现分类思想方法．

3．为什么要学习方程？类比代数式，你认为接下来要研究方程的哪些内容？

【设计意图】通过梳理知识和方法，帮助学生体会到学习方程的必要性，积累方程概念学习的基本套路：背景$\xrightarrow{\text{抽象}}$等式$\xrightarrow{\text{概括}}$本质属性$\xrightarrow{\text{归纳}}$定义→辨析→分类→方程的解$\xrightarrow{\text{探究}}$解法(尝试检验法)，为后续具体方程和不等式的学习提供"脚手架"的结构支撑．通过整体感知不同方程，整体把握方程的类型，形成方程知识结构框架，帮助学生理解方程之间的联系，培养学生分类能力，促进学生学会学习．

案例 2-13 多边形

环节 1 感知抽象，明确研究对象

1. 观察图 2-35 中各图片，你能抽象出哪些几何图形？（播放图片，定格图形）

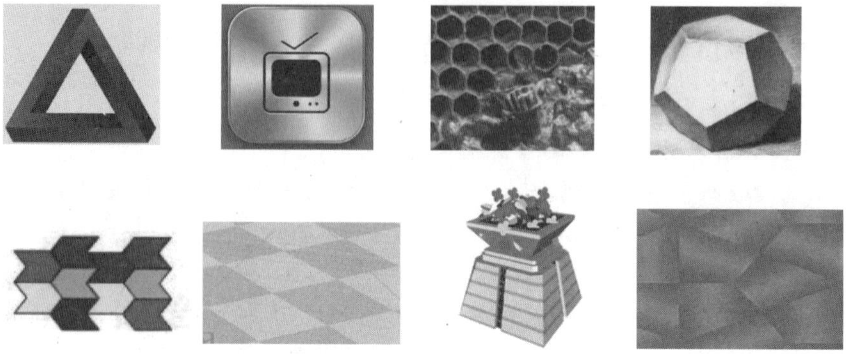

图 2-35

抽象图形：在学生指出具体图形后，教师将图形进行定格（图 2-36）：

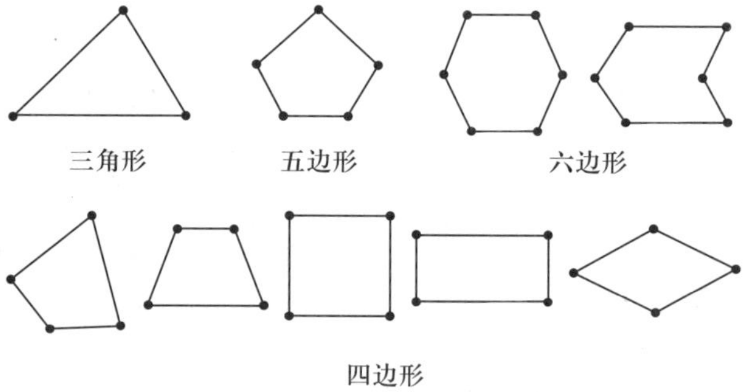

图 2-36

2. 这些图形，在小学分别叫作三角形、四边形、五边形、六边形、…，我们能否像代数式一样，给这一类图形取一个统一的名称？

教师：本章我们就来一起研究多边形——揭示课题

【设计意图】将丰富实物抽象为图形，一方面为概括概念的本质属性做准备，另一方面让学生充分感受到研究多边形的必要性，从而获得研究对象．

环节 2 类比建构研究框架

1. 七年级我们学习了线与角，上学期，我们类比了直线及其位置关系的研究思路学习三角形，请同学们先梳理一下三角形的研究内容和研究过程．

教师引导学生整理：三角形概念（定义、表示、分类）→性质（要素、相关要素、稳定性）→两个图形关系研究（全等三角形的概念、性质、判定）→特例研究（等腰三角形和直角三角形的概念、性质、判定）．

2. 类比三角形的研究，你认为我们应该如何研究“多边形”？

师生活动：形成图 2-37 所示的研究结构图．

【设计意图】运用先行组织者学习策略，帮助学生回顾“三角形”所学的内容以及学习路径，

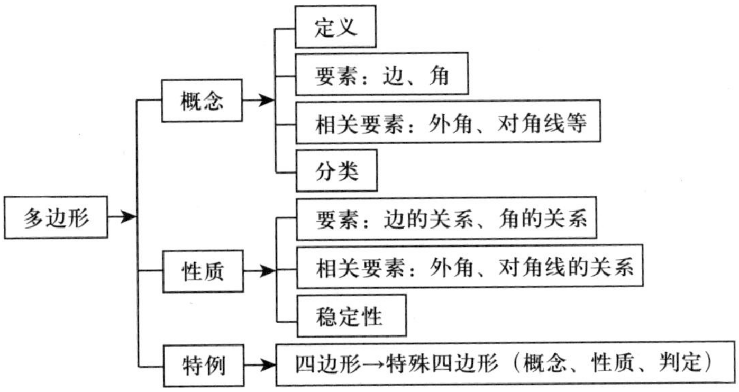

图 2-37

概括起来就是：定义→分类→性质→特例(性质与判定)→联系和应用，帮助学生形成几何学习的“基本套路”．通过类比，让学生整体建构“多边形”一章研究框架：先研究图形基本要素和相关要素以及图形整体特征，从概念到性质，从一般到特殊．不仅能够“见木见林”，使知识有“固着点”，而且明确了研究方向，激发学生主动的学习心向．

环节 3　概念的类比学习

1. 什么叫三角形？你能类比三角形的定义，给出多边形的定义吗？

追问：定义中的关键词有哪些？

师生活动：重点关注“在同一平面内”和“不在同一直线上”这两条件，并让学生举反例．

2. 根据三角形研究经验，多边形还需要研究哪些相关概念？

师生活动：多边形的要素与相关要素——多边形的边、内角、外角、对角线等概念．

3. 结合图 2-36，你能将多边形进行分类吗？

师生活动：形成图 2-38 所示的结构图．

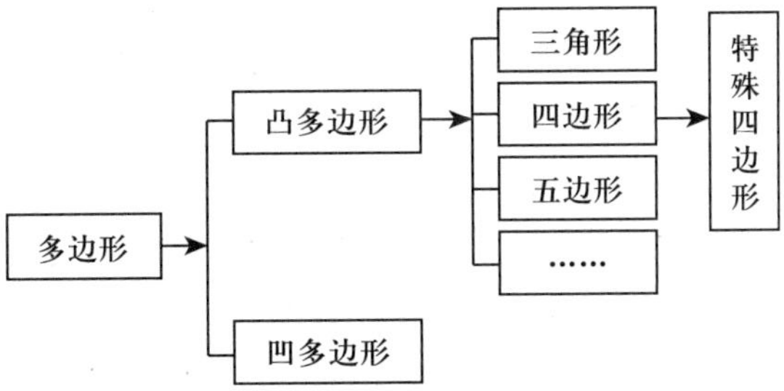

图 2-38

教师：初中阶段主要研究凸多边形，重点研究三角形、四边形．

【设计意图】通过观察图形，概括特征，类比三角形定义多边形，并对多边形进行分类，让学生经历几何概念形成的过程，积累几何概念学习的“基本套路”：背景→定义→分类．通过分类，使概念系统化、完整化，有助于建立多边形的概念体系，促进知识的联系．

环节 4　性质的类比探究

1. 类比三角形性质的研究，研究多边形的性质应从哪些角度思考？

师生活动：从要素与相关要素思考，先研究与多边形有关的角．

2. 研究图形性质，发现图形蕴含规律，一般遵循从特殊到一般的规律．三角形的内角和为多少？定理的探究经历了怎样的过程？（实验→观察→猜想→证明）

3. 四边形的内角和等于多少度？

请你在纸上任意画一个四边形，类比三角形内角和定理探究方法，探究四边形内角和定理．

追问：同学们用多种方法证明了四边形的内角和等于 360°，这些方法的本质是什么？

师生活动：四边形$\xrightarrow{\text{转化}}$三角形

4. 你能类比四边形内角和定理的探究方法，探究多边形的内角和吗？请完成表 2-9.

表 2-9

边数	图形	从某顶点出发的对角线条数	划分成的三角形个数	多边形的内角和
3				
4				
5				
6				
…	…	…	…	…
n				

追问 1：你从表 2-9 中能得出哪些规律？

归纳规律：

对角线条数：从一个顶点引出的对角线条数为$(n-3)$条，对角线总条数$\dfrac{n(n-3)}{2}$.

三角形个数：从一个顶点引出的$(n-3)$条对角线，将多边形分成$(n-2)$个三角形．

多边形内角和：$(n-2)\times180°$.

追问 2：以上这些规律的得出，运用了什么方法？

探究方法：多边形$\xrightarrow{\text{转化}}$三角形，运用归纳方法．

5. 三角形的外角和等于多少度？是如何探究的？请你类比三角形外角和探究方法，自主探究四边形和多边形的外角和．

追问：多边形的外角和始终等于 360°（不变性），更能刻画多边形的本质．在外角和性质的探究过程中，运用了什么方法？

探究方法：(1)外角和$\xrightarrow{\text{转化}}$内角和；(2)通过作平行线，将几个外角平移形成一个周角．

6. 三角形具有稳定性，四边形和多边形是否也具有稳定性？请举例说明．

追问：多边形的不稳定性在现实生活中有哪些应用？以五边形为例，如果要将它变成稳定图形，你有什么方法？

7. 性质的应用（略）

【设计意图】通过类比，让学生熟悉几何性质研究的基本套路：先研究图形基本要素（边与角），然后再研究相关要素（如外角、外角和、对角线等）以及图形整体性质，并充分运用转化、化归的方法，实现知识与方法的迁移，促进深度学习．

环节 5　梳理小结，提炼经验

1. 本节课，我们主要学习了哪些内容？经历了怎样的学习过程？

师生活动：整体感知材料→整体建构研究框架→局部研究（定义、分类、性质）.

2. 在本节课的学习过程中，主要运用了哪些方法？请举例说明.

师生活动：从整体到局部、分类、类比迁移、转化化归.

3. 类比三角形的研究经验，接下来我们将研究什么内容？（特殊四边形）

【设计意图】通过整理，促进知识的系统化，进一步提炼几何研究的“基本套路”，为后续图形的研究提供丰富的经验.

【教学设计说明】本节课设计的立意是使学生明确数学中研究一个问题的“基本套路”，是对思想方法的追索，而起点则是学生已经学习了“三角形”. 在一个章节、一个单元的起始阶段，引导学生先从整体上概括地思考一下研究的内容、思路和方法，不仅使学生明确研究的问题、明晰研究的线索，而且又有研究方法的指引，再让学生展开具体研究，就一定能做到“既见树木，又见森林”，学生学习的主动性和迁移能力都会更强，降低学习的盲目性，更重要的是学生发现和提出问题、研究问题的能力都会逐渐提高. 另外，根据《标准（2022 年）》要求，四边形内容增加梯形，所以在图 2-35 中增加梯形图案，这样四边形类型更全面.

“整体感知——分类分析”对促进学生概览知识结构、理解知识联系，形成知识大框架、学习大方向，培养学生的学习能力以及思维品质是非常有益的教学策略. 但该策略对教师的教学驾驭能力和学生的学习能力要求比较高，挑战性比较大，因此“整体感知——分类分析”这一环节次序应视分类难易程度与学生学习能力而定. 本节课多边形按照边数分类相对比较简单，且学生能力较好，所以分类在前，类概念教学在后. 如果分类难度较大，且学生学习能力不怎么强，可考虑“类概念学习在前，分类在后”，引导学生根据基本图式的结构特征进行分类，帮助学生整体感悟知识的背景框架，如案例 2-11，代数式的分类就放在“概念辨析”这一环节后面，这也符合概念形成教学的一般观念：背景材料→图式→下定义→表示→分类→性质（判定）→运算→联系与应用. 如果学生学习能力不允许，应在课时学习之后引领学生思考为什么学习这些内容？为什么选择这样顺序？从而让学生感知到学习系统构成的过程.

类型二　下位概念学习的整体感悟策略

这里的下位概念指的是上位概念下并列结构关系中的第一个属概念，即图 2-37 中的单元 1 中的属概念，如一元一次方程、一次函数、相交线、全等三角形、图形的平移、平均数等概念. 从上位概念到下位概念的整体教学，要让学生先了解知识之间的结构关联、知识在体系中的地位以及知识的来龙去脉，帮助学生理解学习的目的和意义，形成学习心向，促进学生主动学习. 其基本程序为：

先行组织者（背景引入）⇒整体感悟（整体感知、整体把握、明确对象）⇒局部研究［概念、性质（判定）、运算、联系与应用］⇒整体建构.

案例 2-14　全等三角形

环节 1　先行组织，提出问题

1. 前一单元，我们研究了一个图形（三角形和多边形），主要研究了哪些内容？从哪些角度去研究？

2. 今天，我们来研究两个图形之间的关系，两个图形之间有怎样的关系？

【设计意图】让学生唤起三角形和多边形的学习知识，特别是引发学生回忆图形研究方法和研究路径．图形研究的方法：研究一个几何图形的性质通常从图形的要素（边和角）和图形相关要素（重要线段——中线、高、角平分线、对角线等）进行研究，形成图形研究的方法性结构．图形研究的基本线索：从具体事例中抽象出基本图形（研究对象），给出定义及其表示，并对研究对象进行划分，然后研究图形的性质、判定，在此基础上再研究"特例"，在整个过程中始终注重与相关知识的联系与应用．

环节 2　整体感悟两个图形之间的关系

1. 观察图 2-39 中各对图形，你发现了什么？

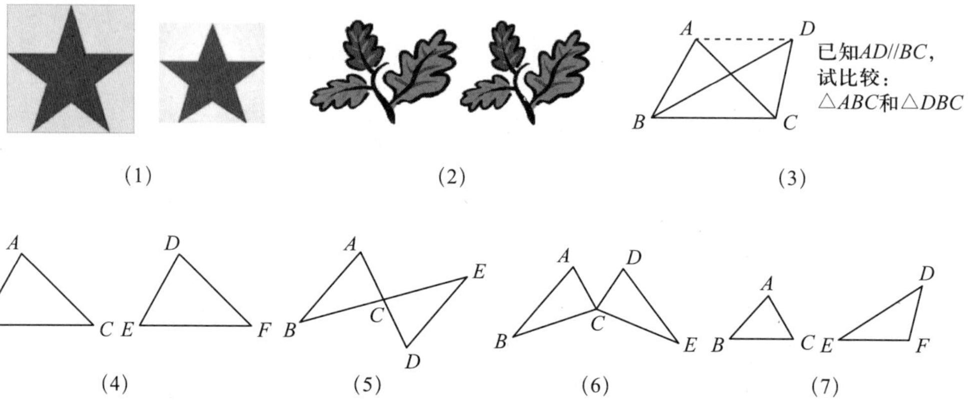

图 2-39

经过学生观察讨论，归纳得到：

形状相同，大小也相同的图形有：(2)、(4)、(5)、(6)

形状相同，大小不同的图形有：(1)

形状不同，大小相同（面积）的图形有：(3)

形状和大小都不同的图形有：(7).

2. 从图形的形状和大小来看，两个图形之间有怎样的关系？请你完成表 2-10.

师生活动：先让学生独立填写表格，然后小组合作完善，并尝试根据各种分类结果的本质特点，对上述各种关系进行命名，最后师生一起规范命名（表 2-10).

表 2-10　两个图形之间的关系

<table>
<tr><th>大小</th><th>形状</th><th colspan="2">关系</th></tr>
<tr><td>相等</td><td>相同</td><td>全等关系</td><td rowspan="3">特殊关系</td></tr>
<tr><td>不相等</td><td>相同</td><td>相似关系</td></tr>
<tr><td>相等</td><td>不相同</td><td>等积关系</td></tr>
<tr><td>不相等</td><td>不相同</td><td colspan="2">一般关系</td></tr>
</table>

3. 教师：在学习"直线、线段、射线"内容时，我们先研究两直线相交、再研究两直线垂直和平行，因此研究几何图形的一般路径都是从一般到特殊．等积关系我们在小学已经学习，接下来我们将学习两个三角形之间的特殊关系——全等关系和相似关系，先研究全等关系．

【设计意图】让学生经历“整体感知数学对象——整体把握，抽象命名”的过程，并通过整体认识两个图形的各种关系(上位关系)，感受数学研究对象的确定、研究方法的选择和研究过程的发展脉络．

环节3　全等形和全等三角形概念与性质

1. 观察图2-40中各组图形，有什么共同特征？你是怎么判断的？你能给出定义吗？

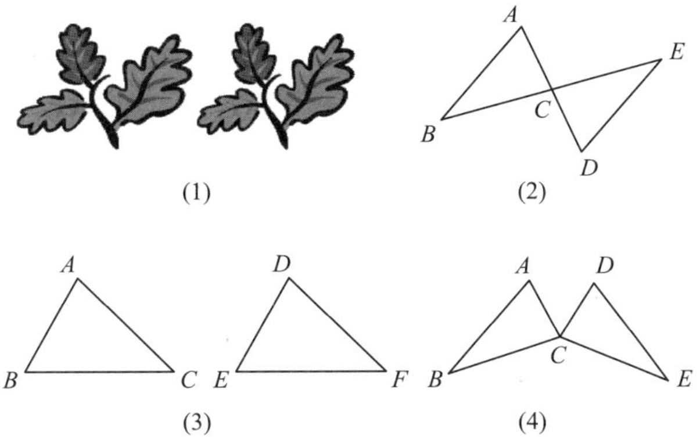

图 2-40

全等形定义：能够完全重合的图形称为全等形．

追问1：通过怎样的图形变化，才能使图2-40中各对图形重合？

追问2：你能类比全等形定义给出全等三角形定义吗？如何用符号表示图2-40中(2)～(4).

2. 概念的应用．(找对应边、对应角，略)

【设计意图】让学生通过对四对图形特征的辨别、比较，归纳它们的共同特征，形成全等形的概念，进而归纳出下位概念——全等三角形的概念．同时，通过动手操作和验证，让学生体会全等三角形是能通过图形变化(平移、旋转、对称)而互相重合的，初步感受全等三角形的对应关系．

3. 根据线与角的学习经验，全等三角形概念学习后，一般要研究什么内容？应从哪些角度来研究呢？

师生活动：一般要研究全等三角形的性质与判定，从三角形的要素：边与角，相关要素：重要线段(中线、高线、角平分线)、周长、面积等方面来研究．

4. 两个三角形全等，它们的对应边、对应角有怎样的关系？为什么？

师生活动：全等三角形对应边相等，对应角相等．根据定义，两个三角形全等，则它们能够重合，所以对应边相等、对应角相等．

性质：全等三角形的对应边相等、对应角相等．(板书)

符号语言：如图2-41，若$\triangle ABC\cong\triangle DEF$，则$AB=DE$，$AC=DF$，$BC=EF$；$\angle A=\angle D$，$\angle B=\angle E$，$\angle C=\angle F$.

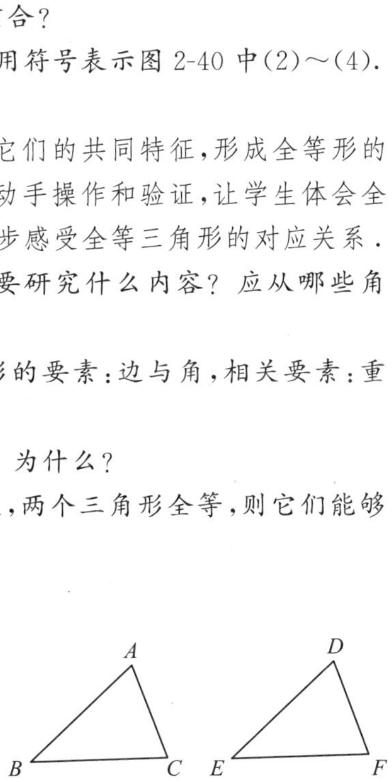

图 2-41

教师小结：三角形有6个要素(三条边、三个角)，研究三角形的性质实质上就是研究对应元素之间的关系．

【设计意图】在全等三角形概念清晰的基础上，从定义出发，对全等三角形的性质进行探究，利用“几何画板”对图形进行旋转、平移、对称等变换，让学生学会寻找全等三角形的顶点、边、角的对应关系，从而发现全等三角形的性质．

5. 性质应用(略)

环节 4　知识整理,拓展运用

1. 两个图形之间有怎样关系?

2. 本节课的学习经历了怎样的过程?主要运用了哪些方法?

3. 其他图形(如四边形)是否也存在全等的情况,怎样定义,又有怎样的性质?请同学们课外研究

【设计意图】引导学生总结、提炼学习过程与学习方法,帮助学生积累学习经验,让学生能应用全等三角形的研究方法自主类比地研究其他全等图形或相似图形.

案例 2-15　同底数幂的乘法*(第 1 课时)

环节 1　背景引入

问题　前面我们学习了数的运算,学习了哪些内容?是怎样学习的(学习路径)?整式运算,我们又学习了什么运算?你能否类比数的运算,猜想我们将要学习整式哪种运算?

【设计意图】通过类比的思想方法,由数的运算,引出式的运算规律,体现了数学知识间具体与抽象的内在联系和数学的内在统一性.

环节 2　整体感悟

探究活动:下面有四个整式,从中任选两个构造乘法运算:

a^2、a^3、a^3+ab、$a+ab$

(1)你能写出哪些算式?请类比数的运算进行展开(要求先小组合作,再全班交流)

经全班同学的交流、归纳,得到如下结果:

$$a^2\cdot a^3;a^2(a^3+ab)=a^2\cdot a^3+a^2\cdot ab;a^2(a+ab)=a^2\cdot a+a^2\cdot ab;a^3(a^3+ab)$$
$$=(a^3)^2+a^3\cdot ab;a^3(a+ab)=a^3\cdot a+a^3\cdot ab;(a^3+ab)(a+ab)$$
$$=a^3\cdot a+a^3\cdot ab+ab\cdot a+(ab)^2$$

(2)试着将你写出的算式分类,你认为整式乘法有哪几种类型?

归纳整式乘法类型:单项式乘以单项式,单项式乘以多项式,多项式乘以多项式.

(3)小组讨论单项式乘多项式和多项式乘多项式的步骤.

【设计意图】一是将同底数幂的乘法运算纳入整式的运算框架之中,让学生整体感悟学习"同底数幂的乘法、幂的乘方和积的乘方"的知识背景框架,并体验到整式的乘法运算最后都是化归为幂的基本运算——a^ma^n、$(a^m)^n$ 和 $(ab)^m$,这样让学生整体感悟到知识的来龙去脉,明确学习三种幂运算的意义和目的,有利于帮助学生形成积极的学习心向.二是让学生整体感知整式乘法的类型(单项式×单项式、单项式×多项式、多项式×多项式)以及转化关系(多项式×多项式→单项式×多项式→单项式×单项式→幂的运算).

环节 3　局部探究

1. 运用乘方的意义计算

(1)$10^3\times10^4=(\quad)\times(\quad)=$________$=10^{(\quad)}$

* 杭州市采荷中学屠旭华老师在"第八届全国初中青年数学教师优秀课评比活动"上的展示课,荣获全国一等奖

(2)$a^3\times a^4=(\quad)\times(\quad)=$________$=a^{(\quad)}$

(3)$10^m\times10^n=(\quad)\times(\quad)=$________$=10^{(\quad)}$

2. 通过对以上过程的观察，你能发现什么规律吗？你能用一个式子来表达这个规律吗？你能解释为什么 $a^m\cdot a^n=a^{m+n}$ 吗？

3. 回顾法则的探究过程，我们经历了怎样的过程？

4. 诵读法则并思考：运用法则的条件是什么？

【设计意图】法则的探究过程，在幂的意义的基础上，开展独立探索和交流对话，不但使学生体会知识的形成过程，而且体会到从特殊到一般的数学归纳方法．然后剖析法则，突出法则应用的条件．

环节4　应用新知

1.**【辨一辨】**下列各式哪些是同底数幂的乘法？

(1)$7^8\times7^3$．(2)$(-2)^8\times(-2)^7$．(3)$2^8\times5^8$．(4)a^5+a^5．(5)$x\cdot x^5$．(6)$(a-b)^2(a-b)^3$．

【设计意图】辨析法则运用的条件．

2.**【做一做】**计算下列各式，结果用幂的形式表示．

(1)$7^8\times7^3$．(2)$(-2)^8\times(-2)^7$．(3)$x\cdot x^5$．(4)$(a-b)^2(a-b)^3$．

变式：第(3)小题变式为 $x\cdot x^5\cdot x^9$

【设计意图】熟练并能灵活运用法则，并将法则推广为三个及三个以上同底数幂乘法．

3.**【判一判】**下面的计算对吗？如果不对，怎样改正？

(1)$a^3\cdot a^3=2a^3$，(2)$a^2\cdot a^3=a^6$，(3)$a\cdot a^6=a^6$，(4)$7^8\times(-7)^3=7^{11}$．

归纳运用法则时应注意的地方．

【设计意图】设置4种典型错题，让学生辨析，达到以错纠错目的，帮助学生进一步理解和掌握法则，优化算法，体验转化思想．

4.**【做一做】**计算下列各式，结果用幂的形式表示．

(1)$(-5)^2\times(-5)^3\times5^4$．(2)$(a-b)^2(b-a)$．

【设计意图】帮助学生突破底数互为相反数的幂的乘法运算这一难点，优化底数为数或多项式两种情形算法，进一步体验化归思想，提高思维能力．

5.**【用一用】**光年是长度单位，1光年是指光经过一年所行的距离．光的速度大约是 3×10^5 km/s，一颗行星与地球之间的距离为100光年，若取一年大约为 3×10^7 s，则这颗行星与地球之间的距离大约为多少千米？

【设计意图】让学生感受同底数幂的乘法在实际生活中的应用，体验学习同底数幂的实际意义．

环节5　梳理小结

今天我们发现、归纳并运用了一个新的法则．

1. 法则的内容是什么？我们是怎么发现和归纳这个法则的？

2. 在运用法则过程中要注意什么？

3. 本节课的学习经历了怎样的学习过程？

【设计意图】引导学生整理知识和方法，建构新的认知结构，并且为后续学习“积的乘方、幂的乘方和同底数幂的除法”积累经验和方法．

环节 6　延伸思考

幂的乘方、积的乘方也是计算单项式乘单项式的基础，它们的法则又是如何呢？请同学们类比同底数幂乘法的研究路径和方法自主探究．

【设计意图】将问题延伸到后续课堂，引发学生类比所得到的经验进行自主新知学习．

【设计思路说明】本节课设计有两条思路可走．思路一：从一个实际问题出发，直接提出同底数幂的乘法的学习任务，再采用从具体到抽象的方法，从具体数字的运算中归纳出同底数幂的乘法、幂的乘方、积的乘方等运算法则．但这一设计思路最多让学生感觉到“同底数幂的乘法”是源于生活实践的需要，无法感受到学习的目的和意义．思路二：整体感悟知识的背景框架，从整式运算的整体出发，引导学生从宏观到微观，逐渐寻找整式的乘法所需要的逻辑基础，将研究的问题具体化，进而构建整体研究思路，然后再按照知识的逻辑逐步展开学习．选择思路二就是追求“高观点，低起点”，追求思想性．正如章建跃博士在比赛活动总结时所说，“这样的课题引入更加自然而水到渠成，能使学生切实地感受到学习同底数幂的乘法的必要性，同时还能更好地落实发现和提出问题的能力、分析问题和解决问题的能力的培养．”“这样的安排，更加符合数学发展发生的本来面目，完美地体现数学的整体观，课堂更加大气，能给学生更多智慧的启迪，思维的教学更加到位．”[7]

有些学习内容，先前并没有多少类似的经验，类比建构知识系统的可能性很小．面对这些全新的学习内容，应选择某个现实的问题情境，在现实问题的解决过程中，自然地揭示出研究对象的各个方面，再适当地通过问题的引领，帮助学生整体感知本章的学习结构．

案例 2-16　平均数

环节 1　创设情境，整体感知数据

1. 学校开设了“英语社团”“编程社团”“烘焙社团”等十个社团，需要推送一个社团参加区优秀社团评比．学校先从学生“喜欢度”比较高的两个社团中推送，该怎么做？

师生活动：数据调查—数据收集—数据整理—数据描述—数据分析．

2. 根据学生的“喜好度”，“编程社团”和“英语社团”位列前两位．为了保证推送的质量，学校又聘请了 5 位专家担任评委，从专业的角度给选出的两个社团进行评价，分数如表 2-11（满分 100 分）：

表 2-11

评委 社团	1	2	3	4	5
编程社团	60	75	98	92	75
英语社团	70	90	80	80	80

你认为选送哪个社团参加评比合适？请谈谈你的理由．

师生活动：学生观点多元，有的计算总分、平均分，有的将数进行排序用中间数，有的用数出现的次数，有的用高分数出现情况，有的从数据区间考虑，有的从成绩稳定性考虑．

追问：我们将这两组数据用散点图来表示（图 2-42），你们发现了什么？

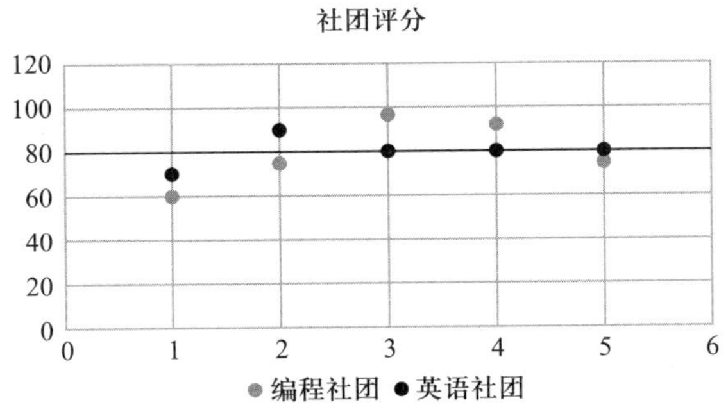

图 2-42

师生活动：从散点图中可以发现编程社团 5 个分数波动较大，偏离平均数幅度较大，说明评委对编程社团的认可度分歧较大；英语社团 5 个分数比较稳定，分布在平均数的附近，说明评委对英语社团的认可度比较集中，在平均数相同的情况下，英语社团获奖的可能性较大．

教师：刚才同学们从获奖可能性和获大奖的机会两个角度谈了自己的观点，从刚才同学们的观点来看，刻画数据有不同的视角，有的同学从平均数、中间数、数据出现次数等角度来分析；有的同学从最高分、最低分、最高分与最低分的差距以及数据的稳定性等角度来分析，分析得很好，都有一定的道理．

3. 我们将要学习的“数据分析”一章，主要研究两个问题：数据的集中趋势和数据的离散程度，这是刻画数据的两个不同视角．请同学们讨论以上这些数据，哪些是刻画集中趋势？哪些是刻画离散程度？

师生活动：刻画数据集中趋势的统计量一般有平均数、中位数（即同学们所说的中间数）、众数（即同学们所说的数据中出现最多的数）等；刻画数据离散程度（或离中趋势）的统计量一般有最大值、最小值、极差（即最大值与最小值的差）以及方差（刻画波动性大小的一个量），其结构关系如图 2-43 所示．

- 数据分析
  - 集中趋势
    - 平均数
    - 中位数
    - 众数
  - 离散程度
    - 最大值、最小值
    - 极差（最大值-最小值）
    - 方差

图 2-43

追问：数据的集中趋势和数据的离散程度都是以什么为基准？

教师：数据的集中趋势反映数据向其中心值（平均数）靠拢或聚集的程度；数据的离散程度反映数据远离中心值（平均数）的趋势，所以平均数是数据分析的一种重要统计量，本节课我们进一步研究平均数．

【设计意图】教科书将“数据分析”一章分成 4 节课上．教学中，如果直接从第一节课“平均数”开始教学，学生就难以获得对数据的整体感知．为此，教学中首先呈现一个学生身边的社团评选问题，让学生经历“数据分析”的全过程，然后直观地展现评委给出的两组不同的数据，要求学生根据现实需要做出选择，这时学生根据数据的图表可以直观感受到某组数据“高”一些，某组数据“低”一些，有的数据“摆动”剧烈一些，有的数据相对“平缓”，这就引出了刻画数据的两个视角：集中趋势和离散程度．实际问题选派比赛选手也需要研究选手的总体成绩和成绩的稳定性，这样自然搭建了本章的知识系统．接下来就要进入局部研究，先研究数据的集中趋势，再研究数据的离散程度．

环节 2　加权平均数意义

1."英语社团"选派一名同学参加现场比赛,通过初选和社团老师的推荐,最终入围三名同学在听、说、读、写四个方面测试成绩(满分 100 分)如表 2-12 所示:

表 2-12

姓名	听	说	读	写
小胡	78	85	76	85
小王	83	82	75	80
小梁	79	80	84	82

(1)如果要选择一个"综合能力"较强的同学,你认为应该选谁参赛?

(2)如果现场比赛的项目为"现场翻译",你认为应该选谁参赛? 如何设计合理的方案? 如何计算?

(3)如果现场比赛的项目为"现场笔译",你认为应该选谁参赛? 方案该如何设计?

教师放权,让学生"赋权"、计算、比较,然后引导学生思考以下问题:

①同样的成绩,为什么结果不同?

②什么是"权",你是如何理解?"权"有几种表现形式? 这几种表现形式能互相转化吗?

③加权平均数与算术平均数有怎样的关系? 影响加权平均数的因素有哪些?

④赋权要注意什么?

2."权"的古代释义:"权,然后知轻重;度,然后知长短. 物皆然,心为甚."《孟子·梁惠王上》.

【设计意图】通过赋权、计算、比较,让学生充分体验听、说、读、写的"重要程度"不同,使得最后的结果截然不同,感受"数据"和"权"对平均数的影响,由此学习加权平均数,明晰"权"及"加权平均数"的概念以及算法之间的关系,经历"算法理解"到"概念理解"的过程. 并通过"赋权",体会"赋权"本身价值,建立理性的数据观,渗透品德教育.

环节 3　加权平均数应用

例 1　教练通过本次射击训练能了解小明目前的射击水平吗?

(1)你能根据图 2-44 所提供的信息,估计小明本次的平均成绩吗?

(2)请计算本次训练的平均成绩,并与你的估计比较?

追问:计算所得的平均成绩与你的估计一致吗? 为什么不一致,你有什么发现?

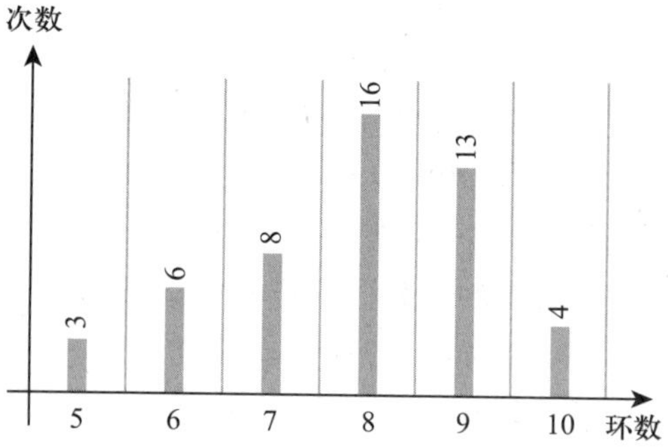

图 2-44

例 2　据统计甲、乙两家所有客户人均每周上网时间分别为 4 h 和 6 h.

(1)你能求出这两家网站所有客户人均每周上网时间吗? 若不能,需要添加什么条件?

(2)完成表 2-13,并思考:

表 2-13

甲网站平均每周上网人数f_1(单位:万人)	乙网站平均每周上网人数f_2(单位:万人)	两家网站所有客户人均每周上网时间(单位:h)
20	10	
20	20	
20	30	
20	60	

①随着乙网站人数增加,平均数发生怎样的改变?

②这样计算平均数有什么意义?

【设计意图】让学生经历从“概念理解”到“统计理解”的过程．例 1 先让学生估计,发现估计与计算结果不一致,引发学生思考用平均数作为统计量的优点与不足:平均数作为一组数据的代表,比较可靠和稳定,它与这组数据中的每一个数都有关,最能反映这组数据所包含的信息,因而其应用最为广泛,但平均数计算时比较麻烦,并且容易受到极端数据的影响,如环数 5. 例 2 利用表格引导学生发现数据向某一中心值靠拢的趋势,进一步感受权对平均数的影响:当 $f_1=f_2$ 时,取均值;当 $f_1<f_2$ 时,趋向 6 h;当 $f_1>f_2$ 时,趋向 4 h. 更重要的是引导学生思考这样计算平均数的意义——基于大数据时代均值的算法:在形式上是加权平均数,在程式上是分别计算,是分布式计算的最简单形式,是大数据计算的热门算法,感受学习统计的价值．

环节 4　整理知识,提炼经验

1. 本节课主要学习了哪些内容? 经历了怎样的过程? 运用了哪些思想方法? 你能画出知识结构图吗?

师生活动:如图 2-45 所示．

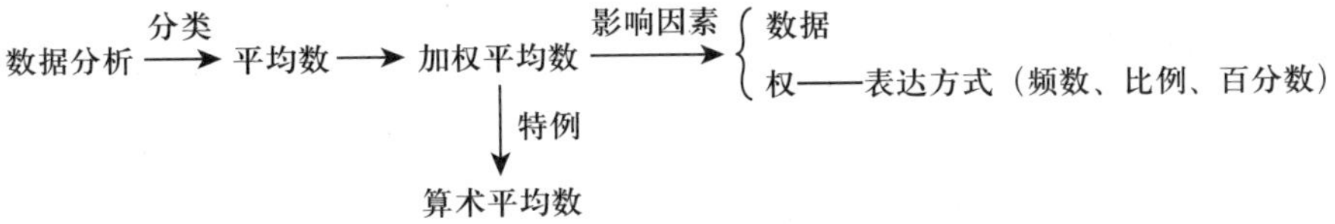

图 2-45

方法:统计分析观念、模型、运算、分类．

2. 计算平均数有几种方法? 你如何理解“权”对平均数的影响?

【设计意图】让学生再一次经历“算法理解→概念理解→统计理解”的过程,建立算术平均数与加权平均数的关系,提炼统计知识学习的基本活动经验,为后续统计学习提供先行组织．

在知识的整体框架中把握知识之间的结构关系,其教育价值在于可以使学生经历知识的形成过程,有利于学生形成真实的探究和发现的过程体验;可以使学生了解知识的来龙去脉,有利于学生把握知识之间的整体的内在联系;可以使学生形成知识的分类意识和关系思维,有利于学生养成严谨缜密的思维习惯．

(二)整体感悟学习的过程与方法结构

许多新知的学习既有过程结构，又有方法结构，两种结构往往是同时存在，因此本书将过程结构和方法结构融合在一起．这两大结构，要求学生在新知学习时不要急于解决具体问题，而是先思考学习的总体思路和方法体系，然后再展开具体研究．

通过先前的学习，学生在大脑中已经储存新知学习所需要的知识经验、过程经验、方法经验以及问题解决的策略与路径，学生在新知学习时，通过类比，就能整体感悟新知学习的方法、策略与路径．如代数式中的“整式”学习，在代数式这一教学长程中，整式的学习内容和过程主要整式的意义、整式的性质、整式的运算以及内部的规律、整式的应用；分式的教学同样需要从分式的意义、分式的性质、分式的运算以及内部的规律、分式的意义展开教学；根式的学习同样如此．因此，整式、分式和根式知识之间有着共同的学习过程结构，学生如果从整式阶段学习开始，就能建立起这个知识学习的大框架，那么就有可能通过分式、根式与整式之间进行类同关系的比较，寻找它们之间的区别与联系，不断地将分式、根式知识纳入整式的认知结构之中，这是体现数学认知结构化的教学过程．

整体感悟新知学习的过程和方法，适用于知识之间是同化关系(从上位到下位、从下位到上位或并列结合关系)的单元之间或知识之间的教学．其基本程序为：

提出问题⇒先行组织⇒整体感知（感知原有活动经验）⇒整体把握（构建新知学习过程与方法）⇒局部学习⇒整体建构．

案例 2-17　等腰三角形及其性质

环节 1　先行组织者

1. 上一章，我们学习了三角形哪些内容？学习过程是怎样的？

三角形概念(定义、表示、分类)—性质[要素关系(边的关系、角的关系)、相关要素关系(中线、高、角平分线)、稳定性]—特殊关系[两个三角形全等(概念、性质、判定)].

【设计意图】三角形是等腰三角形的上位概念，三角形的学习为等腰三角形的学习提供知识经验和方法经验．

2. 三角形可以按边分类，也可以按角分类，请你分别画出这两种分类的结构图．

教师：在相交线中，我们研究了特殊的垂直关系；在“三线八角”中，我们研究了特殊的平行问题．类似地，我们也一起研究特殊的三角形：等腰三角形和直角三角形，先研究等腰三角形——获得研究对象．

3. 你认为可以研究等腰三角形的哪些问题？你能画出等腰三角形研究路线图吗？

概念(定义、表示)—性质(要素、相关要素、对称性)—判定(要素)—应用．

【设计意图】帮助学生整体感知三角形的类型，促进知识之间的横向联系，并且结合已有几何图形研究的经验，从一般到特殊，从上位到下位，明确要研究的问题对象以及研究的路径．这样设计有助于学生在了解知识背景的基础上主动进入对学习对象的关注；有助于后续知识直角三角形的类比学习．

环节 2　等腰三角形概念

1. 请你画一个等腰三角形，你能给出等腰三角形的定义吗？

追问：当腰与底边相等时，所得的三角形是什么三角形？

2. 请你类比等腰三角形定义，给出等边三角形定义.

3. 其他概念：腰、底、顶角、底角.

4. 应用(略)

【设计意图】等腰三角形是三角形的下位概念，所以采取“属+种差”的定义方式；通过简单应用，内化等腰三角形概念，同时渗透分类讨论思想.

环节3　整体探究等腰三角形的性质

1. 学了等腰三角形概念后，接下来要学习什么内容？

2. 结合三角形一章学习经验，研究等腰三角形的性质可以从哪些角度入手？

【设计意图】研究问题具体化，明确要研究的问题从要素和相关要素入手，即边的关系、内角的关系、相关要素(高、中线、角平分线)的特性、对称性、特殊等腰三角形的特性等.

3. 上节课我们学习过轴对称图形，知道角是以角平分线所在的直线为对称轴的轴对称图形. 根据这些经验，请进行下面“合作学习”.

合作学习
HEZUOXUEXI

在透明纸上任意画一个等腰三角形ABC，画出它的顶角平分线AD(图2-46)，然后沿着AD所在的直线把$\triangle ABC$对折(图2-47). 你发现了什么？由此你得出什么结论？

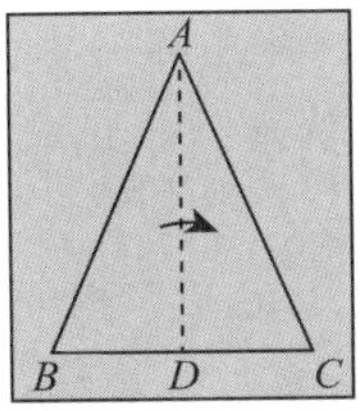

图 2-46

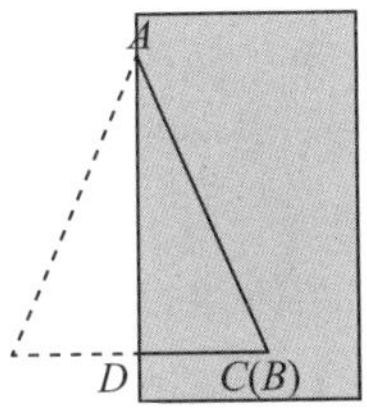

图 2-47

【设计意图】通过操作，使学生更深刻地感受等腰三角形的对称性，明确“折叠”是为了得到“对称轴”，同时强化操作过程中利用了“重合”，建立了“操作”与“证明”的中间桥梁. 经过折叠，学生发现折痕AD两侧的图形能够完全重合，引发学生整体发现与猜想.

猜想：

(1)等腰三角形是轴对称图形，顶角平分线所在的直线是它的对称轴；

(2)等腰三角形两个底角相等；

(3)等腰三角形顶角的平分线、底边上的高、底边上的中线重合.

验证：教师先借助“几何画板”软件验证学生的猜想，然后引导学生证明.

4. 如何证明？并提醒：要注意操作过程中数学含义的启发.

证明：教师引导学生逐一证明猜想结论，引导学生尽可能用多种方法.(略)

结论：

等腰三角形性质1：等腰三角形是轴对称图形，顶角平分线所在的直线是它的对称轴.

追问：等腰三角形有几条对称轴？

等腰三角形性质2：等腰三角形的两个底角相等. 或者说：在同一个三角形中，等边对等角.

追问：为什么要加上“在同一个三角形”条件？你能举例说明吗？

等腰三角形性质3：等腰三角形顶角的平分线、底边上的高、底边上的中线重合.(简称“三线合一”).

【设计意图】遵循几何推理学习的一般观念：操作→猜想→验证→证明→结论，同时要重视结合三种语言(文字语言、图形语言、符号语言)的转译,尽可能引导学生采取一题多证．可能有些学生不善于把操作的经验用于证明,所以提醒从操作中或“几何画板”的演示中获得证明思路的启发．

环节 4　性质的简单应用——等边三角形及其性质．

【设计意图】一是巩固和理解性质,二是让学生自主研究等腰三角形的特例——等边三角形,符合几何研究的一般观念．

环节 5　拓展延伸

等腰三角形的顶角平分线、底边上中线、底边上的高线三线合一,那等腰三角形一腰上的中线、高线与底角的平分线有怎样的关系？两腰上的中线、高线和两底角的平分线分别有怎样的关系？请同学们课外研究．

【设计意图】充分利用图形性质研究中的反衬资源来凸显出图形性质研究的思路和图形的条件,帮助学生进一步理解性质的内涵与外延,提升学生类比研究的意识与能力．

环节 6　知识整理,积累经验

1. 本节课我们学习了哪些内容？在运用等腰三角形性质时,应注意什么？

2. 等腰三角形性质的研究过程是怎样的？

(实验操作→整体感知→发现猜想→验证猜想→证明猜想→得出结论→特例研究→总结和拓展延伸)

3. 在本节课的学习过程中,我们运用了哪些方法？

【设计意图】通过对知识、过程、方法的总结,提炼特殊图形性质研究的方法结构,帮助学生积累特殊图形研究套路,为后续直角三角形、平行四边形、梯形的研究提供先行组织．

案例 2-18　图形的平移

环节 1　创设情境,整体感知图形的变化类型

教师推开屏幕前的移动黑板(图 2-48),播放全国第三套广播体操《舞动青春》的“预备节”投影(图 2-49),并提出以下问题：

1. 图 2-48 的小黑板作怎样的变化？在图 2-49 中,以两只手为研究对象,出现了哪几种图形的变化？

图 2-48

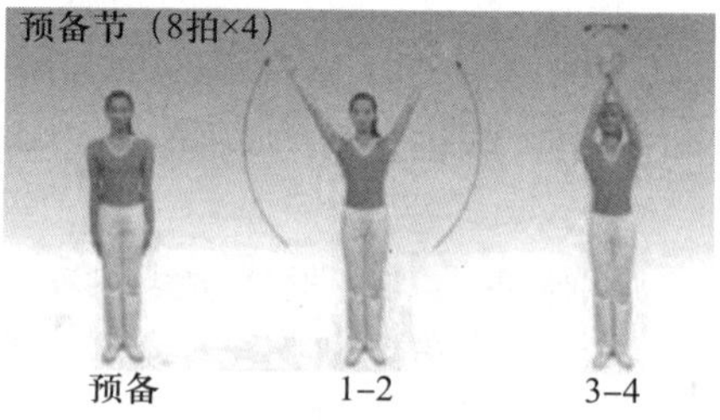

图 2-49

追问：老师电脑中图形与投影到屏幕上的图形又有怎样关系？

2. 你能再举出生活中类似的图形的变化的例子吗？你能根据图形的变化的特征进行分类吗？

学生合作交流，形成图形变化分类，即图形变化
- 全等变化
  - 平移
  - 轴对称
  - 旋转
- 相似变化

【设计意图】运用学生每天上课的黑板、广播操、投影作“图形变化”的背景，让学生充分感受到图形变化在日常生活中存在的广泛性和学习的必要性，更重要的是通过熟悉的背景，让学生整体感知图形变化的类型，形成图形变化的整体框架．

教师：研究图形就要研究图形的形状、大小、位置关系，这节课我们开始进一步研究图形的变化，我们先研究图形的全等变化中的“平移”这一简单的运动——图形的平移(板书)

环节 2　先行组织者

1. “平行线”一章的学习过程是怎样的？你能类比“平行线”一章的学习过程猜想出“图形的平移”的学习过程吗？

师生活动：背景—概念(定义、表示)—性质与判定—联系与应用

2. 前面，我们对图形都从哪些角度进行研究？

师生活动：研究组成图形要素(点、线、角)在变化前后形状、大小和位置关系．

【设计意图】类比猜想，明确研究对象和研究思路．

环节 3　获得平移的概念

1. 小学我们已经了解了图形的平移，你能结合生活举出一些平移的例子吗？

在学生举例的基础上，教师再举出平移例子(投影：飞机滑翔、传送带上的物品、滑雪运动等)

2. 实验操作——探究图形平移的条件

(1)将$\triangle ABC$沿着水平方向向右平移，你能得到几个符合要求的图形？

(2)将$\triangle ABC$平移 2 cm，你又能得到几个符合要求的图形？

(3)比较大家画出的图形，你发现了什么？

追问：要使平移后的图形唯一确定，应给定哪些条件？

3. 定义：一个图形沿着某个方向移动，在移动的过程中，原图形上所有的点都沿着同一个方向移动相等的距离，这样的图形运动叫作图形的平移．

如图 2-50，将点 A 平移到点 A' 的位置，我们把点 A 和点 A' 称为对应点，把点 A 到点 A' 的方向称为点 A 平移的方向，线段 AA' 的长度称为点 A 平移的距离．

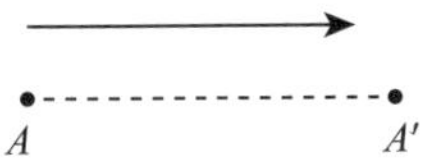

图 2-50

追问 1：你如何理解“原图形上所有点都沿着同一个方向移动相等的距离”？

追问 2：确定图形平移的要素是什么？(方向和距离)

4. 概念应用(略)

【设计意图】先举例，让学生体验到平移在生活中广泛存在，体现研究平移的必要性，并为抽象出图形的平移做好铺垫．然后让学生动手实验，通过观察、比较，使学生感受“平移方向”和“平移距离”这两个要素对确定一个平移运动的作用，获得研究数学问题的切身体验，逐步达到对数学内涵的实质性理解．在教学活动中，要使“实验活动→数学抽象→逻辑表达”得到充分体现．

环节 4　探究平移的性质

1. 明确研究对象和研究方法

根据已有的学习经验，得到一种几何对象后，一般要研究图形的性质与判定．同样地，对于图形的平移，我们也要研究有关性质．

(1)你认为研究平移的性质就是要研究什么？应该如何研究这些性质？

师生活动：平移前后两个图形的关系，变化中的不变性，具体来说就是研究两个图形对应元素之间的关系；从概念到性质，从定义出发，利用二要素(方向、距离)得出性质．

追问：你觉得对应元素有哪些？应该研究对应元素什么关系？

师生活动：对应元素有对应点、对应线段、对应角、对应图形、主要研究它们的形状、大小、位置关系．

(2)根据例1同学们所画的平移图形(图2-51)，对应元素有怎样的不变性？由此你发现了什么？

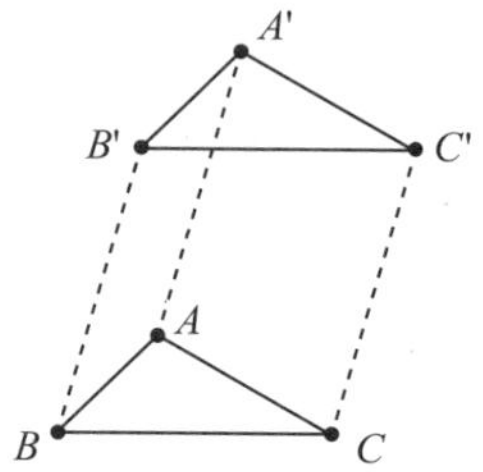

图 2-51

2. 发现规律，猜想结论

(1)对应点的连线平行且相等；

(2)对应线段相等，对应角相等，对应图形的形状和大小完全相同．

3. 验证猜想：利用几何画板进行验证．

追问1：还有其他的不变性吗？(平移前后对应线段平行且相等．)

追问2：如果将$\triangle ABC$沿着BA所在直线方向平移，对应点的连线有怎样特点？(BB'与AA'在同一条直线上)

4. 请你再画其他图形，并将它进行平移，上述得到的结论还成立吗？

5. 归纳平移的性质：

(1)平移不改变图形的形状和大小．

(2)平移前后两组对应点的连线平行(或在同一直线上)且相等、对应线段平行且相等．

【设计意图】让学生先明确研究的目标、研究的思路、研究的方法，再开展具体研究：观察发现、猜想结论、验证结论、归纳性质，培养学生有序思考的习惯和发现性质的能力．

6. 性质应用(略)

环节5　知识整理

1. 请你总结一下本节课研究问题的过程．

师生活动：整体感知图形变化的类型，形成图形变化的整体框架→从各种平移现象感受平移的广泛性→通过画图探究唯一确定平移的要素：方向和距离→给出“图形的平移”的定义→研究图形的平移的性质→性质的应用．

2. 获得“图形的平移”的概念的基本步骤是什么？

师生活动：先研究几个具体的平移事例，通过分析、比较，归纳出它们的共同特征，再给出概念．然后对概念进行辨析，明确平移方向和平移距离是平移的两个要素．

3.“平移的性质”指什么？我们是如何研究的？

师生活动：“平移的性质”是指平移前后两个图形的形状、大小关系和位置特征．一个图形的平移就是用这个图形上的每一个点的平移来刻画的，因此图形的平移可以归结为点的平移，所以对应点的关系也是平移的性质．研究性质时，我们总是从定义出发，与确定这个平移的“二要素”相联系，运用归纳的方法得出性质．

4. 本节课利用“平移的性质”解决了哪些问题？

师生活动：利用平移画图和图案设计，探究平移前后图形的坐标特点，利用平移证明线段、角相等和图形全等，利用平移求不规则图形的面积等.

【设计意图】帮助学生整理知识，落实平移的基本思想和基本活动经验，积累图形变化研究的“基本套路”和“一般观念”. 本节课是“学结构”阶段，即引导学生“学会”图形变化的研究过程、研究方法，为后续图形的轴对称变化、旋转变化以及相似变化积累研究经验，种下图形变化的“种子”.

主题起始单元具有初始性，对本主题的其他单元有先行组织、结构统领并孕伏一种生长力量的功用，让学生感受知识的整体性和系统性，为后续单元的研究构建策略性知识.

二、用——主题单元间知识的整体设计

主要是指主题中程单元和终端单元的教学设计，即图 2-51 中的单元 2 至单元 n 的教学设计. 它们与起始单元在结构上呈并列结合关系，在被认知过程中蕴含共通的思维方式. 因此，横向结构主题单元间的教学设计要充分运用先行组织者策略，类比起始单元知识学习经验获得研究对象，再利用类比学习方法展开研究，其设计流程如图 2-52 所示.[2]

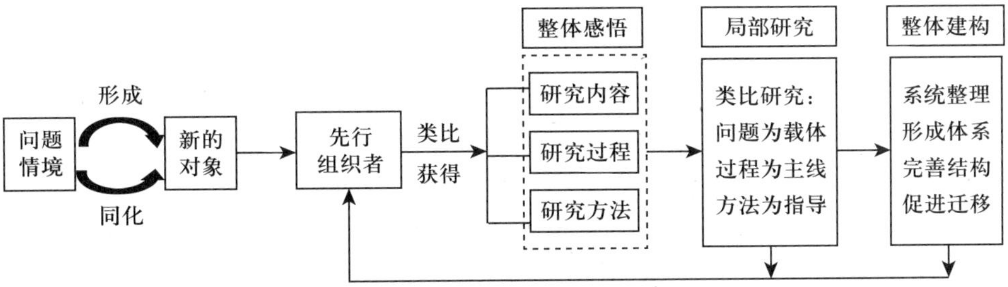

图 2-52

以“四边形”学习为例，三角形与四边形的学习有着相同的过程性结构和方法性结构，因此四边形的学习要善于类比三角形的学习内容、过程和方法进行整体教学设计：四边形实例→四边形图形$\xrightarrow{\text{联想}}$三角形研究内容、过程、方法$\xrightarrow{\text{类比建构}}$四边形的研究框架→四边形的概念（定义、表示、分类）→四边形的性质（要素：边、角关系；相关要素：对角线、外角等关系）$\xrightarrow{\text{特例研究}}$平行四边形（概念、性质、判定）$\xrightarrow{\text{特例研究}}$矩形（概念、性质、判定）→菱形（概念、性质、判定）$\xrightarrow{\text{特例研究}}$正方形（概念、性质、判定）→系统整理.

在特例的研究中，平行四边形的研究又是“学结构”阶段，矩形、菱形和正方形的研究是“用结构”阶段，在矩形的学习中，教师要引导学生类比平行四边形的研究过程和研究方法开展自主的研究，对于菱形和正方形研究要放手让学生自主研究，自主完善认知结构. 通过先前的学习，学生在大脑中已经储存新知学习所需要的知识经验、方法经验以及问题解决的策略与路径，学生在新知学习时，通过类比，就能整体感悟新知学习的方法、策略与路径. 这一类型适用于知识之间是同化关系（并列结合关系）的单元之间或知识之间的教学.

（一）主题中程单元知识的整体设计

在横向结构知识体系中，有些单元处在主题的中间位置，这样的单元称为主题中程单元，

在“起承转合”中负荷“承”之功能．如代数式主题中的“分式”、方程主题中的“二元一次方程”“分式方程”、多边形主题中的“四边形”、图形变化主题中的“轴对称”等等．它们已经有起始单元的倚靠与统领，只要在主题种下的“种子”单元的基地上培育，使其自然生长．其教学采取“左勾右联”策略，或类比或对比或完形或同构，架起前后单元知识之间的“引桥”，体现主题单元间逻辑连贯性、方法普适性和思想一致性．

案例 2-19　从分数到分式*

环节 1　获得研究对象

1. 用整数 3 和 7 进行加、减、乘、除运算，它们的运算结果还是整数吗？并完成表 2-14.

表 2-14　整数四则运算

运算类型	算式	结果	是否整数
加	$7+3$	10	整数
减	$7-3$ 或 $3-7$	4 或 -4	整数
乘	7×3	21	整数
除	$7\div3$ 或 $3\div7$	$\frac{7}{3}$ 或 $\frac{3}{7}$	分数

设问：再换两个整数试试？结果一样吗？

追问：你有什么发现？

师生活动：两个整数进行加减乘运算，结果仍然是整数，两个整数进行除法运算，结果不一定是整数，有可能是整数，有可能是分数．

【设计意图】学生进入初中后，类比整数运算学习整式运算，讨论整数运算的封闭性，为类比讨论整式运算的封闭性奠定基础．

师：进入初中，我们学习了用字母表示数，将整数运算扩展到整式运算．

2. 用整式 a 和 $a+4$ 进行加、减、乘、除运算，它们的运算结果还是整式吗？

学生：类比整数运算完成表 2-15.

表 2-15　整式四则运算

运算类型	算式	结果	是否整数	算式	结果	是否整式
加	$7+3$	10	整数	$(a+4)+a$	$2a+4$	整式
减	$7-3$ 或 $3-7$	4 或 -4	整数	$(a+4)-a$ 或 $a-(a+4)$	4 或 -4	整式
乘	7×3	21	整数	$(a+4)\cdot a$	a^2+4a	整式
除	$7\div3$ 或 $3\div7$	$\frac{7}{3}$ 或 $\frac{3}{7}$	分数	$(a+4)\div a$ 或 $a\div(a+4)$	?	

追问 1：表格中“?”如何表示？

追问 2：你是怎么想到的？(与分数类似，除号可以用分数线表示)

* 案例由台州市白云学校潘云超老师执教，获台州市教学大比武一等奖第一名

追问3：你能类比分数，给它取个名称吗？

给出本章课题——分式

【设计意图】(1)整数除法运算不封闭，结果可能是分数，整式除法运算不封闭，结果是什么，学生自然而然将整数与整式类比、分数与分式类比，体会分数与分式形式上的相似性，初步形成概念，并经历类比分数认识分式的情感体验，从而获得研究对象．(2)通过两张表格对照，初步感受分数与分式是特殊与一般的关系，遵循由数到式的一般学习过程，体现“数式通性”．

环节2　先行组织者

1. 请同学们回顾我们是怎样学习分数的？

(因时间久远，学生大概回顾，完整叙述有困难．建议在本节课教学前，先让学生复习小学“分数”内容)

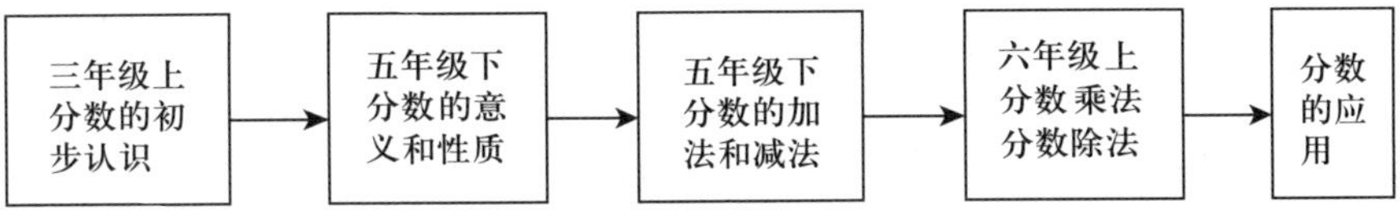

教师结合教材，给出小学分数的学习内容帮助学生回顾，在此基础上归纳分数的学习过程：

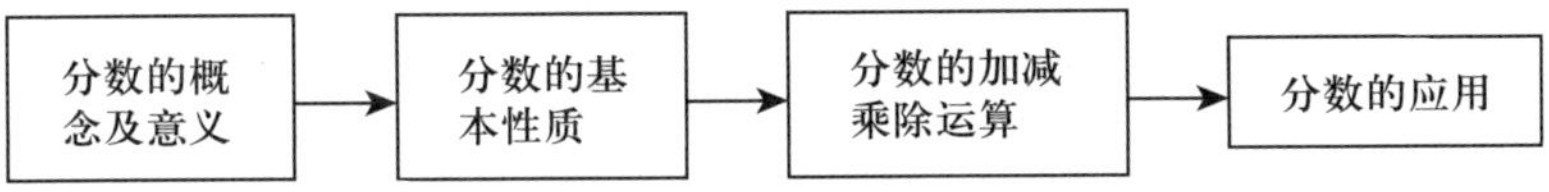

2. 根据我们学习分数的经历，你认为我们应该怎样学习分式呢？

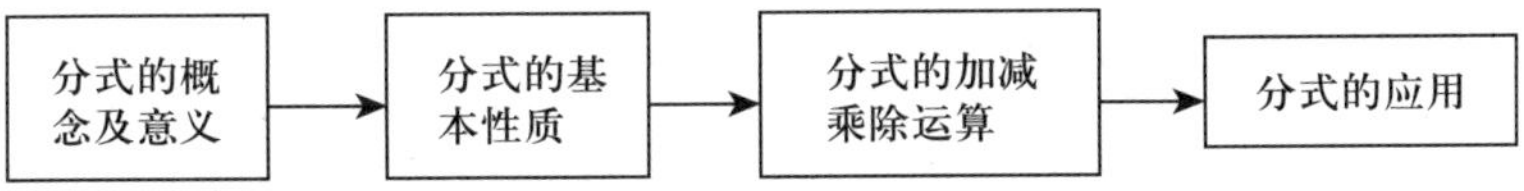

追问：你是怎么得到这个学习过程的？(类比分数)

设问：根据这条学习主线，你认为这节课我们应学习什么？(分式的概念)

给出本节课题——从分数到分式

【设计意图】(1)类比旧知，获得新知的认知框架，提纲挈领地引出本章内容及知识结构关系．(2)在形成框架的过程中体现类比的思想方法．(3)潜移默化中对学生进行学习方法的指导．

环节3　分式概念学习

1. 用代数式表示下列实际问题(略)

2. 归纳概念．

问题：上述得到的式子有什么共同特征？它们与分数有什么区别与联系？你能类比分数给具有这样特征的式子下个定义吗？

$$\frac{a+4}{a},\frac{a}{a+4},\frac{s}{a},\frac{v}{s},\frac{90}{30+v},\frac{60}{30-v}.$$

特征：(1)分子、分母都是整式；(2)分母都含有字母．

联想比较：联系——式子的结构相同；区别——分数的分子和分母是整数，分式的分子和分母是整式．

定义：一般地，如果A，B表示两个整式，并且B中含有字母，那么式子$\frac{A}{B}$就叫作分式．

A 叫作分子，B 叫作分母．

追问 1：定义中的关键词是什么？

追问 2：在分式 $\frac{A}{B}$ 中，对 A、B 有什么要求吗？

追问 3：为什么分母 $B \neq 0$？

3. 概念辨析与练习（略）

【设计意图】（1）以实际问题概括概念，感受分式是刻画现实生活的重要数学模型；（2）通过问题，让学生对分数与分式进行联想比较，抽象归纳分式的基本特征得出分式概念中的三个核心要素，形成分式的定义．（3）通过辨析，帮助学生内化分式概念，领会用定义作为判断的依据．

环节 4　内化新知

1. 类比整式，概念学习以后接下来学习什么？（分式求值）

2. 给 x 选几个适当的值，求出分式 $\frac{x}{x-3}$ 的值．

追问 1：x 可以取任何值？x 为什么不能取 3？

追问 2：在分式有意义的条件下，当 x 每取一个数时，分式有几个值与之对应？

3. 再举几个例子试试，你能归纳出分式有意义的条件吗？分式值为 0 的条件吗？

归纳：（1）分式 $\frac{A}{B}$ 有意义的条件为分母 $B \neq 0$；分式 $\frac{A}{B}$ 无意义的条件是分母 $B=0$.

（2）分式 $\frac{A}{B}=0$ 的条件为：分母 $B \neq 0$ 且 $A=0$.

【设计意图】通过设计开放性问题，获得探究的素材；通过对材料的充分感知和讨论让学生感知归纳分式有意义、无意义、值为 0 的条件，并且感悟分数与分式特殊与一般的关系，渗透对应思想．

环节 5　巩固新知和课堂检测（略）

环节 6　知识整理，形成经验

1. 本节课我们学习了哪些内容？分数与分式有怎样的关系？

2. 分式概念的学习经历了怎样的过程？我们运用了什么方法？（类比、抽象、归纳）

3. 类比分数的学习过程，分式概念学习后，接下去我们将要学习分式的哪些内容？

4. 你能画出分数与分式学习结构关系图吗？（图 2-53）

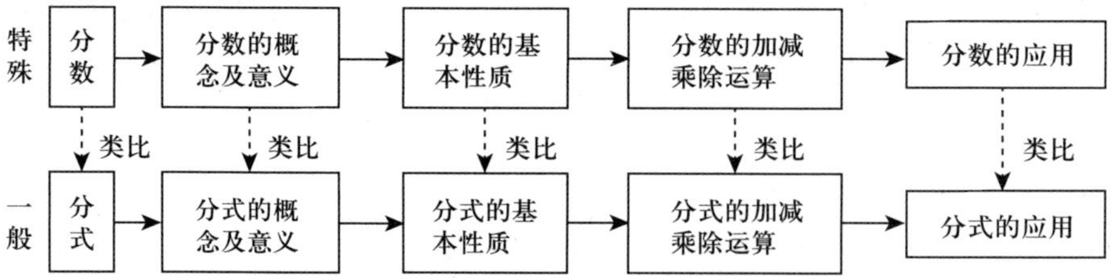

图 2-53

【设计意图】回顾本节课的学习内容，提炼分式概念教学的过程结构：材料感知→观察比较→归纳提炼→抽象命名，引导学生感悟知识之间的内在联系、学习方法的选择、数学思想方法的应用三者之间的必然联系，体现“数式通性”。进一步加强对学生学法的指导，突出类比思想方法，提升课堂的思想性，提高学生的数学素养．

【教学设计说明】(1)从数到式，教师要关注学生经历知识形成过程中的体验与感悟．实际上，代数的扩充与数的扩充类似，一方面体现在现实的需要，另一方面体现在代数运算的密闭性上，所以分式的概念学习也要体现这两个方面，即通过类比分数，运用运算密闭性获得研究对象——分式；利用生活实例，形成分式概念，体现分式是刻画现实生活的一种有效模型，并且是整式不可替代的．

(2)对于新教师，将数 3 换成 a，自然 7 就变成 $a+4$，进行代数四则运算，获得研究对象是可取的，因为新教师往往缺乏课堂驾驭能力．但对于有经验的教师，在环节 1 中，建议设计开放性问题，引导学生探究：

①取两个整数进行加、减、乘、除运算，它们的运算结果还是整数吗？

②取两个整式进行加、减、乘、除运算，它们的运算结果还是整式吗？

③通过类比分数获得研究对象——分式．分式的概念要研究什么？(类比分数、整式，研究定义、表示、分式有意义条件、分式求值，特例是分式的值为 0)

案例 2-20　平行线及其判定

环节 1　先行组织者

1. 在“相交线”一章，我们是如何展开研究的？

基本思路：交通立交桥→抽象为直线→整体感悟两直线位置关系→相交线定义、表示→对顶角、邻补角及其性质→特例研究——垂直(定义、表示，判定，性质)→应用．

追问 1：两条直线有怎样的位置关系？

直线位置关系
- 在同一平面内
  - 相交——垂直
  - 平行
- 不在同一平面内——异面直线

追问 2：垂直的判定与性质是如何得到的？(依据定义)

基本内容：角的位置关系和大小关系；特例(垂线的唯一性、垂线段最短)．

追问 3：两条直线的相对位置关系是通过哪个几何元素来刻画的？(通过角来刻画)

2. 请同学们猜想一下，这节课我们要研究什么内容？

追问：平行线要研究什么？如何研究？(平行线的定义、表示→判定→性质→应用)

环节 2　平行线的概念

1. 你能举出生活中一些具有平行线现象的实际例子吗？

2. 你能类比“相交线”给出平行线的定义吗？如何表示？

追问：定义中为什么要加“同一平面内”？请举例说明．

3. 判断图 2-54 中①②两条直线 a，b 是否为平行线？请说明判断理由．

环节 3　整体探究平行线的判定方法

1. 画方位角：请同学们在图 2-55 的南北线上取一点，画南偏东 60°方向线．同桌同学将南北线叠合在一起，你发现了什么？再画一般的角试试，结论还成立吗？

当测量点重合时，方向线重合；当测量点不重合时，方向线平行（图 2-56）．当方位角改为一般角时，结论同样成立（图 2-57）．

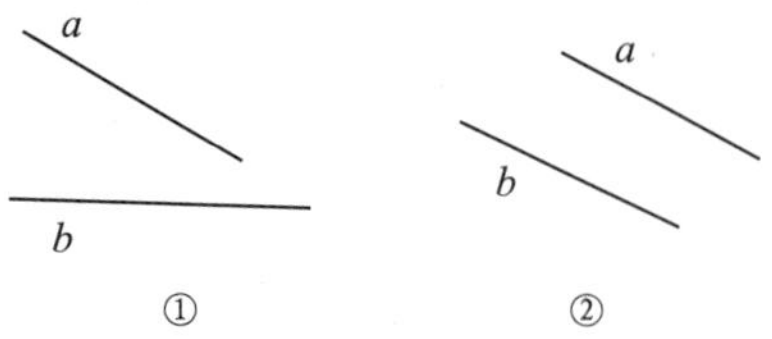

图 2-54

图 2-55

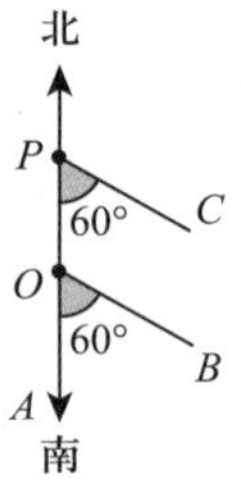

图 2-56

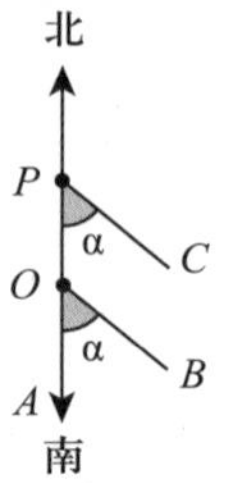

图 2-57

追问 1：$\angle AOB$ 与 $\angle APC$ 有怎样的位置关系？

追问 2：如果将射线 OB，PC 反向延长，成为直线 OB，直线 PC，你能得到怎样的结论？

2. 判定方法 1：同位角相等，两直线平行．

追问：如何用符号表示？

表示：如果 $\angle AOB=\angle APC$，那么直线 $OB /\!/$ 直线 PC

3. 思考：我们以前已用直尺和三角尺画平行线（图 2-58）．在这一过程中，直尺起着什么作用？三角尺又起着什么样的作用？——推平行线法．

4. 已知直线 a 和点 B，C（图 2-59）．用推平行线法和尺规作图法分别过点 B，C 画直线 b，c 使 $b /\!/ c$．

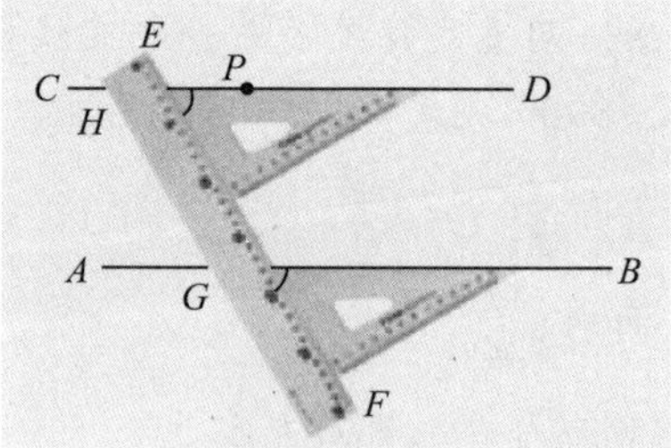

图 2-58

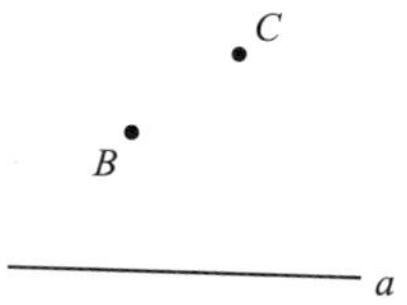

图 2-59

追问 1：过点 B 画直线 a 的平行线，能画出几条？你能得到怎样的结论？

追问 2：直线 b，c 有怎样的位置关系？你又能得到怎样的结论？如何表示？

5. 结论：

基本事实（平行公理）：过直线外一点，有且只有一条直线与这条直线平行．

推论 1：如果两条直线都与第三条直线平行，那么这两条直线也互相平行．

表示：如图 2-60，如果 $b /\!/ a$，$c /\!/ a$，那么 $b /\!/ c$——平行线的传递性．

6. 如图 2-61，由 $\angle 1=\angle 2$，可以判定 $a /\!/ b$．那么，你能否根据其他角之间的关系来判定直线 $a /\!/ b$？请同学们自主探究．

7. 判定定理：

判定方法 2：内错角相等，两直线平行．即若 $\angle 3=\angle 2$，则 $a /\!/ b$．

判定方法 3：同旁内角互补，两直线平行．即若 $\angle 2+\angle 4=180°$，则 $a /\!/ b$．

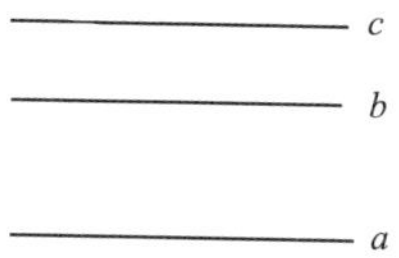

图 2-60

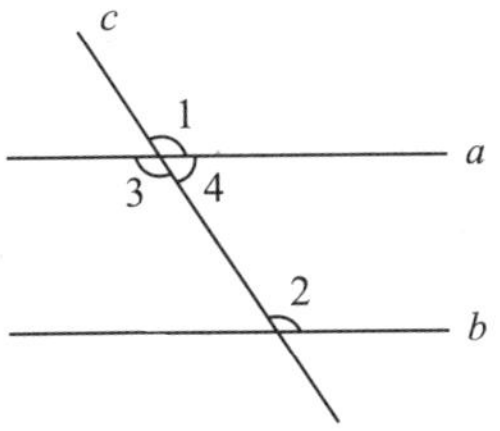

图 2-61

8. 知识应用

(1)如图 2-62,$AB\perp EF$,$CD\perp EF$,E,F 分别位垂足.直线 AB 与 CD 平行吗?请说明理由.

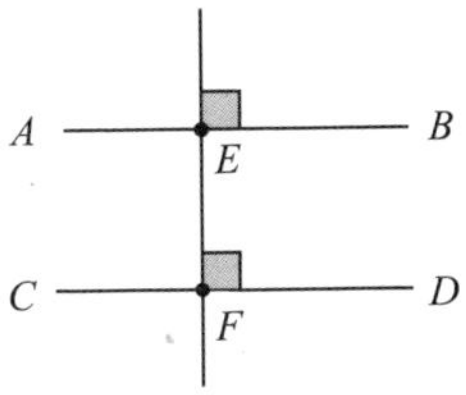

图 2-62

追问 1:由此你得到怎样的结论?

追问 2:为什么要加上"在同一平面内"条件?你能举出反例吗?

(2)推论 2:在同一平面内,垂直于同一条直线的两条直线平行.

表示:在同一平面内,若 $AB\perp EF$,$CD\perp EF$,则 $AB/\!/CD$.

(3)练习(判定定理的简单应用,略)

环节 4　知识整理,形成经验

1. 什么是平行线?判定两条直线平行有哪些方法?它们之间有什么关系?

判定直线平行有 3 个判定方法和 2 个推论.由基本事实(平行公理)"平行线唯一性"推出"平行线的传递性";由基本事实(判定方法)"同位角相等,两直线平行"推出其他两个判定方法;推论 2 由判定方法推出,是判定方法的"特例".

2. 平行线定义与判定的研究经历了怎样的过程?接下来我们将研究什么内容?

定义研究过程:现实问题→抽象为图形→概括特征→下定义、表示→辨析.

判定方法研究过程:实验操作→观察发现→猜想结论(基本事实)→推理论证→推论与判断方法→特例.后续将研究平行线性质.

3. 拓展延伸:你能证明推论 1 吗?请在课外试一试.

【教学设计说明】(1)"平行线"与"相交线"是并列结合关系,因此平行线的研究可类比相交线研究经验,经历"背景→定义、表示→判定→性质→特例"的研究过程,以及利用角刻画直线的位置关系这一基本思想方法,因此要做好先行组织;(2)教材从定义出发,利用推平行线确认两个"基本事实",然后通过推理论证得到其他判定方法及其推论,但如何想到用"推平行线法"是本节课的思维难点,并且学生对这样推出的两条直线就平行"信心"不足,其原因是学生没有从"方向"角度来思考直线平行问题.作者认为角刻画两条射线方向差别,当两个角的其中一边在同一条直线上,如果另外两边方向相同,则这两边所在的射线(直线)就平行.而这一朴素的观点,其知识的起点是小学六年级内容"位置与方向".因此,作者从学生已有经验出发,让学生画方位角,体验角是刻画方向的几何量,再从特殊到一般,归纳地发现射线(直线)的位置关系,得出两个"基本事实",这样的设计是自然、合理的、高效的.同时,渗透高中向量知识.在此基础上,再让学生利用"推平行线法"和"尺规作图法"画平行线,再一次感受基本事实.

案例 2-21 平行四边形的性质

环节 1 先行组织

1. 三角形是平面内最基本的图形．请你画出不同类型的特殊三角形．

2. 一般三角形是如何得到特殊三角形的？你能画出它们之间的结构图吗？

在学生画出的结构图基础上，教师进行提炼总结并板书(图 2-63)：

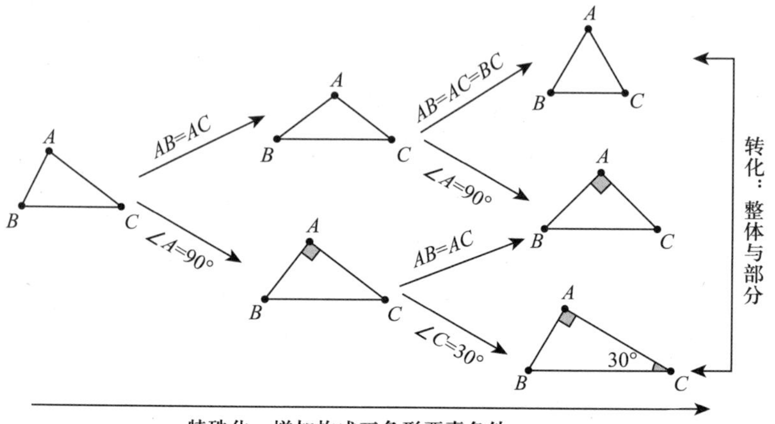

图 2-63

教师：通过对三角形构成要素的特殊化，使一般三角形成为特殊三角形，这是图形特殊化的一般规律．

3. 我们是怎样研究等腰三角形？

师生活动：从定义出发，先研究它的性质，再研究判定，最后是联系与应用．

追问：等腰三角形的性质是从哪几个方面研究的？

师生活动：从等腰三角形的要素(边和角)、相关要素(中线、角平分线、高等重要线段)以及对称性等角度研究．

4. 在多边形的学习中，我们已经学习了四边形，什么是四边形？四边形有哪些性质？

师生活动：学生回顾四边形的定义、性质(内角和、外角和、对角线、稳定性等)．

【设计意图】特殊三角形是研究特殊四边形的类比源，尤其是等腰三角形是研究特殊图形的典范．通过让学生画特殊三角形帮助学生勾画三角形学习结构图，引导学生回顾一个几何对象的研究内容和过程，感悟研究三角形的基本套路，并为四边形研究提供"类比源"，为整体构建特殊四边形研究过程和研究方法提供"脚手架"．

环节 2 类比构建平行四边形研究框架

1. 类比三角形的研究路径，一般四边形研究以后，将研究什么四边形？

师生活动：从一般到特殊，研究特殊四边形——平行四边形．

2. 你能类比三角形的结构图，结合小学图形知识，画出四边形的结构图吗？

学生在教师引导下形成图 2-64 所示的四边形结构图．

3. 类比等腰三角形的研究方法，怎样研究平行四边形？

研究思路：确定研究对象(给定义)→发现性质→证明性质→研究判定→应用；

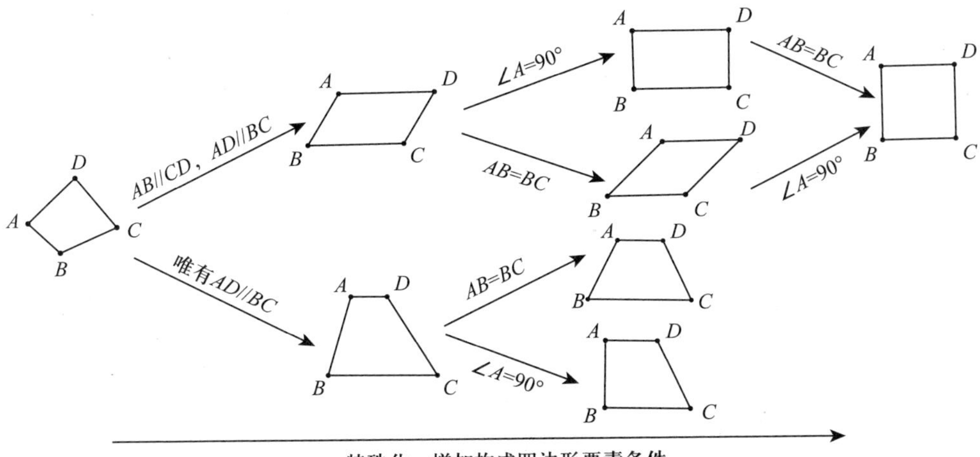

图 2-64

研究内容：平行四边形的要素、相关要素之间的大小关系和位置关系（边与边、角与角、对角线与对角线）以及对称性；

研究方法：度量、观察、实验，从几个具体的平行四边形中发现共性，再推广到一般，研究对象特殊化，发现平行四边形的性质；条件与结论互换，发现并证明新的定理（性质——判定）

【设计意图】让学生类比三角形结构图，构建四边形的结构图，整体感悟四边形学习的内容以及它们之间的联系，并获得本节课的研究对象——平行四边形．类比等腰三角形的经验，整体建构平行四边形的研究思路、内容和方法，帮助学生形成“有逻辑思考的习惯”，促进学生形成主动学习的心向．

环节 3　类比探究平行四边形概念和性质

1. 平行四边形的概念学习

(1)大家在小学已经认识平行四边形，你能说说什么是平行四边形？并请举出生活中的一些平行四边形例子．

学生：两组对边分别平行的四边形叫作平行四边形．

师生活动：解读平行四边形的定义，根据定义每个学生画一个平行四边形．

平行四边形的表示法：$\square ABCD$（图 2-65）

认识平行四边形的要素：对边，邻边，对角，邻角．

由定义可知：$\because AB//CD, AD//BC$.

$\therefore$ 四边形 $ABCD$ 是平行四边形．

反过来：　$\because$ 四边形 $ABCD$ 是平行四边形，

$\therefore AB//CD, AD//BC$.

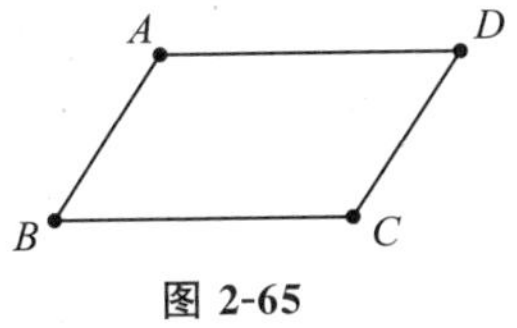

图 2-65

教师：几何图形的定义通常包含两方面，即判定与性质，是推理的逻辑起点．

【设计意图】让学生回忆小学平行四边形的定义，但有些学生会这么说：“两组对边分别平行且相等的四边形是平行四边形”，这时教师可让学生看书本，并提出“为什么书本只写‘两组对边分别平行的四边形是平行四边形’，没有相等的要求”，激起学生认知冲突，促进学生深度思考、讨论，得出“只要两组对边分别平行，一定能推出两组对边分别相等”，从而真正理解平行四边形的定义．同时强调定义的两方面作用，既可作为判定也可作为性质．

2. 平行四边形的性质探究

(1)类比等腰三角形研究，明确定义后，接下来要研究什么？

师生活动：类比等腰三角形的学习方法，确定平行四边形的研究方向：从定义出发，先研究性质．

追问：从哪些角度研究平行四边形的性质？研究它们哪些方面的关系？

师生活动：从平行四边形的要素入手，研究边、角的数量关系和位置关系，以及对称性．(学生不易想到对角线)

(2)观察刚才所画的平行四边形，你发现了哪些结论？请独立思考并尽可能多地写出发现的结论，并与同伴交流．(有困难同学也可借助三角板，量角器等工具提出自己的猜想．)

学生活动：学生独立思考并和同学交流，由于有等腰三角形这一类比对象，学生不难发现图形的性质，教师板书学生发现的结论(图 2-66)．

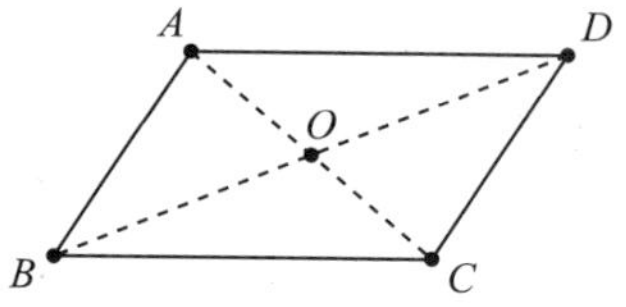

图 2-66

边：$AB /\!/ CD$，$AB=CD$；$AD /\!/ BC$，$AD=BC$．

角：$\angle BAD=\angle DCB$，$\angle ADC=\angle CBA$．

对角线：$OA=OB$，$OC=OD$．

对称性：平行四边形是中心对称图形．

有个别学生说同旁内角互补；也有个别学生由于画特殊的平行四边形，猜想四个角相等，教师要注意引导学生讨论．教师指明限于时间，本节课先研究边、角、对角线性质．

(3)证明猜想．先让学生画一个一般的平行四边形，写出已知、求证，然后独立进行证明．

给学生足够的时间，让学生思考并规范书写证明过程．教师及时帮助有困难的学生，订正一些共性的错误．

学生展示自己的证明过程．证明角相等时学生会有不同的解法，鼓励一题多解，总结证明角相等的方法．

在学生证明边与角时，需要添加辅助线——对角线，教师要追问：你是怎么想到添加这条辅助线的？为什么这样做？

学生畅谈自己的想法，师生一起归纳对角线的作用：把平行四边形转化为三角形，把复杂图形转化为简单的图形，充分体会转化思想的重要性．

【设计意图】在指明探究方向的基础上设计开放的探究活动，鼓励学生在独立思考的基础上再合作交流，给学生充分的探究时间和空间．通过动手动脑，自主探究，经历完整的发现性质的过程，培养学生探究能力．通过推理证明，体会证明思路的分析方法和化四边形问题为三角形问题的基本思想方法．

环节 4　应用性质，形成能力

例 1　已知：如图 2-67，E，F 分别是平行四边形 $ABCD$ 的边 AD，BC 上的点，且 $AF /\!/ CE$．求证：$DE=BF$，$\angle BAF=\angle DCE$．

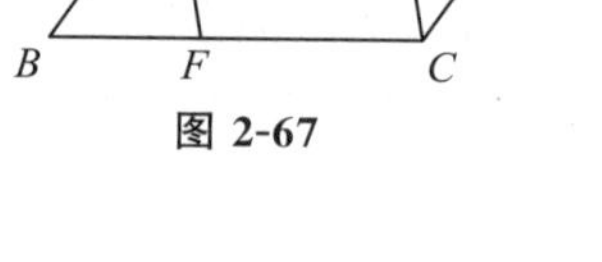

图 2-67

变式 1：条件不变，问 AF 与 CE 有怎样的数量关系？

变式 2：若 $AF\perp BC$，$CE\perp AD$，垂足分别为 F，E．问 AF 与 CE 有怎样的关系？

例 2　如图 2-68，平行四边形 ABCD 的对角线 AC，BD 相交于点 O，EF 过点 O 与 AB、CD 分别相交于点 E、F，求证 $OE=OF$．

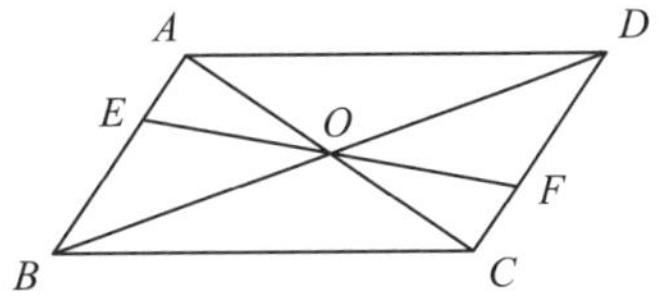

图 2-68

变式 1：条件不变，还能推出哪些结论？

变式 2：当直线 EF 绕对角线交点 O 旋转交平行四边形 $ABCD$ 的一组对边或一组对边的延长线于点 E、F 时，以上结论仍成立吗？说明理由．

【设计意图】一方面帮助学生理解和掌握平行四边形的性质，能应用平行四边形的性质解决简单问题，体会平行四边形的性质是证明线段和角相等的又一有力工具．另一方面，通过变式，为后续探究平行线的性质、平行四边形的对称性以及三角形中位线定理做好伏笔．

环节 5　知识整理，提炼学习经验．

1. 本节课，我们学习了哪些内容？经历了怎样的学习过程？运用了哪些研究方法？获得了怎样的探究经验？

2. 通过例 1 的变式 1、变式 2 的问题解决，你能得到怎样的结论？

3. 在例 2 的变式 2 中，若将平行四边形 $ABCD$ 绕着点 O 旋转 $180°$，所得到的平行四边形与原平行四边形有怎样的关系？若将△ABC 绕着点 O 旋转 $180°$，能否与△CDA 重合？你能猜想出平行四边形还有怎样的性质？

【设计意图】教师引导学生从知识、过程、方法、经验等方面回顾总结，便于学生梳理知识和方法，形成几何研究的基本活动经验．借助本节课的研究经验继续探究特殊的平行四边形，将学生的探究思维和创新能力进行到底．

（二）主题终端单元知识的整体设计

有的单元是初中阶段的最后单元，处在主题的终端位置，这样单元称为主题终端单元，在“起承转合”中负荷“合”之功能，肩负着完整主题或领域的重任，体现整体性教学的进阶性．如代数式主题的根式单元、方程主题的一元二次方程单元、函数主题的反比例函数单元（人教版教材）、图形变化主题的旋转变化单元、直角三角形主题的锐角三角函数单元等等．主题终端单元不仅要统领一个主题，而且要与前面单元结合，形成认知组块，做到单元完整、主题融合、前后贯通，使知识的结构更完整、迁移能力更强．

案例 2-22　图形的旋转

环节 1　先行组织，感悟研究对象一般方法

教师：在七年级“图形的平移”和小学的学习中，我们知道“图形的全等变化”包含平移、轴对称和旋转三种变化，并学习了“图形的平移”和“图形的轴对称”两种变化，今天我们将运用平移和轴对称学习经验，一起来研究“图形的旋转”．应该研究旋转的哪些方面？如何研究？

1. 昨天，老师给大家布置了“知识整理”作业，要求同学们从研究思路、研究内容、研究方法和研究结果四个方面整理平移、轴对称的知识和方法，下面请同学们展示整理结果．

师生活动：先小组汇报，然后师生一起完善，形成学习结构．

研究思路：背景→定义→分离要素→性质→联系与应用．

研究内容：变化前后图形的形状、大小、位置关系．

研究方法：实验操作→观察发现→猜想结论→验证结论，将图形的变化转化为对应点的变化；采取“要素控制法”探究图形变化的性质．

研究结果：平移、轴对称变化前后图形全等，位置变化规律如表 2-16：

表 2-16

全等变化	变化	决定要素	性质	共同点
	平移	平移方向	对应点连线互相平行（或在同一条直线上）且相等	用对应点与决定变化要素的关系来刻画
		平移距离		
	轴对称	对称轴	对应点连线被对称轴垂直平分	

2. 请你类比图形平移与轴对称的研究经验，猜想“图形的旋转”的研究“路线图”．

师生活动：现实背景→旋转定义→旋转性质→应用（图形的坐标表示、图案设计等），我们先研究图形的旋转的定义．

【设计意图】因在“图形的变化”的起始课已让学生整体感知图形变化的类型，因此，自然获得本节课的研究对象——图形的旋转；通过课前的知识整理，不仅有助于学生理解平移和轴对称的知识和联系，更有利于学生建立“图形的变化”的研究思路，找到研究方法，为研究图形的旋转提供“脚手架”．

环节 2　创设情境，形成定义

1. 图形的平移和轴对称的定义是怎样得出的？图形的旋转的定义如何得出？

师生活动：通过观察一些实例，归纳出它们共同特征得出的，旋转也可以这样去定义．

2. 在现实生活中存在着各种各样与旋转相关的现象，你能举出一些旋转的例子吗？

学生举例：游乐园摩天轮、风车的叶片、钟表的指针及钟摆等（图 2-69）．

图 2-69

追问：这些现象有什么共同特点？

师生活动：物体都在绕一个点转动一定的角度．

3. 请同学们自己画一个$\triangle ABC$，再让它绕着顶点 A 旋转 $30°$，画出旋转后得到的图形．你能得到几个符合要求的图形？

追问 1：分别绕点 A 和 B 逆时针旋转 $30°$，得到的结果一样吗？

追问 2：绕点 A 逆时针旋转角 α，得到的图形有多少个？

追问 3：给定哪些条件，才能使$\triangle ABC$ 旋转后的图形唯一确定．

通过讨论，引导学生明确以下几点：①对于一个给定的旋转，旋转中心是确定的，不同的旋转中心，图形旋转结果不同；②旋转的角度大小也是固定的；③旋转中心、旋转角度大小都确定，若旋转方向不同，则图形旋转的结果不同；④平面图形绕旋转中心转动一个角度，实际上就是这个图形上的每一个点都绕中心转动了同样的角度.

师生活动:旋转三要素——旋转中心、旋转角度、旋转方向.

4. 你能类比"图形的平移"给"图形的旋转"下个定义吗?

旋转的定义及旋转中心、旋转角、旋转对应点概念(略)

5. 概念辨析

(1)请找出定义中的关键词,并在书本中把它标出来.

(2)你认为应如何理解"把一个平面图形绕着平面内一点按某一方向转动一个角度"的含义? 图形旋转由哪些要素确定?

(3)下列这些图形,哪些是图形的旋转变化? 你是如何判断的?(问题包含图形的旋转、平移、轴对称三种变化,略)

【设计意图】让学生从具体的事例中发现旋转现象,抽象出旋转的本质属性,并经历概念形成的全过程,发展抽象概括能力;通过"要素控制法"画图,让学生发现旋转的三要素,把握旋转的本质属性.

环节3　概念的应用(略)

【设计意图】巩固对旋转概念的认识,训练学生从具体实例中找到旋转中心、旋转角、旋转方向、对应点等能力.

环节4　探究旋转的性质

1. 平移和轴对称的性质是怎样研究的? 旋转的性质又应如何研究?

师生活动:性质研究是从整体到局部,先观察图形变化前后的形状、大小关系,再研究对应点的数量与位置关系. 旋转的性质也可以这样研究,又因为一个旋转由"三要素"唯一确定,所以研究中要利用好"三要素".

2. 动手操作:如图2-70,O 是$\triangle ABC$ 外一点. 以点 O 为旋转中心,将$\triangle ABC$ 按逆时针方向旋转 $80°$,作出经旋转后的图形. 并思考以下问题:

(1)$\triangle A'B'C'$可以看作$\triangle ABC$ 经过怎样的运动得到的?

(2)$\triangle ABC$ 与$\triangle A'B'C'$的形状和大小有什么关系?

(3)$\triangle ABC$ 与$\triangle A'B'C'$的对应点之间有何数量和位置上的特征?

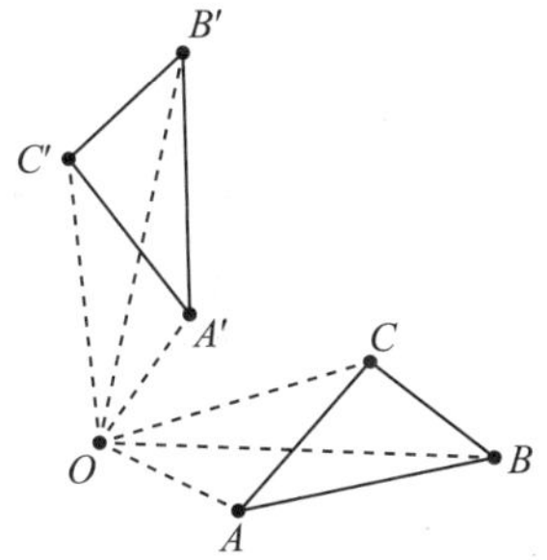

图 2-70

当学生有困难时,教师可追问.

追问1:平移的性质中对应点之间有怎样的位置和数量关系?

追问2:当$\triangle ABC$ 绕着点 O 旋转到$\triangle A'B'C'$时,图形上的点发生了旋转吗? 如何旋转? 图中的哪个角表示了旋转的角度?

追问3:你能得出怎样的结论?

3. 旋转的性质:(1)旋转前、后的图形全等;(2)对应点到旋转中心的距离相等;(3)对应点与旋转中心的连线所成的夹角等于旋转角.

追问1:怎样验证上述结论的正确性? 这一结论对于任意三角形的任意旋转都成立吗?

追问2:你能用数学符号语言表示这三条性质吗?

追问3:当旋转的角度为 $180°$时,所得的图形与原图形又有怎样的关系?

【设计意图】通过对比平移和轴对称的性质研究,形成旋转性质研究的思维路径和方法;通过画图操作，让学生发现图形的旋转会带动图形上所有点发生相同的运动，因此图形上点的旋转方向、旋转角与图形的旋转方向、旋转角是相同的，由此得出旋转的性质，再运用“几何画板”加以验证，并推广到一般，发展学生的归纳概括能力、合情推理能力．

环节5　旋转的应用（画简单的旋转图形、求旋转后图形的坐标，略）

环节6　感悟图形变化的联系

1. 画图并思考．连续两次作平行对称轴的轴对称变换．

(1)如图2-71所示，直线 $l_1 // $ 直线 l_2，画出图形 F（小旗子）关于直线 l_1 的对称图形 F_1，再画出图形 F_1 关于直线 l_2 的对称图形 F_2．

(2)比较图形 F 与图形 F_2．当两条对称轴平行时，怎样的一次变换可以直接将图形 F 变成图形 F_2？

(3)如果直线 l_1 与直线 l_2 之间的距离为 a，图形 F 上一点 A 与直线 l_1 的距离为 b，经上述两次轴对称变换后，点 A 的对称点记为点 A''，则点 A 与点 A'' 之间的距离是多少？

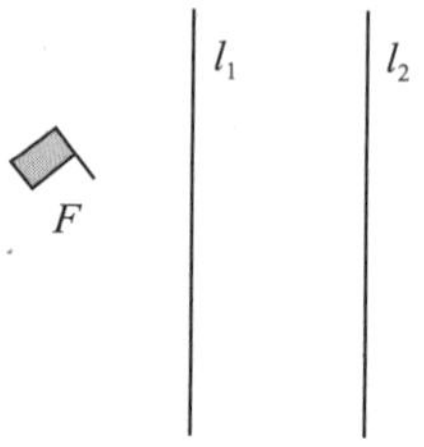

图 2-71

(4)由此，能得到什么结论？

2. 观看电脑演示，在“几何画板”中，将图2-71中的两条平行线改变位置，使其重合，你能得到什么结论？

3. 将图2-71中的两条平行线改变位置，让它们相交，先想象图形 F 的变换过程，你能得到什么结论？然后用“几何画板”演示，验证你的结论．如果两条对称轴互相垂直，结果又如何？

4. 对比平移、轴对称和旋转，它们有哪些相同点和不同点．从几次变换合成为一次变换，或者一次变换分解成几次变换角度谈谈这几种变换的关系．

【设计意图】作为全等变换主题的最后单元，应让学生探究三种全等变换的相同点、不同点，以及它们之间的关联，促进知识的组块化，促进知识与方法的进阶．相同点：都是全等变换，每种变换都有控制元素；都有着类似的学习结构，等等．不同点：各种变换控制元素不同．关联：变换的合成与分解，使三者组成一个知识群——全等变换．归纳全等变换的共同性质及其通用的研究方法，形成知识与方法的迁移．

环节7　知识整理

1. 旋转的定义是什么？定义的形成经历了怎样的过程？

2. 旋转有哪些性质？我们是如何研究的？运用这些性质可以解决哪些问题？

3. 比较平移、轴对称、旋转的性质，它们有什么区别与联系？

4. 拓展思考：(1)你觉得还可以研究哪些旋转的性质？（如图形旋转前后，对应线段所在直线所成的角度与旋转角有怎样的关系？）(2)在平面内，两个全等的三角形，是否都可以通过平移、轴对称和旋转三种变换，使它们重合？如果可以，请写出变换的规律，如果不可以，请举反例说明．

【设计意图】通过回顾与反思以上几个问题，使学生对本节课内容进行总结提炼，形成知识经验和方法经验，尤其是类比的学习方法；通过对三种变化的比较，促进知识体系的建构；通过拓展思考，帮助学生深度理解和灵活运用旋转的性质以及跨主题知识之间的关联，促进知识间的融会贯通．

三、课时知识横向关联的整体设计

单元知识整体呈纵向发展，但其中某个课时知识呈现横向关联，如“整式乘法”单元，在“同底数幂的乘法”课程中包含三个并列关系的法则：“同底数幂的乘法”“幂的乘方”“积的乘方”．教学时，先通过多项式乘法整体感悟三种幂运算，然后再局部研究三个幂运算法则，其中一个法则的教学是“学结构”阶段，另外两个法则教学是“用结构”阶段，实施迁移教学．这种结构知识教学，一般要融合“整体-部分-整体”和“学·用”结构两种教学策略，其基本程序为：

现实问题（生活、数学）⇒整体感悟知识类型⇒分化研究（类型1：学结构⇒类型2：用结构⇒……）⇒整体建构．

案例2-23　乘法公式

环节1　复习旧知，提出问题

计算：(1)$(a+b)(m+n)$；(2)$(x+2)(x+1)$．

追问1：多项式的乘法法则是什么？运算的依据是什么？

追问2：两个算式(1)(2)，同样是两项乘以两项，但结果项数不同，为什么？

学生：两项乘以两项，结果应该为四项，但(2)中多项式相乘，中间两项可以合并，所以结果只有三项．

教师：看来，多项式乘以多项式，存在着特殊情形．教学中，经常通过考察特殊情况来获得对问题的进一步认识，譬如在两条直线的位置关系中，我们特别研究了平行、垂直两种特殊情况，本节课就重点研究多项式乘法的特殊情况．

【设计意图】通过实例，回顾运算法则，强化用“运算律计算”的意识．同时，通过类比，明确思考方向，引出研究问题．

环节2　整体感悟，归纳特例

1．对于$(a+b)(m+n)$有哪些特殊的乘法运算类型？

学生得到的特殊情况可能有以下几种：

①$a=m$，$(a+b)(m+n)=(a+b)(a+n)$；

②$a=m$，$b=n$，则$(a+b)(m+n)=(a+b)(a+b)=(a+b)^2$；

③$a=m$，$b=-n$，则$(a+b)(m+n)=(a+b)(a-b)$；

④$a=-m$，$b=-n$，则$(a+b)(m+n)=(a+b)(-a-b)$；

⑤$a=-m$，$b=n$，则$(a+b)(m+n)=(a+b)(-a+b)$．

2．类型归类：

(1)对于第①种情况，上节课已做了探究，则$(a+b)(a+n)=$？

(2)对于第④种情况，还可以作怎样的转化？第⑤情况呢？

师生活动：第④和第⑤两种情况分别可以转化为第②和第③种情况，所以我们重点研究第②和第③种情况．

【设计意图】渗透从一般到特殊，考察特例，掌握认识数学对象的方法．通过全面考察特例，帮助学生整体感知特例的类型，了解知识的来龙去脉，促进知识之间的联系与转化．分类时要强调思维的有序性，培养学生分类的意识与能力．

环节 3 探究“完全平方公式”

1. 多项式乘法法则是如何探究的？

2. 类比多项式乘法法则的探究过程，猜想$(a+b)^2$探究路径．

师生活动：多项式乘法→公式特征→多元表征（文字、符号、几何模型）

3. 请你用自己的语言表述完全平方公式，并说说公式的特征．（有困难的同学，同桌交流）

4. 你能构造一个图形表示完全平方公式$(a+b)^2$？并说说你的想法．

学生尝试构图，并交流想法，教师引导学生完善图示（图 2-72）．

5. 完全平方公式$(a+b)^2$的探究经历了怎样的过程？

师生活动：多项式乘法（一般）→乘法公式（特殊）→公式特征分析→公式多元表征（文字、符号、几何模型）．

6. 若将b改为$-b$，结果又如何？请同学们类比探究公式$(a-b)^2$．

追问：公式$(a+b)^2$与$(a-b)^2$有什么区别与联系？

引导学生从项、项数、符号以及几何模型等方面进行比较．

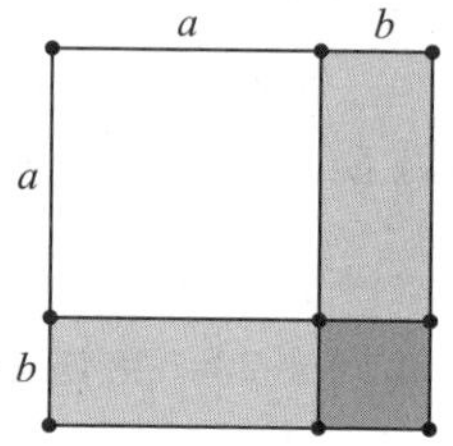

图 2-72

【设计意图】从数学内在联系入手，让学生知道公式“从哪里来？”“是怎样形成的？”“有怎样特征？”“如何表征？”“如何联系？”等，从而形成代数公式研究的“基本套路”，为后续“平方差公式”以及其他公式的探究积累经验．

环节 4 类比探究平方差公式

1. 请你类比完全平方公式的探究过程和方法，自主探究$(a+b)(a-b)$．

2. 思考：完全平方公式与平方差公式有什么区别与联系？

【设计意图】“平方差公式”与“完全平方公式”有着相同的“过程性结构和方法性结构”，适宜用“学·用”结构教学组织策略，引导学生自主类比探究，促进学生学会学习．

至于先研究“完全平方公式”还是“平方差公式”，要视课堂具体情况而定，其中一个公式的教学是“学结构”阶段，另一个公式形成是“用结构”阶段，并且强调自主类比探究．

环节 5 乘法公式的简单应用（略）

环节 6 知识整理，提炼方法

1. 为什么要研究多项式乘法的“特殊情况”？是如何研究的？乘法公式的发现和探究，运用了哪些方法？

2. 两类乘法公式分别有什么特征？在运用时要注意什么？

3. 你能否循着上述的思路，再提出一些值得研究的问题？

【设计意图】引导学生归纳总结学习的内容、过程和方法，积累学习的基本经验．同时，进一步引发学生思考——“到哪里去”问题，如从项数上拓展研究$(a+b+c)^2$，从次数上拓展研究$(a+b)^3$等．

第四节 融通结构关联知识的整体设计

融通结构关联是指知识之间既有纵向结构关联，又有横向结构关联，呈纵横交叉状态．有三种情形：一是跨主题关联，不同主题知识之间呈现纵向关联或横向关联；二是跨领域关联，在一些单元内容中，有的专题学习要运用不同领域的知识与方法；三是跨学科关联，在某些真实问题的解决过程中，要综合运用数学与生活、数学与其他学科的知识和方法．

一、跨主题关联知识的整体设计

如果将纵向知识链或横向知识块放到整个年级乃至整个学段的教学中，这些知识链或知识块也不过是一个局部的知识链或知识块．因此，还需要将设计的视野从单元整体结构拓展到整个年级乃至整个学段的教学之中，在整个年级或学段教学的视野下审视、策划和体现结构链与结构块之间的关联性．在初中阶段，有些数学领域的不同主题之间呈现“纵向结构关联”或“横向结构关联”，如数与代数领域中的“数与式”两大主题呈纵向结构关联，体现特殊与一般、具体与抽象关系，“代数式”主题的研究要类比“实数”主题的研究，实现“数式通性”；“方程与不等式”两大主题呈并列结构关联，不论是宏观的研究思路和方法，还是微观的知识体系，都具有相似性(即同构特征)，所以不等式的研究要类比方程．“方程与不等式”知识结构关系如图 2-73 所示：

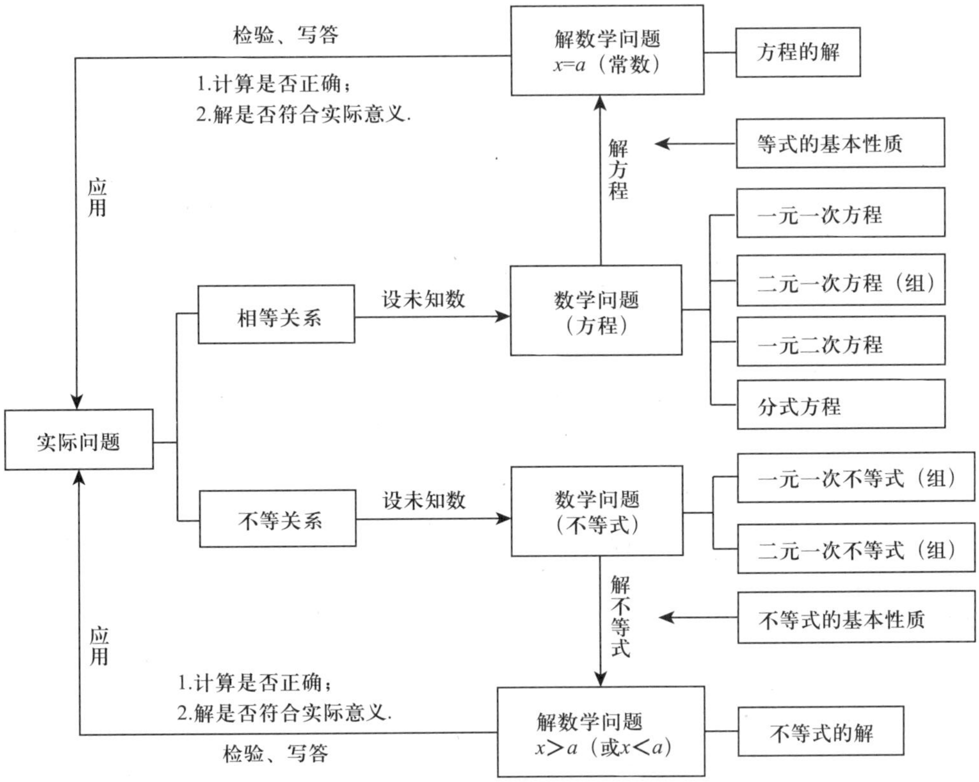

图 2-73

通过比较可以发现方程与不等式有着共同的框架性结构、过程性结构和方法性结构，学生如果从一元一次方程阶段学习开始，就能建立起这个学习的大框架，那么就有可能通过其他方程和不等式之间的类同关系的比较，寻找它们之间的区别和联系，不断地把其他方程和不等式知识纳入一元一次方程的认知结构之中，这就是一个体现数学认知结构化的教学过程．尤其是“等式的基本性质”与“不等式的基本性质”“一元一次方程的解法”与“一元一次不等式的解法”其差别就在于系数是负数时，不等号要改变方向，其他都保持一致．因此，不等式各部分内容的学习要注重引导学生借助方程的学习经验，以知识的相互联系为切入点，实现类比迁移学习，如图 2-74 所示：

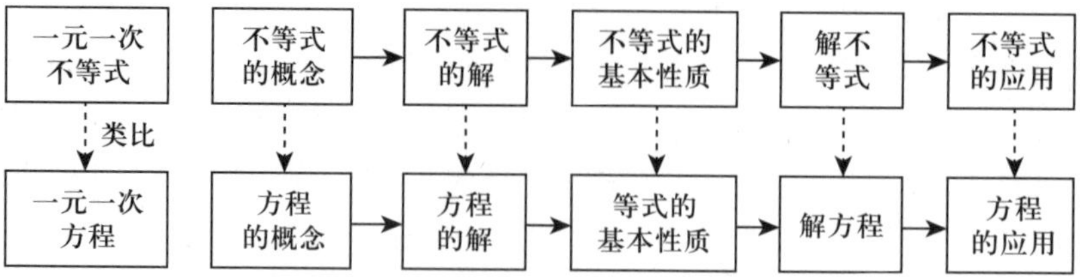

图 2-74

案例 2-24　认识不等式 *

环节 1　整体感知数量关系

1. 下列问题中的数量关系应该用怎样的式子来表示(略)．

学生得到的关系式：$3x=2y$，$a\leqslant 2.5$，$AB>AC$，$\angle A<90°$，$\angle A+\angle B=90°$，$p+2>q$，$t\geqslant 6\,000$，$x\neq 3$．

2. 通过以上问题的解决，你感受到实际问题中存在哪几种数量关系？

【设计意图】通过创设问题情境，帮助学生感知在现实生活中有“相等”和“不等”两种数量关系，建立“方程”和“不等式”模型，从而引出不等关系．

环节 2　先行组织，获得研究对象

1. 对于方程，我们已经学习了哪些方程？一元一次方程是怎样研究的？

实际问题$\xrightarrow{\text{抽象}}$相等关系→方程及其解的定义→方程的分类$\xrightarrow{\text{特例研究}}$一元一次方程定义、表示以及解→等式的基本性质→解一元一次方程→一元一次方程的应用．

2. 你能类比一元一次方程的研究经验，猜想出“一元一次不等式”一章研究思路吗？

学生通过类比，初步构建“一元一次不等式”一章的研究思路：

实际问题$\xrightarrow{\text{抽象}}$不等关系→不等式及其解的定义→不等式的基本性质$\xrightarrow{\text{特例研究}}$一元一次不等式定义、表示→一元一次不等式的解→解一元一次不等式→一元一次不等式的应用．

本节课，我们先来研究不等式的概念．

【设计意图】通过对原有经验的感知，为新知的学习获得了研究对象和研究的思路．

环节 3　分化学习，研究不等式概念

1. 抽象归纳，形成概念

(1)你能再举出实际问题中不等的例子吗？

(2)观察式子 $a\leqslant 2.5$，$AB>AC$，$\angle A<90°$，$p+2>q$，$t\geqslant 6000$，$x\neq 3$，你能归纳出它们的共同特征吗？

(3)定义：用符号“$<$，$\leqslant$，$>$，$\geqslant$，$\neq$”连接而成的数学式子叫作不等式．“$<$，$>$，$\leqslant$，$\geqslant$，$\neq$”这些符号叫不等号．

追问：定义中的关键词是什么？不等式与方程的定义有什么区别？

*　本案例由杭州市良渚第一中学王丽君老师设计

(4)概念辨析(略)

(5)思考：不等式概念的学习经历了怎样的过程？在这一过程中渗透了哪些思想方法？判断数学关系式是不是不等式的依据是什么？

【设计意图】引导学生积累概念的学习过程经验：①在“现实情境”中抽象出具体的不等式；②观察并归纳具体不等式的共同特征；③用文字和符号定义不等式；④对不等式的概念进行辨析．在实际问题通过设未知数建立了方程和不等式，体现了模型思想；在定义的概括过程中将文字语言转化为符号语言体现了转化思想、归纳思想和符号意识．要判断数学关系式是不是不等式要依据定义来判断．

2．不等式概念的应用(略)．

3．探索不等式的解(略)．

环节 4　梳理小结，完善认知结构

1．本节课我们研究了哪些内容，经历了怎样的研究过程？定义不等式的基本步骤有哪些？

2．根据数量关系列不等式的关键是什么？不等式与方程有何区别与联系？

3．用符号语言刻画不等式的优点与缺点是什么？(简洁明了；连不等式书写易错)

4．在表示不等式及其解的过程中，体现了哪些数学思想？(一是数学模型思想；二是三种语言的互译，体现了转化思想、符号化思想和数形结合思想)．

5．类比方程的学习过程，你猜想下节课我们将学习什么内容？

【设计意图】通过对知识、思想方法和过程的再次梳理，帮助学生在方程基础上强化概念学习的经验，形成再生经验，进一步为后续函数的学习奠定丰富的过程性经验，从而形成经验图式．

二、跨领域关联知识的整体设计

在知识的运用和问题解决过程中，有时需要围绕核心思想方法组织学习内容，这个核心思想方法是单元知识的上位概念，具有较知识更强的迁移性．它可能涉及不同单元、主题甚至不同领域内容，或分布在不同的单元或主题中．如“三角函数概念”是代数领域(函数)与几何领域(相似)知识的融合；“函数模型的应用”，其内容有一次函数模型、二次函数模型、反比例函数模型的应用，分布在不同的年段教材中，其中“一次函数模型的应用”教学是“学结构”阶段，其他函数模型的应用是“用结构”阶段．在函数模型的建立过程中，通常要运用代数领域(函数)、统计领域(数据分析)、几何领域(直线)等知识的融合，

案例 2-25　一次函数的简单应用

环节 1　创设情境，提出问题

1．如图 2-75，生物学家在科考时拍到一张雄性鲸喷水的头部照片，你能根据这张照片估计出雄性鲸的全长吗？

师生活动：因鲸的身体一部分在水中，全长不容易测量．

2．你有这方面的经验吗？在柯南侦探故事中，常利用脚印长度、指间距(大拇指与小拇指尽量张开时，两指间最大距离)来推测一个人的身高，由此，你得到怎样的启发？

师生活动：通过测量鲸头部一些器官的长度来估计鲸身长。

追问1：哪部分的长度容易测量？

师生活动：喷水孔到吻尖的距离容易测量．

追问2：我们关键要解决什么问题？说说你的想法．

师生活动：探究雄性鲸的喷水孔到吻尖的距离与身长是否存在一定的规律？如果存在一定的规律，我们只要测量出雄性鲸的喷水孔与吻尖的距离就可以推算出鲸的全长．

图2-75

3. 如何探究雄性鲸的喷水孔到吻尖的距离与身长的关系？

师生活动：需要利用统计的方法，收集数据，然后根据这些数据，探究规律．

【设计意图】通过问题情境，激发学生联想、探究的欲望，同时通过教师追问引导学生发现问题、提出问题，用数学的眼光发现现实世界．

环节2　探究关系，构建模型

1. 生物学家为了找到雄性鲸的喷水孔到吻尖的距离与全身长的关系，测得7条成熟的雄性鲸的全长 y 与吻尖到喷水孔的长度 x 的数据如表2-17所示．

表2-17　　m

吻尖到喷水孔的长度 x	1.78	1.91	2.06	2.32	2.59	2.82	2.95
全长 y	10.00	10.25	10.72	11.52	12.50	13.16	13.90

观察表格中的数据，你能发现 y 与 x 之间的规律吗？

师生活动：从表中发现不了 y 与 x 之间的关系．

追问：从“数”的角度发现不了规律，能否借助于“形”进行探索？你们认为该怎么做？

师生活动：建立平面直角坐标系，将7对 x,y 的值作为点的坐标 (x,y)，描在任务学坐标系中，看看这7个点有什么规律．

【设计意图】“形缺数时难入微，数缺形时少直观”，从“数”的角度发现规律比较困难，因此引导学生从“形”的角度进行探索，将抽象的数对转化为直观的形(点)，以形助数，同时引导学生发现这7个点的特点，培养学生数形结合思想．

2. 这7个点在平面直角坐标系中位置有什么特点？

师生活动：学生描点，发现这7个点近似地分布在同一条直线上(图2-76)．

追问1：能用一次函数来刻画变量 x 和 y 的关系吗？

追问2：如何求此函数解析式？

追问3：你们求出的函数解析式都相同吗？

追问4：表中共有7对 x,y 的值，如何选取比较合理？

【设计意图】让学生观察7个点，发现这些点近似地分布成一条直线，从而猜想用一次函数模型来刻画，培养学生建立模型解决问题的意识．然后让学生根据两点确定一条直线的原理，任取两点坐标代入 $y=kx+b$，求出 k,b 的值，再让学生比较，发现不同的取点会得到不同的解析式，从而引发学生之间认知冲突．在此基础上，教师引导学生讨论“如何取值比较合理？”最后形成一致观点：选取的两点能使更多点在(或接近)它们所确定的直线上．发现较多的点靠近或在点(1.91，10.25)，(2.59，12.50)所确定的直线上，所以把点(1.91，10.25)，(2.59，

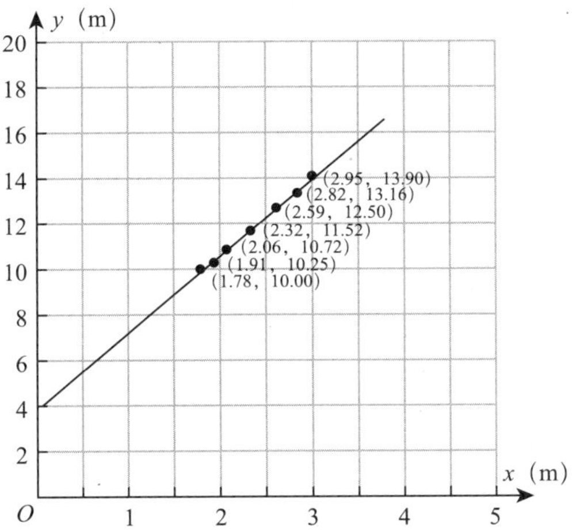

图 2-76

12.50)的坐标分别代入 $y=kx+b$，求出 k,b 的值，得到函数解析式为 $y=3.31x+3.93$，用数学思维思考现实世界，培养学生建立函数模型的能力．

3. 将其余 5 个点的坐标代入函数表达式 $y=3.31x+3.93$ 进行经验，你发现什么问题？

追问：取一些其他的点坐标，代入你自己原先所求的解析式进行比较，你发现了什么？

【设计意图】通过检验和比较，让学生再一次地体验到所求的函数解析式是近似的，但基本上能刻画 y 和 x 之间的函数关系，用数学的语言表达现实世界．

4. 若测得一条雄性鲸的吻尖到喷水孔的距离为 3.85(m)，则它的全长是多少？若它的全长为 18.9(m)，则它的吻尖到喷水孔的距离是多少？

5. 雄性鲸问题的解决经历了怎样的过程？应注意什么问题？

师生活动：观察实际问题→发现和提出问题→通过实验获得数据→整理数据(列表)→描述数据(根据数据画出两个变量的散点图)→根据散点图猜想函数的类型→用待定系数法求出函数表达式→验证函数模型→求解问题→模型的应用．注意三个问题：一是画坐标系时，要根据实际问题选取合适的刻度；二是利用待定系数法求函数解析式时，选取的两点要能使更多点在(或接近)这两点所确定的直线上；三是检验模型的合理性．

【设计意图】通过收集整理数据，帮助学生分析数据，建立函数模型，解决实际问题，并通过小结提炼建立函数模型解决实际问题的一般过程与方法，从而积累函数建模的基本活动经验．

环节 3　迁移运用，解决问题

问题　在一个古老的传说中，有一只快要渴死的渡鸦，将小石子投进一口深井中使得水上升，直到它的嘴喝到水为止．

如果以圆柱形的容器代替水井(图 2-77)，试设计一个实验，探究水面的高度与玻璃弹珠(大小相同)数量的关系．

师生活动：学生经历“动手实验—数据收集—寻找规律—检验规律—得到结论—参数的意义解释”的全过程．(过程略)

图 2-77

进一步思考：

(1)如果原有水面高度不一样，那么得到的函数一样吗？

(2)如果圆柱形杯子的内径不一样,那么得到的函数一样吗?

(3)如果玻璃弹珠的大小不一样,那么得到的函数一样吗?

【设计意图】运用建立一次函数模型解决雄性鲸问题的经验研究类似问题,实现方法迁移,巩固学生建立函数模型的思想方法,学会研究. 通过深入思考,让学生进一步理解一次函数表达式中各个量的意义.

环节 4 归纳总结,提炼经验

1. 建立一次函数函数模型解决实际问题经历了怎样的思维过程? 运用了哪些数学知识和思想方法?

用函数模型解决实际问题的思维流程(图 2-78). 在建立一次函数模型的过程中运用了统计观念、数形结合思想.

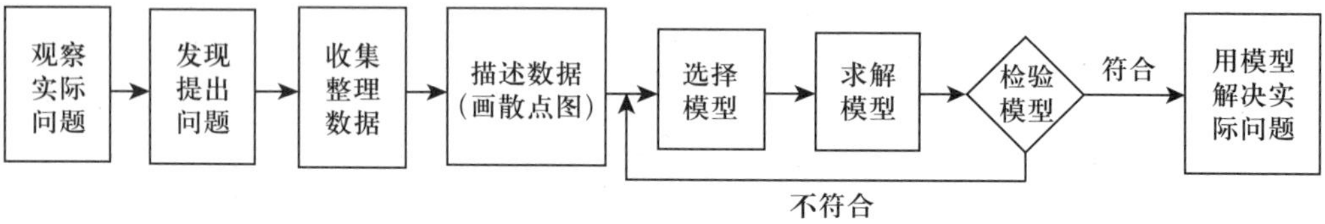

图 2-78

2. 在建立函数模型解决问题时要注意什么?

【设计意图】总结提炼建立一次函数模型解决实际问题的过程与方法,一是培养学生建模、解模的能力,善于用数学的语言来描述数学问题和现实世界,二是为建立反比例函数和二次函数模型解决实际问题提供方法和思想经验,培养数学核心素养.

环节 5 拓展研究,优化模型

本节课,我们利用一次函数模型解决雄性鲸身长问题,你们还有什么问题或疑惑吗?

启发学生思考、讨论,提出如下问题:

通过检验,我们发现这些数据近似地分布在所求直线上,所以求得的一次函数是近似地反映这组数据的规律,是否存在能更准确地反映这组数据特征的函数?

教师:同学们具有很强的反思、质疑能力,提出了很好的问题. 事实上,运用函数模型刻画数据特征,反映事物的规律大都是近似的. 请同学们课后阅读二次函数内容,上网查阅或请教信息技术老师利用"计算机根据散点图拟合函数"的方法,看看能否优化雄性鲸身长函数模型,下周数学社团课一起分享研究成果.

【设计意图】引导学生反思、质疑,培养学生严谨、务实的思维习惯和反思意识、批判精神. 通过课外阅读与学习,借助于计算机的拟合功能,学生研究的结论是利用二次函数模型来刻画"雄性鲸身长问题",拟合优度更高,效果优于一次函数模型,让学生比较完整地经历建立函数模型的过程,培养学生抽象能力、数据观念、模型观念等核心素养.

三、跨学科关联知识的整体设计

跨学科关联知识的整体设计,以数学为主要载体,聚焦数学核心概念和能力,进行数学与其他学科、数学与生活等的联系，以项目化形式呈现，即以跨学科项目学习的方式、整合数学与其他学科的知识和思想方法，从数学角度观察与分析、思考与表达、解释与诠释社会生活以及科学技术中遇到的现实问题，感受数学与科学、技术、艺术等学科领域的融合，积累数学活动经验，体会数学的科学价值，发展应用意识、创新意识和实践能力．[8]

数学跨学科项目化学习的一般方法：在真实的情境中聚焦现象，引发思考，发现问题；学生通过思考、交流，提出解决问题的思路，设计问题解决的方案；分析问题条件和预期结论，构建数学模型；收集、整理、分析数据，借助信息技术得到结论；根据问题背景，分析结论意义，反思模型的合理性；运用模型，解决实际问题．其一般路径如图 2-79 所示．

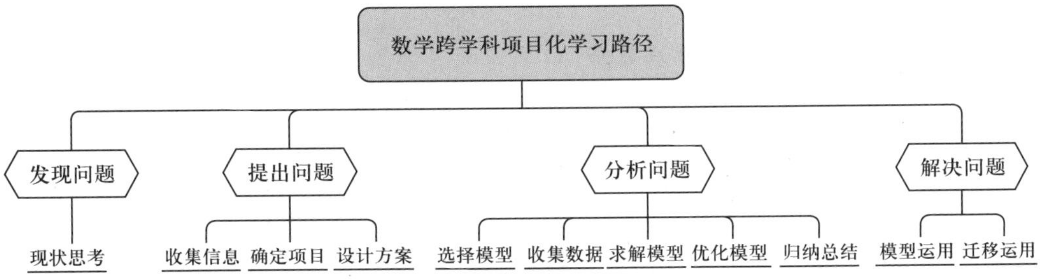

图 2-79

提出问题环节，因涉及跨学科，所以通常要通过查阅资料、专家访谈，获取相关信息，为项目研究储备知识与方法．

分析问题环节，如果能通过定性分析来确定模型，就先定模型，再收集数据求解模型；如果需要通过拟合不同模型，进行比较后才能确定模型，那就先收集数据再选择模型．

问题解决环节，如果项目是一个线性结构，先运用模型结论解决问题，再进行归纳总结；如果项目是一个循环结构，宜先归纳总结，形成经验，再迁移运用习得经验，类比研究同类问题．

案例 2-26　跳绳运动与心率

环节 1　发现问题

生命在于运动！科学的体育运动不仅能强健体魄，而且能愉悦心情．衡量是否科学运动有很多指标，如心率、脉搏、呼吸等，其中心率是一个最主要的指标．保持最佳运动心率对于运动效果和运动安全都很重要，心率过低会影响锻炼的效果；心率过高，会导致胸闷、头晕等不良情况，甚至危及生命．所以学校要组织开展诸如运动与心率关系的研究，以便在体育运动时控制好合适的心率范围，使锻炼既安全，又可以达到最佳的运动效果．

【设计意图】聚焦学校体育运动，发现运动安全性、效果与心率有密切关系，提出研究运动与心率关系的必要性和重要性，揭示项目研究的方向和价值．

环节 2　提出问题

1. 收集信息

问题 1　请同学们查阅资料或访谈专家、科学教师，了解心率有关概念，心率与运动效果有怎样的关系？运动中影响心率因素有哪些？

学生汇报：(1)心率、静息心率、最大心率概念(略)，最大心率＝220－年龄；(2)心率与运动效果的关系(表 2-18)；(3)影响运动心率的因素：年龄、性别、运动时间、运动强度、运动深度、运动类型等．

表 2-18

心率区间(最大心率)	训练区间	运动强度	训练效果
50%～60%	热身激活区	非常低	热身运动,恢复训练
60%～70%	有氧耐力区	低	有氧运动,轻度减脂
70%～80%	有氧动力区	中等	有氧运动,减脂并提高心肺功能
80%～90%	乳酸堆积区	高	无氧运动,提高人体抗乳酸能力
90%～100%	极限运动区	非常高	无氧运动,提高爆发力

2. 确定项目

问题 2　影响运动心率的因素比较多,因变量是什么? 自变量有哪些? 可以研究哪些子项目?(心率与运动时间、运动强度、运动速度、运动类型的关系,其中心率是因变量)

教师:以跳绳为运动类型,可以研究哪些项目?

学生讨论,限于测试条件和意义,拟定以下三个子项目:

子项目 1:跳绳运动心率与运动时间的关系

子项目 2:跳绳运动心率与运动强度的关系

子项目 3:跳绳运动心率与学生性别的关系

问题 2　我们先以"心率与运动时间的关系"为研究项目,结合平时跳绳运动的感受,你认为心率会随时间做怎样的变化.(心率随跳绳时间的增加而增加)

追问:在研究过程中,可能要用到哪些数学知识? 你有这方面的研究经验吗?

师生活动:运用到函数知识、统计知识;类比一次函数研究雄性鲸身长的经验,研究心率与跳绳时间的关系,初步形成研究思路:收集、整理数据→建立模型,分析数据→检验评价,优化模型→运用模型,解决问题.

3. 设计方案

问题 3　请各小组讨论并完成方案设计(表 2-19).

表 2-19

子项目名称					
研究对象		样本数量		研究时长	
项目组长		成员			
研究目的					
研究方法与步骤					
研究结论					
研究成果					

【设计意图】通过文献查阅、专家访问,了解"心率"等生物学中专业术语以及心率与运动联系,找出目标变量间的关系,获得研究对象,规划研究方案.

环节 3　分析问题

1. 收集数据

活动 1. 九(1)、九(2)两个班共 60 位同学在体育老师指导下,进行跳绳测试(佩戴心率带)，得到跳绳时间和心率的数据并进行整理，如表 2-20 所示：

表 2-20

时间/s	0	10	20	30	40	50	60	70	80	90
学生 1	83	110	121	127	134	140	143	150	155	161
学生 2	78	87	98	104	105	113	113	115	118	120
…	…	…	…	…	…	…	…	…	…	…
学生 60	72	76	91	106	124	130	132	133	135	136

思考 1：观察表中跳绳的心率数据，你有什么发现？

思考 2：要研究同学们在跳绳运动中的心率随时间的变化规律，如何刻画更好？

通过学生合作交流得到以下结论：

(1)心率随跳绳时间的增加而增加，而且增加的幅度先快后慢；

(2)在相同运动时间下，每个同学的心率以及心率的变化都不相同；

(3)应该通过求平均次数来研究心率随时间的变化规律．

学生利用 Excel 软件求平均数，得到跳绳时间与平均心率关系，如表 2-21 所示：

表 2-21

时间/s	0	10	20	30	40	50	60	70	80	90
平均心率/(次/min)	80.3	91.8	101.8	109.7	116.7	122.7	126.6	130.3	133.1	135.6

追问：如何表示更直观？(学生利用 Excel 软件画出散点图，如图 2-80 所示)

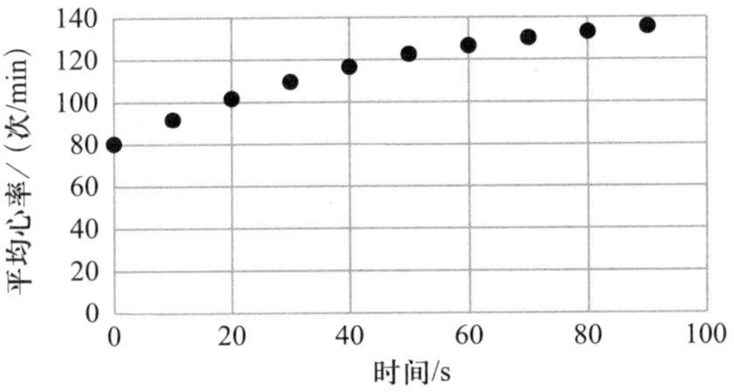

图 2-80

思考 3：观察上述图表，你能说明在跳绳过程中，平均心率是如何随时间变化的？

结论 1：自变量是时间，因变量是平均心率，平均心率随时间的增加而增加，但增长的速度越来越缓慢．

2. 选择模型

活动 2. 运用图表信息，选择你们认为合适的模型反映心率与时间的关系．并预测当跳绳的时间分别 100 s 和 110 s 时，平均心率分别是多少？

方案 1：利用平均心率的变化量．10 个数据，它们的变化量分别为 11.5，10，7.9，7，6，3.9，3.7，2.8，2.5，根据这个变化规律，预测运动 100 s 时心率约为 137.8 次/min，运动 110 s 时心率约为 139.8 次/min.

追问：你为什么这样想？

方案 2：利用一次函数图象拟合．我们根据散点图，并利用 Excel 软件功能进行拟合（图 2-81），得到一次函数的解析式为 $y=0.5976x+87.969$，其中拟合优度 $R^2=0.9421$. 当 $x=100$ 时，$y\approx147.7$；当 $x=110$ 时，$y\approx153.7$.

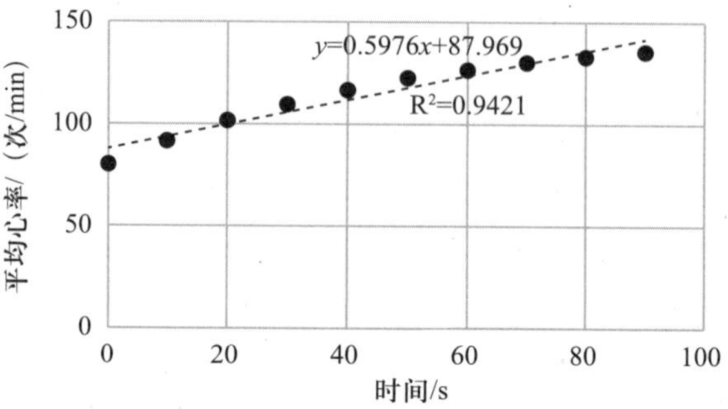

图 2-81

方案 3：利用二次函数图象拟合．由散点图发现点的分布呈非线性，可以近似地看成二次函数图象的一部分，所以利用 Excel 软件功能进行拟合（图 2-82），得到二次函数的解析式为 $y=-0.0058x^2+1.1205x+80.996$，其中拟合优度 $R^2=0.9991$. 当 $x=100$ 时，$y\approx135.1$；当 $x=110$ 时，$y\approx134.1$.

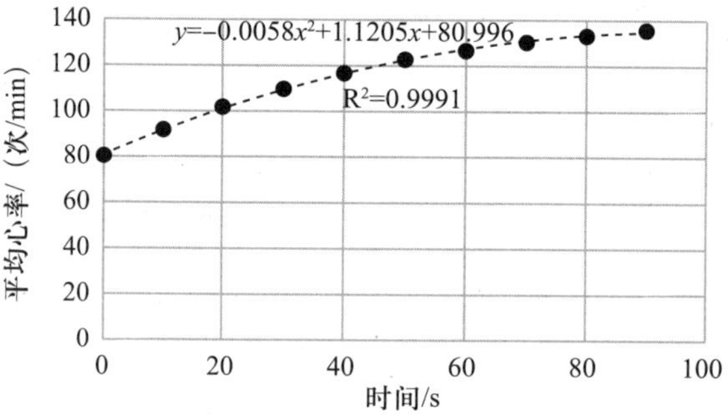

图 2-82

3. 优化模型

活动 3. 根据体育老师提供的实验数据，当 $x=100$ s 时，平均心率约为 138.4 次/min；当 $x=100$ s 时，平均心率约为 140.6 次/min，请各小组对以上三个方案进行分析、评价，请说出你们的理由．

师生活动：(1) 方案 1 利用平均心率的变化量虽然能近似地刻画跳绳运动时间与心率关系，但需要人为对数据处理，缺少客观性和规律性．(2) 方案 2 的预测值都远高于实测值，有较大偏差，并且在 $0\leqslant x\leqslant90$ s 内，随着运动时间的增加，运动心率不会一直呈线性增加，所以一次函数不能刻画长期运动后心率与时间的规律．(3) 方案 3 在 $0\leqslant x\leqslant90$ 范围内，利用二次函数图象拟合的效果优于一次函数，但根据实测数值和函数表达式发现运动心率的最大值在 90～100 s 之间，100 s 后运动心率随跳绳时间增加而减小，不符合实际情况．

追问 1：90 s 后，跳绳的运动心率随着时间的增加，可能会做怎样的变化？

师生活动：随着运动时间的增加，运动心率不会显著增加，但也不会出现明显的下降，根据图表信息，我们猜想随时间 x 增大，y 的值增加的幅度越来越小，甚至趋向平稳．

追问 2：我们有无学习过具有这样特征的函数？

活动 4．结合上述分析，我们能否优化函数模型？

方案 4：利用局部线性函数（一次函数）．根据散点图变化特征，将非线性函数分 0～50 和 50～90 两段处理，在局部上近似看作一次函数（图 2-83）．当时间为 50～90 s 时，利用待定系数法求得 $y=0.3225x+106.575$．检验当 $x=100$ 时，$y\approx138.8$；当 $x=110$ 时，$y\approx142.1$，与实际测量值比较接近．

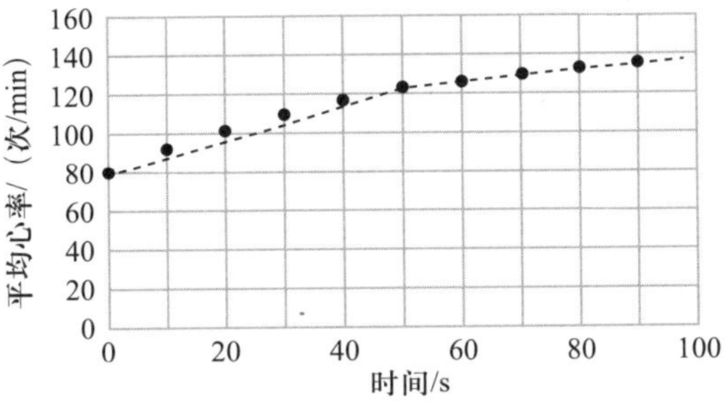

图 2-83

结论 2：将非线性函数通过分段转化为局部线性函数，能反映在一段时间内，跳绳的心率与时间的规律．

方案 5：利用反比例函数图象拟合．将反比例函数在第四象限的图象向上、向左平移到第一象限，就具有上述特征．经计算机拟合得到图 2-84，其函数 $y=-\dfrac{6823}{x+68.57}+179.3$．当 $x=100$ 时，$y\approx138.8$；当 $x=110$ 时，$y\approx141.1$．与实际测量值非常接近．

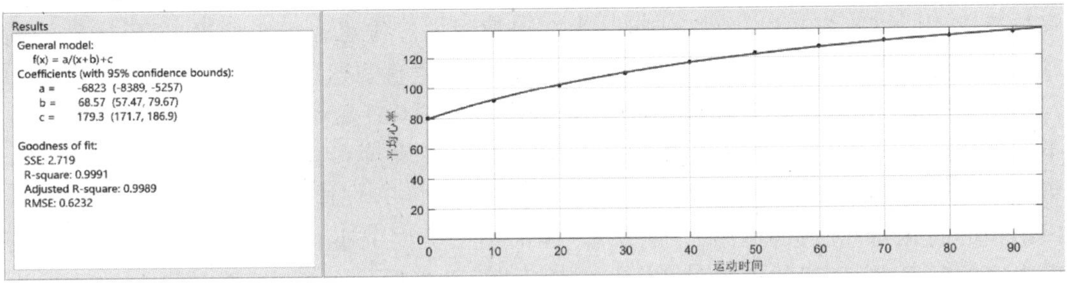

图 2-84

结论 3：反比例函数 $y=-\dfrac{6823}{x+68.57}+179.3$ 可近似地反映跳绳心率与运动时间的规律，可以用来计算该学校九年级学生较长时间跳绳后的运动心率．

4．归纳总结

在本次项目化学习中，涉及哪些学科与知识？经历了怎样的过程？运用了哪些方法？你还有哪些收获？

【设计意图】通过实验得到数据，运用图象直观和数学运算求解数学模型，提高数学运算与数据分析能力；检验数学模型是否符合实际情况、优化数学模型；归纳与掌握数学建模的一般方法与步骤，提升数学建模素养和数学核心素养，培养学生学会“三会”.

环节4　解决问题

1. 模型运用

为了让青少年在体育运动过程中，心肺功能得到锻炼和提升，推荐青少年运动的最佳心率的范围应该在最大心率的60%～80%.

(1)九年级15岁年龄段学生最佳运动心率范围是多少？

(2)请你运用模型结论尝试估计：学生在跳绳运动中，为了提高心肺功能，满足最佳运动心率范围，运动时间应当在什么范围？

2. 迁移运用

运用“跳绳运动心率与运动时间的关系”研究经验，类比研究子项目2和子项目3.

【设计意图】会用数学模型解决实际问题，会用习得的经验类比研究同类事物，实现知识与方法的远迁移，这是整体性教学设计的核心思想.

数学跨学科关联知识的整体设计具有以下特征：①综合性与真实性．体现在跨学科解决问题，如本课例综合运用数学、体育、科学、信息技术等多学科知识解决跳绳运动中的真实问题——运动心率，其中数学为研究提供了思想与方法，体育与科学(生物)为研究提供理论依据，信息技术为研究提供了便捷的工具，凸显学科融合的教学理念．②实践性与过程性．体现在学生自主、全员、全程和动手操作、知行合一，如本课例以研究心率与跳绳时间规律为项目，引领学生经历体育测量、数据收集整理，自主查阅资料、设计方案、验证方案、优化方案、解决问题的全过程.

数学跨学科关联知识的整体设计能有效地促进学生核心素养落地生根．在发现和提出问题的过程中，感悟如何从数学的角度审视问题，学会用数学的眼光观察现实世界；在分析和解决问题的过程中，感悟解决问题，不仅要关注数学知识，更要关注问题的背景知识，发现问题的本质与规律，并检验、反思结论的合理性，学会用数学的思维思考现实世界；最后用数学的概念、定理或公式予以表达，并应用于实践，学会用数学的语言表达现实世界.

总之，整体性教学要求教师以系统论为指导，用整体的观点去理解数学、设计教学，能基于学生的认知规律、知识的发生规律和知识本身的逻辑关系，以单元教学为组织方式，做好单元学习的整体策划，形成单元内部、单元之间以及数学与其他学科等的普遍联系，促进知识结构的同化与顺应；能运用“一般观念”研究结构类同的事物，实现知识与方法的迁移，体现内容的联系性、逻辑的连贯性、方法的普适性、思想的一致性，培养学生的学习能力和数学素养.

整体性教学的“学·用”结构教学策略，有利于学生认知的结构化．通过结构化的教学，知识就不再是碎片化的、点状的，而是组块化的结构群，既可以使学生对知识进行结构化的记忆，减轻学生记忆的负担；又可以使学生对知识进行内在关系的沟通，形成学生认识的结构化；还可以使学生学习到具有一定意义的知识，提高学生个性化理解知识和创造性运用知识的水平．同时，“学·用”教学有较知识点教学要强得多的组织和迁移能力，为学生掌握和灵活运用结构进行主动的学习提供了可能，学生的生命实践和成长体验因此而丰富多彩．通过这种结构的迁移，既可以使学生因结构的支撑而乐于和善于主动地学习，又可以使学生形成主动的学习习惯和学习能力，还可以使学生形成积极向上的学习心态和主动发展的人生态度，将知识背后的未加以明确表述的隐性化的“知识”形态，转化为自身成长发展的丰富资源和精神力量，从而提高了学生的学习力，使学生从“学会”向“会学”转变，从“要我学”向“我要学”转变．

整体性教学的“整体-部分-整体”教学策略，能帮助学生养成从整体到局部的思维习惯和思维方式，在学生掌握知识的过程中，通过概览知识框架，明白“知识从哪里来”“知识到哪里去”以及“怎么去”，使学习有了明确的方向以及学习的价值意义，激发学生主动学习的心向．而且这种整体把握大局、通过思想决策支配行动的意识与能力，不仅是学生灵活地解决复杂问题的思想源泉，而且为学生终身可持续发展奠定了方法和思想的基础，因为学生唯有整体思维方式，才有可能不再是拘泥于方法的被动执行者，也才有可能不再是简单套用公式的机械操作者，而有可能成为具有思想的决策者和敢于开拓实践的创新者，真正实现数学育人功能．

参考文献

[1]朱先东．指向深度学习的数学整体性教学设计[J]．数学教育学报，2019.5.

[2]朱先东．数学单元整体性教学设计[J]．浙江教学研究，2020.

[3]吴亚萍．“新基础教育”数学教学改革指导纲要[M]．桂林：广西师范大学出版社，2009.

[4]刘达．初中数学单元教学设计[M]．北京：人民教育出版社，2018.

[5]朱先东．基于整体思想的数学教学设计[J]．中学数学教学参考（中旬），2012.4.

[6]章建跃．数学教育之取势、明道、优术[J]．初中数学教与学，2015.3.

[7]章建跃．从数学整体观看“同底数幂的乘法”的教学[J]．中国数学教育（初中版），2013.7/8.

[8]中华人民共和国教育部．义务教育·数学课程标准（2022 年版）[M]．北京：北京师范大学出版社，2022.4.

第三章 初中数学知识结构分析及教学建议

数学学习不是孤立地学习数学概念、规则、模型、结论(定理)、方法、思想、应用,更重要的是揭示它们之间的关联,形成知识结构．数学知识的结构主要是指数学内容结构与数学方法结构,它不仅包括数学的基本概念和一般原理,而且还包括基本的数学方法和数学思想．其关系如图 3-1 所示:[1]

- 数学知识结构
  - 数学内容结构
    - 数学教材内容的编排结构
    - 数学知识本身的逻辑结构
  - 数学方法结构
    - 教材内容所蕴含的方法结构
    - 解决问题所采用的方法结构

图 3-1

知识结构具有较知识点更强的迁移力．要让学生掌握学习的主动权,最有效的是掌握和运用知识结构．但对知识结构内涵的不同理解,会对教学产生不同的影响．一线老师对知识结构理解大部分还停留在比较表面和简单的认识层面,主要有以下几种状态:一是将知识结构仅仅理解为教材编排体系中知识学习的前后顺序,如初中方程部分学习:一元一次方程→二元一次方程(组)→可化为一元一次方程的分式方程→一元二次方程;二是将知识结构理解为知识学习、掌握与运用之间的联系,为知识的巩固、应用而教;三是将知识结构理解为一个个知识点渐进式循序排列,在教学中思考得比较多的是如何突出知识点的重点、突破知识点的难点,更多关注"如何教"的问题,很少去关注、思考单元知识以及单元与单元知识之间的联系,忽视了从整体上把握知识之间内在结构的联系,忽视了教学内容所蕴含的育人价值．而"数学育人"就是要用数学的方式,在数学内部挖掘育人资源,从数学的学科本质上开展思考和研究．主要在培养学生的思维特别是逻辑思维上,要使学生学会思考,特别是学会"有逻辑地思考""创造性思考",使学生成为善于认识问题、发现问题、解决问题的人才．

布鲁纳认为:"掌握事物的结构,就是允许许多别的东西与它有意义地联系起来的方式去理解它．简单地说,学习结构就是学习事物是怎样相互关联的．"[2]数学是一个充满联系的整体,数学教学应从数学的整体性、结构性和联系性出发,以培养和发展学生思维的整体性、结构性和系统性为目标,切忌就事论事,把前后知识割裂开来;应处理好知识的整体性与数学学习的局部性之间的矛盾,做到"既见森林,又见树木;见森林,才见树木";应强化研究内容与研究方法的整体性与结构性,充分运用类比、迁移等方法展开教学．[1]

数学在本质上研究三类问题:数量、空间图形、随机现象,初中阶段数学研究的内容主要有数与代数、图形与几何、统计与概率、综合与实践等四大领域,它们之间既各自独立形成一个整体,又相互联系构成更大的系统．其知识结构关系如表 3-1 所示．

表 3-1　初中阶段的数学知识之间的结构关系表[3]

一级分类	二级分类	三级分类	具体内容及其学习路径
研究确定现象	数与代数	数与式	有理数→实数→代数式
		方程与不等式	方程与方程组→不等式与不等式组
		函数	函数的概念→一次函数→二次函数→反比例函数
	图形与几何	图形的性质	点、线、面、角→相交线与平行线→三角形→四边形→圆
		图形的变化	图形的平移→图形的轴对称→图形的旋转→图形的相似→图形的投影
		图形与坐标	图形位置与坐标→图形的运动与坐标
研究随机现象	统计与概率	抽样与数据分析	抽样→数据的收集、整理与描述→数据的分析与决策
		随机事件的概率	随机事件→频数及其分布→简单事件的概率

初中阶段综合与实践领域，以主题化、项目化为主要学习方式，整合数学与其他学科的知识和思想方法，从数学的角度观察与分析、思考与表达、解决与阐释社会生活以及科学技术中遇到的现实问题，感受数学与其他学科领域的融合，积累数学活动经验，体会数学的科学价值．因此，综合与实践领域不作为独立的内容，而是融合在其他三个领域之中，体现数学在与其他学科融合中所彰显的功效．

第一节　数与代数知识结构分析及教学建议

初中阶段“数与代数”领域主要包括数、式、方程、不等式、函数等五大主题(详见表 3-1)，是学生理解数学符号，感悟用数学符号表达事物的性质、关系和规律的关键内容，是学生初步形成抽象能力和推理能力，感悟用数学的语言表达现实世界的重要载体，也是学生研究数量关系、探索数学规律、建立数学模型的基础性工具和思维方法．数与代数在初中阶段其知识结构关系如图 3-2 所示．

从每个知识分支的纵向关系来看，体现了知识从简单到复杂、从低级到高级，从具体到抽象的发展过程．数与式，一方面通过负数、有理数和实数的认识，感悟数是对数量的抽象，体会实数与数轴上的点一一对应的数形结合的意义，注重实数“准而快”的运算以及算理，培养运算能力；另一方面通过代数式和代数式的运算，理解字母表示数的意义，并通过基于符号的运算和推理，建立抽象意识，理解运算方法与运算律的关系，增强代数推理，感悟“数式通性”．方程与不等式是基于对现实问题中的“量”的分析，借助于字母表达的未知数，建立两个量之间相等或不等关系的模型．函数是基于对现实问题中的“变量”的分析，建立两个变量之间变化的依赖关系的模型．教材按照“一次”“二次”的数量关系，使方程和函数交替出现，体现螺旋式上升的发展过程，促进理解函数图象与表达式的对应关系，以及函数与对应方程、不等式的关系，会用函数的观点分析解方程组、不等式(组)与一元二次方程根的分布问题，增强几何直观；会用函数表达现实世界事物的变化规律，经历用数学的语言表达现实世界的过程，发展应用意识．

从知识分支之间的横向关系来看，数与式是对基本概念和原理进行建构生成的问题；方程与不等式是对数与式的基本概念和原理的灵活运用的问题；函数则是从更深的层次对数与式、方程与不等式的内部进行规律探究的问题，各分支之间既是相互联系，又是相对独立的，分别

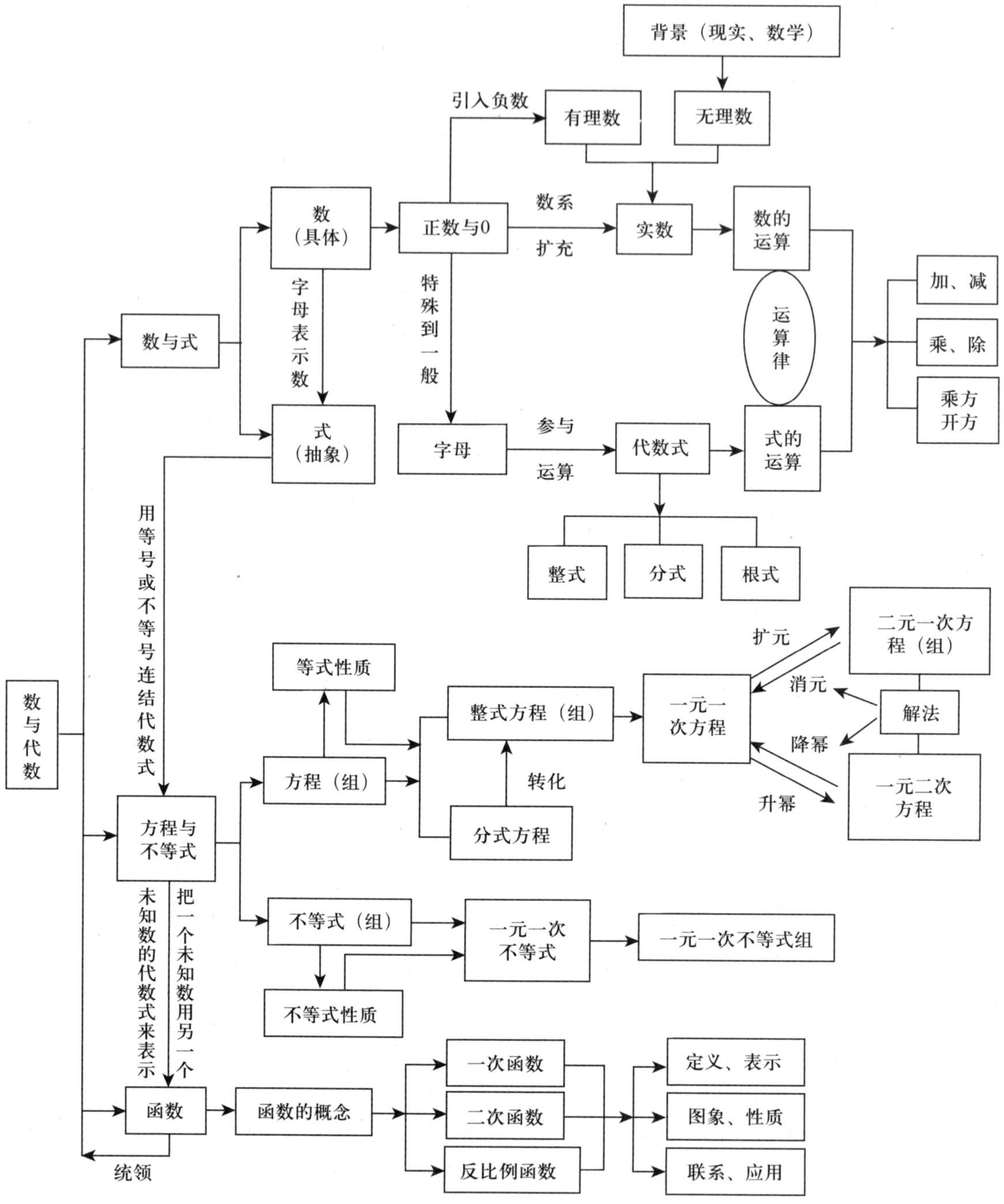

图 3-2

承担着不同的研究任务．这样的划分标准不仅体现了每个分支知识结构链纵向联系和变化发展的脉络，而且也体现了各知识分支之间横向的内在关联性．[4]

代数的教学，无论是数、式、方程、不等式还是函数，都应强调从运算的角度发现和提出问题、分析和解决问题，代数的根本在于数的运算和运算律．研究一个代数对象的“一般观念”是：背景（现实或数学）→定义、表示→分类→性质（图象）→运算→联系与应用．教授每一个代数新对象或新概念时，应遵循这种研究套路和研究思想，以便学生逐步掌握这种研究代数对象或概念的“大观念”.

一、数的知识结构分析及教学建议

数的发展不断地经历了从下位到上位的扩充过程(图 3-3)：

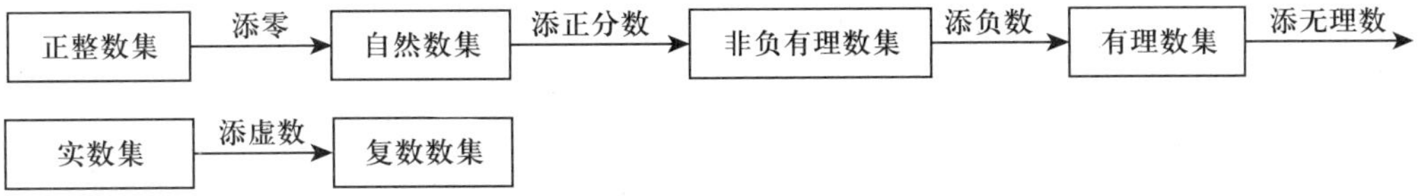

图 3-3

初中的数知识学习扩充是关键，运算是核心．数系扩充的基本原因是实践的需要，而反映在数系的理论上则是发现并解决数集与数的某种运算封闭性矛盾，具体体现在正整数集对加法和乘法封闭；整数集对加、减、乘运算封闭；有理数集对加、减、乘、除运算封闭，对开方运算不封闭；实数集对加、减、乘、除和正数开方运算都是封闭，但对负数开偶次方运算不封闭．

每产生一种“新数”，就要研究数的概念(定义、表示、分类)、性质(数的关系、大小比较)、运算、联系与应用，要研究运算就要研究运算律以及使运算律在更大范围内成立的运算法则，这是学习“新数”的“一般观念”．所以数的学习要渗透数系扩充思想，加强运算能力培养．其知识结构关系如图 3-4 所示．

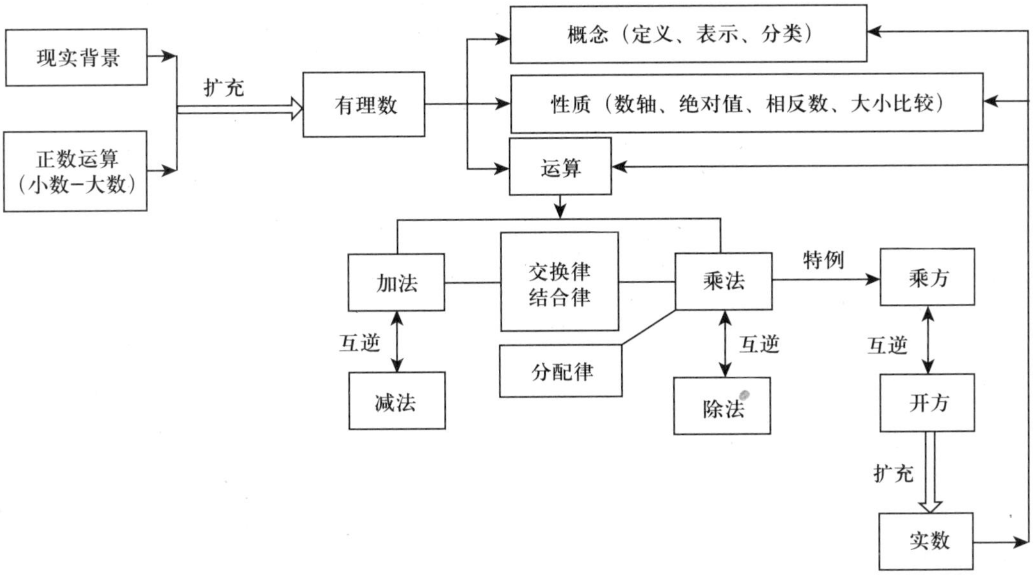

图 3-4

数的发展是一个不断从下位到上位的扩充过程，但每一类新数的研究都有类似的研究结构：

研究思路：引入新数→定义、表示(符号表示、数轴表示)→分类→性质(大小比较，绝对值等基本性质)→运算.

研究内容:数的概念(定义、表示、分类),大小比较,绝对值和相反数等性质,运算与运算律.

研究方法:从具体到抽象,从特殊到一般,用归纳的方法研究;借助数轴,运用数形结合方法研究;运算的方法.

(一)有理数

1. 负数. 从自然数到有理数是数系扩充最主要一次,后续数系的发展都是循着这一线索展开的. 从自然数到有理数关键是引入了分数与负数,分数主要在小学阶段,初中主要是引入负数. 负数是从现实生活到数学的一个提炼过程,本质上是数学建模、化归. 负数引入既是实际生活的需要,也是数学内部知识发展的需要(主要体现在运算的封闭性上). 教学时,要让学生体会引入新数的好处,感悟数系扩充的一致性. 因此,学生对于数的认识,一方面要通过情境创设使学生产生认识数的需求,帮助学生认识数的产生是源于现实生活的需要,同时又广泛运用于现实生活之中;另一方面又要使学生经历数与物质实体相分离的过程,帮助学生理解抽象的数字符号所表示的现实意义. 如人教版教材的章引言(图 3-5)体现了数发展的一般观念.

第一章　有理数

在生活、生产和科研中,经常遇到数的表示和运算等问题. 例如:

(1) 北京冬季里某一天的气温为−3～3 ℃. "−3"的含义是什么? 这一天北京的温差是多少?

(2) 某年,我国花生产量比上一年增长 1.8%,油菜籽产量比上一年增长−2.7%. "增长−2.7%"表示什么意思?

(3) 夏新同学通过拣、卖废品,既保护了环境,又积攒了零花钱. 下表是他某个月的部分收支情况.

收支情况表　　　____年____月

日期	收入(+)或支出(−)	结余	注释
2日	3.5	8.5	卖废品
8日	−4.5	4.0	买圆珠笔、铅笔芯
12日	−5.2	−1.2	买科普书,同学代付

这里,"结余−1.2"是什么意思? 怎么得到的?

图 3-5

引言中的 3 个小问题,一方面表示负数产生是基于生活、生产、科研中实践需要,另一方面第 3 小题通过追问"结余−1.2"是什么意思? 怎么得到的? 体现了负数的发展也是基于数学内在发展的需要——数学运算,两个正数 4.0 与 5.2 相减,即 4.0−5.2 结果不是正数,运算不"封闭",使学生能够认识到原有正数的局限性,所以要引进一类"新数"——负数,感悟负数的产生既是生活实践的需要,也是数学自身发展的需要,这是数系扩充的基本思想. 所以,每学习一种"新数",要渗透数系扩充的基本思想,体现数的发展性和一致性,这既是重点,也是难点.

在现实中,具有相反意义的量普遍存在,用正数和负数来表示,体现了数学应用的广泛性,可以简化数学中的许多问题．如“支出 50 元”理解为“收入 -50 元”，“少 5”理解成“多 -5”，“连加，如 $(-2)+(-2)$”可理解为“连减，如 $0-2-2$”，让学生感受引入负数所蕴涵的意义．负数及负数运算的引入是数学上最伟大的进展之一．

从学生认识数的角度来看，有理数的认识与小学阶段的整数、小数、分数的认识，虽然表面上似乎各不相同，但它们之间却有着本质的共同联系，它们有类似的数认识的框架结构和方法性结构，即数的意义（数与社会生活的联系、数学内在发展需求）、数的组成（基本的计数单位）、数的读写（根据数位顺序表）、数的排序（大小比较）、数的分类．所以有理数的认识要类比小学阶段数的认识，运用迁移教学策略，体现数研究的整体性．

2. 数轴．数轴是表示数的工具，是数形结合思想的产物，因为数轴上的点与实数一一对应，用数轴上的点可以直观地表示有理数，为学生提供了理解相反数、绝对值以及有理数的运算法则提供了直观的工具．数轴的价值，更在于它是思维工具．这里，特别要强调的是，以 0、1、-1 为分界点，对“数”进行分类思考．例如，$-a$ 一定是负数吗？整个过程的实质是在数轴上以“0”为分界点；比较 a^2 与 a 的大小，整个过程的实质是在数轴上以“0”“1”为分界点，对 a 进行分类讨论．应特别着重指出：分情况进行思考、推理，是一个重要的数学思想方法，初中阶段从学习数轴开始，要逐步建立起来．

数轴概念的理解要通过学生的观察、比较、分析和综合等思维活动，核心是抽象出数轴的三要素：“基准点——原点”“方向”和“与基准点的距离——单位长度”，理解“三要素”在刻画事物相对位置中的作用，然后再结合负数概念引入过程中用正数、负数表示“相反意义的量”的经验，概括出数轴“三要素”，这样就建立了“数轴三要素”与“实数集三要素”的对应关系：

原点↔0（原点是区分方向的“基准”，0 是区分正负的基准）

单位长度↔1（单位长度是度量线段长度的单位，1 是实数单位，“单位”实际上给出了一个度量事物的统一标准）

方向↔符号（空间中，由“A 到 B”和由“B 到 A”是两件不同的事情，其差别由“方向”来标记）

A、B 两点“位置差别”的定量化定义，必需且只需用“方向”和“长度”．在初中阶段，数轴方向通常有“左”“右”或“上”“下”两种，可以理解为“相反方向”．负数的引入是应描述现实中的“相反意义的量”之需，确定一个实数，需要“符号”和“绝对值”两个要素，它们正好对应了定量化定义 A、B 两点“位置差别”的“方向”和“长度”．[5]

3. 绝对值．绝对值概念借助距离概念加以定义，是对数量大小和线段长度的表达．它的背景是为了刻画两个相反数中一种共同的特征：它们在数轴上到原点有相同的距离，而距离是没有负数，所以 $|a|=\begin{cases} a\ (a>0), \\ 0\ (a=0), \\ -a\ (a<0). \end{cases}$ 在数轴上，一个点由方向和距离（长度）确定；相应地，一个实数由符号与绝对值确定．这里，“方向”与“符号”对应，“距离”与“绝对值”对应，体现了数与形的结合与转化，渗透数形结合思想．绝对值性质的理解要把绝对值的几何意义（在数轴上到原点的距离）与绝对值的定义融为一体，从数与形两个方面着手．进而引导学生理解 $|a-b|$ 和 $|b-a|$ 的意义，都是表示在数轴上 a、b 两点间的距离．这样，学生以后也易于理解，在解析几何中，$|P_1P_2|$ 表示平面内 P_1、P_2 两点间的距离；在高中学习复数时，为什么用“$|\ \ |$”符号表示复数的模等，促进了知识的联系．

4. 有理数运算．运算是“数与代数”的核心，其核心思想是“引进一种新的数，就要研究相应的运算；定义一种运算，就要研究相应的运算律（即对任何数都成立的通性）”．关键是在添加了一类“新数”后，所引进的新数之间的运算如何归结到原有的数之间的运算而定义运算法则，进而使得在原来范围内成立的规律在更大的范围内仍然成立．如为了保证正数的运算律对负数也同样适用，定义了有理数乘法的符号法则：$(-1)\times1=-1$；$(-1)\times(-1)=1$．假如$(-1)\times(-1)=-1$，那么分配律$a(b+c)=ab+ac$就不能成立，如$(-1)\times(1-1)$，一方面$(-1)\times(1-1)=(-1)\times0=0$，另一方面$(-1)(1-1)=(-1)\times1+(-1)\times(-1)=-1-1=-2$，导致矛盾．在数系、运算法则和运算律中获得的知识，可以方便地迁移到“以字母代表数”后的学习内容中去．

乘法是特殊的加法运算，与加法运算一样，都是在建立运算法则的基础上进行基本运算，然后结合具体例子引入运算律，并运用运算律简化运算．在归纳运算法则时，强调从“符号”和“绝对值”两个角度思考，在具体运算中，强调“先确定符号，再算绝对值”；通过应用，让学生明确“与负数有关的运算，都可以借助绝对值，将它们转化为正数之间的运算”．乘方是特殊的乘法运算（相同数的连乘），所以乘方运算转化为乘法运算．

减法与加法、除法与乘法互为逆运算，因此减法与除法运算，关键是如何向加法与乘法运算转化，从而利用加法与乘法的运算法则、运算律进行运算．根据“减去一个正数等于加上一个负数”，可以将原来需要区分加减甚至需要分类讨论的问题，都能统一成一个加法式子，运用加法运算原理进行运算，充分体现了负数的价值．

在有理数的运算教学中，有理数乘法法则“负负得正”，即$(-1)\times(-1)=+1$作为有理数乘法的一条重要法则，它在数学中是一种规定，其表述简洁，学生记忆和接受起来并不困难，但如何使七年级学生认识到这种规定的合理性却始终是教学中的一个难点，有人甚至戏称这是“魔鬼法则”，绝大部分学生对该法则的理解仅仅停留在程序化理解水平．

为解决这个难点，不同版本教材和广大教师都做了有益的探索．不同教材采用不同的“解释模型”对“负负得正”法则合理性进行说明，归纳起来主要有三种“解释模型”[6]．

模型1：反意建构模型．该模型以现实问题为背景，通过构建相反意义的量，对正负号赋予现实意义，然后依据情境中的数量关系，得两负数乘积算式，进而从现实角度对“负负得正”法则的合理性进行解释．如人教版实验教材的蜗牛爬行模型，其问题为：

一只蜗牛沿直线爬行，它的位置恰好在直线l上的0点．

(1)如果蜗牛一直以每分钟2 cm的速度向右爬行，3 min后它在什么位置？

(2)如果蜗牛一直以每分钟2 cm的速度向左爬行，3 min后它在什么位置？

(3)如果蜗牛一直以每分钟2 cm的速度向右爬行，3 min前它在什么位置？

(4)如果蜗牛一直以每分钟2 cm的速度向左爬行，3 min前它在什么位置？

以上四个问题涉及两对相反的量：向右、向左；3 min前和3 min后．为了区分速度方向，不妨规定向右为正，向左为负；为区分时间，规定现在之后为正，现在之前为负．这样就将所求问题抽象为具体的路程问题，建立了数学模型，得到四个算式：$(+3)\times(+2)$、$(-3)\times(+2)$、$(+3)\times(-2)$、$(-3)\times(-2)$．然后通过数轴将蜗牛每一种情况所处的位置直观地表示出来，从而得到$(-3)\times(-2)=+6$．正是“负负得正”法则的合理化体现，渗透了建模思想和数形结合思想．但对学生来说挑战性比较大，因为学生难以准确地用数学算式表示问题情境中的数量关系，如用算式表示“蜗牛一直以每分钟2 cm的速度向左爬行，3 min前它在什么位置”，学生既要考虑速度的方向，又要考虑时间的前后，还要考虑所处位置的方向，因此需要学生具有较强的抽象能力、空间想象能力和逻辑推理能力．这对正处于“以具体形象思维为主转向以逻辑思维为主”的七年级学生来说，具有一定困难．

模型 2：隐性分配律模型．该模型以“引入有理数乘法法则，要使得原有的运算律保持不变”为指导思想，将算式 $a\times(-b)=-ab(a\geqslant 0,b>0)$ 具有的规律“随着 a 逐次递减 1，积逐次增加 b”应用到两负数乘积算式中，实质上是运用乘法分配律，即 $(a-1)\times(-b)=-ab+b$，从而归纳得到“负负得正”法则．如人教版教材(修订版)就采用“隐性分配律模型”，如图 3-6 所示．

思考

利用上面归纳的结论计算下面的算式，你发现有什么规律？

$(-3)\times 3=$______，

$(-3)\times 2=$______，

$(-3)\times 1=$______，

$(-3)\times 0=$______．

可以发现，上述算式有如下规律：随着后一乘数逐次递减 1，积逐次增加 3.

按照上述规律，下面的空格可以各填什么数？从中可以归纳出什么结论？

$(-3)\times(-1)=$____，

$(-3)\times(-2)=$____，

$(-3)\times(-3)=$____．

可归纳出如下结论：

负数乘负数，积为正数，乘积的绝对值等于各乘数绝对值的积.

图 3-6

利用“隐形分配律模型”解释“负负得正”法则，本质上是一个合情推理过程，渗透了“在对两负数乘法法则进行规定时，要保持原有运算律仍然成立”的思想，为后续学习数系的扩充奠定基础．但在推理过程中需要归纳算式具有相同点和不同点，以及乘数与积之间的变化规律，最终得到算式具有的规律，对大部分学生有难度．

模型 3：相反数模型．该模型运用相反数的性质，归纳出当一个因子不变，另一个因子变为原来因子的相反数时，积也为原来积的相反数，并把这一规则运用到“正数×负数”和“负数×负数”的运算中．相反数模型是从保持数学内部关系的角度对“负负得正”法则的合理性进行解释．如浙教版教材就采用该模型，如图 3-7 所示．

这种解释模型本质上也是合情推理的过程，从已有算式间的关系出发，依据两个算式的相似性，通过类比，从某一算式的已知特征去推测另一个算式也具有相应特征，合情合理地推得“负负得正”法则．但在类比的过程中，学生需要经历对比、归纳、联想、推理等活动，这对于部分认知水平较低的学生来说，有条理、自主地完成具有一定的难度．

三种解释模型各有特点，分别从不同的角度对“负负得正”这一法则进行了合理的解释：“反意建构模型”从现实角度，“隐性分配律模型”从保持数学运算律，即分配律角度，“相反数模型”则从保持数学内部关系的角度．在教学中要依据学生的认知水平选择一种合适的解释模型，或者采用多种解释模型进行多角度教学，突破教学难点．(详见案例 2-6)

(二)实数

在“有理数”的基础上，学习有理数的平方根与立方根，并通过开平方、开立方运算认识一由小学里学过的乘法的意义，有3×2=3+3=6. 用数轴表示如图2-9.

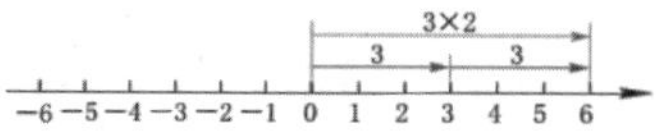

图 2-9

相应地，(−3)×2=(−3)+(−3)=−6. 用数轴表示如图2-10.

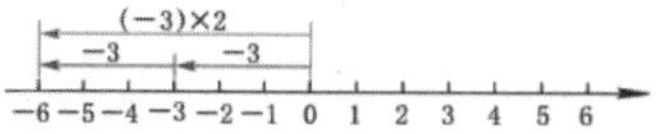

图 2-10

想一想

如节前图中的问题，若以某一时刻的水位为基准，规定水位上升为正，下降为负，你会列出怎样的算式？结果是多少？

做一做 ZUOYIZUO

（1）完成下列填空：

4×2=______；　(−4)×2=_____+_____=______(用数轴表示).

5×2=______；　(−5)×2=_____+_____=______.

6×2=______；　(−6)×2=_____+_____=______.

（2）观察上面左右两列算式中相乘两数及计算结果的符号，你有什么发现？

我们发现，当我们改变相乘两数中一个数的符号时，其积就变为原来的相反数. 例如，(−3)×2=−(3×2).

同样，3×(−2)的积也应是3×2的积的相反数，即3×(−2)=−(3×2)=−6，用数轴表示如图2-11.

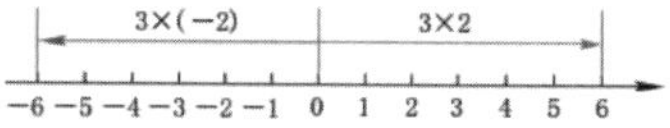

图 2-11

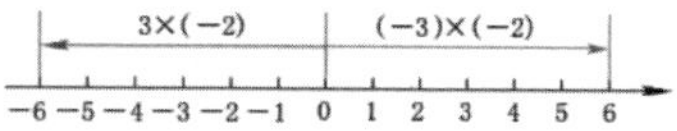

图 2-12

同样，(−3)×(−2)的积是3×(−2)的积的相反数，即(−3)×(−2)=3×2=6，用数轴表示如图2-12.

图 3-7

些不同于有理数的数，在此基础上引入无理数，把数的范围扩充到实数 .

1. 无理数 . 在无理数的引入中，建议从“数学内部发展”的角度去思考，因为在现实生活中很难找到一种物体或模型让学生感觉到“无理数的存在”，这是因为无理数是一种无限不循环的小数，学生的肉眼是分辨不出来的，如某种花瓶的宽度与高度之比，很难认识到无理数的存在 . 事实上，随着数的发展，数的抽象程度会越来越高，数的产生和发展从现实上很难找到合适的模型，更要从数的内在发展需求，即运算的封闭性角度来思考，如高中“虚数”概念，从“卡当问题，即怎样把 10 分成两部分，使其两者乘积为 40. ——解一元二次方程$(x-5)^2=-15$”中引出，产生一种新数——复数 .

无理数的发现引发了数学史上的第一次危机，是数学发展史上的重要里程碑，要注重渗透“情感、态度与价值观”的教育，因为引入无理数经历了一个漫长而艰苦的过程，这个过程体现了人类为追求真理而不懈努力的精神 . 学生对无理数的理解困难在于“无理数是否存在？”“无理数到底是怎样的一类数？”如 $\sqrt{2}$ 到底有多大？ 对学生来说是一个新问题 . 采取用有理数“夹逼”的方法——逼近方法，即利用不足近似值和过剩近似值来估计 $\sqrt{2}$ 的大小，通过逐步逼近，得到 $\sqrt{2}$ 越来越精确的近似值，进而利用计算机演示让学生认识到 $\sqrt{2}$ 的范围以及 $\sqrt{2}$ 是一个无限不循环小数的事实 . 在此基础上，让学生将 $\sqrt{2}$ 在数轴上用点来表示，体现数形结合思想，帮助学生进一步理解无理数是存在的，并且像有理数一样可以用数轴上的点来表示 .

2. 实数 . 实数是有理数的上位概念，所以实数的学习要运用垂直迁移的方法，类比有理数学习经验进行学习．从实数的概念、性质到运算以及运用，每一个环节都可以与有理数进行类比，采取迁移学习．在概念学习上，实数的定义与有理数的定义方式一样，采取“总括”同化方式．在性质的学习上，类比有理数，引入实数的绝对值和相反数概念，以及实数与数轴上的点一一对应关系，并借助于数轴进行实数大小的比较．无理数、实数的引入适宜用“小数(有限小数和无限循环小数)”直观但“不错误”地引入，有利于学生了解无理数的定义，进而了解实数这个构造性定义，不能过于追求严密的逻辑体系．当然，在全章复习和拓展研究中，可以组织学有余力的学生探究 $\sqrt{2}$ 为什么不是有理数，培养学生代数推理能力和理性精神．

数系扩充的基本原则是使算术运算的运算律保持不变，对于实数运算法则和运算性质，通过类比有理数的运算，指出有理数的运算法则和运算性质等在实数范围内仍然成立．因此，实数的运算法则、运算性质与有理数有类似的方法结构，平方与开平方、立方与开立方互为逆运算关系等也都是在有理数基础上展开的，它们都可采用迁移方法进行学习．

3. 平方根与立方根．对于平方根概念，可以从运算的角度提出学习任务．因为前面已学习了幂的概念与运算，即在 $x^n=a$ 中，已知底数 x 与指数 n 求幂 a，如果已知幂 a 与指数 n，如何求出底数 x 呢？这样从数学内在关系中提出学习任务，不仅自然，而且能促进学生理解幂运算与开方运算是互逆关系，加强知识的联系．如果进一步提出：若已知 a 和 x，如何求 n？这就是高中对数概念．

立方根内容的展开要充分运用类比平方根．类比平方根的概念的引入方式给出立方根的概念，类比开平方运算给出开立方运算，类比平方与开平方运算的互逆关系研究立方与开立方运算的互逆关系(图 3-8)．

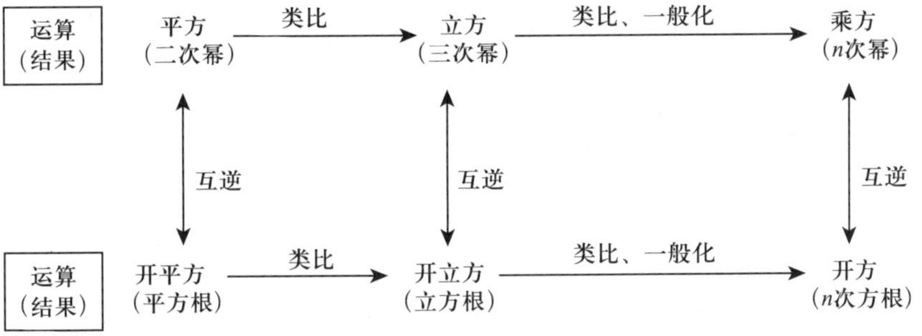

图 3-8

在此基础上，通过类比立方根，进一步开展一般化研究，即研究 n 次方根，这样有利于加强知识之间的联系，促进知识的学习形成正迁移．

(三)整体性教学建议

1. 运用“学·用”结构教学策略．有理数的研究内容与实数的研究内容具有同构特征，即具有类似的研究思路、内容与方法，所以将有理数教学作为“学结构”阶段，实数的教学作为“用结构”阶段，运用类比迁移的方法展开研究．如果再往前推，有理数的学习可类比小学分数，其研究思路和研究方法也类同．所以不仅要重视中小学数学的内容衔接，更要重视学习策略的衔接．

2. 遵循从整体到部分的教学策略．从单元起始教学的层面而言，有理数的加法和乘法运算教学宜采用“整体-部分”的教学策略，先引导学生整体概览本单元教学运算内容的各种类型，然后进入局部学习，即研究具体类型运算发展，最后整体概括加法和乘法的运算法则．如有理数加法运算，先通过问题让学生整体感悟加法运算类型：正数＋正数、正数＋0，正数＋负数、负数＋正数、负数＋0，负数＋负数，其中正数＋正数、正数＋0、负数＋0 三种运算学生都已经清楚，探究时不需要花过多的时间与精力，所以需要集中时间和精力重点研究的是正数＋负数、负数＋正数和负数＋负数这三种运算类型，体现从整体到局部的整体思想．这样有助于学生在了解知识整体框架的基础上主动进入对学习对象的关注，目标明确，便于重点把握整体背景框架中重、难点知识，提高教学效率．

3. 加强各种运算之间的联系，即减法是加法的逆运算（算减法想加法），乘法是加法的简便运算，除法是乘法的逆运算（算除法想乘法），乘方是乘法的简便运算，开方是乘方的逆运算（算开方想乘方）．因此，要突出加法运算，这是运算根基，是“学结构”阶段，是运算教学的“种子课”，其他运算是“用结构”阶段，尤其要突破乘法运算的“符号法则”这一难点．

二、代数式知识结构分析及教学建议

初中阶段代数式关注用字母表述代数式，以及代数式的运算，主要研究整式、分式和根式．其中，整式、分式和根式之间是并列结合关系，并且都是代数式的下位概念．整式、分式和根式的学习都有类似的研究结构：

研究思路：字母表示数→用代数式表示数量关系→概念→性质→运算与运算律→应用．

研究内容：概念、性质、运算与运算律．

研究方法：从具体到抽象，归纳代数式概念；从整体到局部，分化学习；从特殊到一般，用归纳的方法研究性质、运算律等；类比数学习式，体现数式通性．

代数学的根源在于代数运算，即加、减、乘、除、乘方、开方等运算．有效地、系统地运用运算律去解决问题是代数学的基本思想．字母作为数的“代表”，字母符号表示数，所以可以将字母和数（实际上都是符号）一起进行各种各样的运算和推理，所得到的结论具有一般性，而且关于数的运算律普遍适用，即在运算上满足运算律．式的运算在本质上就是对符号运用运算律所进行的形式运算．代数式各部分内容的运算都遵循将未知转化为已知，将复杂运算转化为简单运算，体现了化归思想，如两个多项式相乘，就是利用分配律把它归于单项式的乘积之和来运算，而单项式的乘积则是用乘法的交换律、结合律和指数运算法则来计算，最后都转化为幂的运算．

整个代数学的研究要突出“归纳法”，它是研究代数问题的根本大法．“归纳地探索、发现，然后归纳地定义，再归纳地论证”是解决代数问题的基本过程和基本方法．整式、分式和根式的法则的探究，要让学生经历从特殊到一般的归纳过程，体现归纳思想；从多项式的乘法到乘法公式推导，体现了从一般到特殊的特殊化方法．代数式的知识结构关系如图 3-9 所示．

（一）代数式的概念

1. 概念的理解．从数系的形成和运用到代数式的产生，是人类对数学认识的一次飞跃．代数的出现，表明了人类对数学的认识的抽象程度上升到更高的水平，它是数学发展过程中的

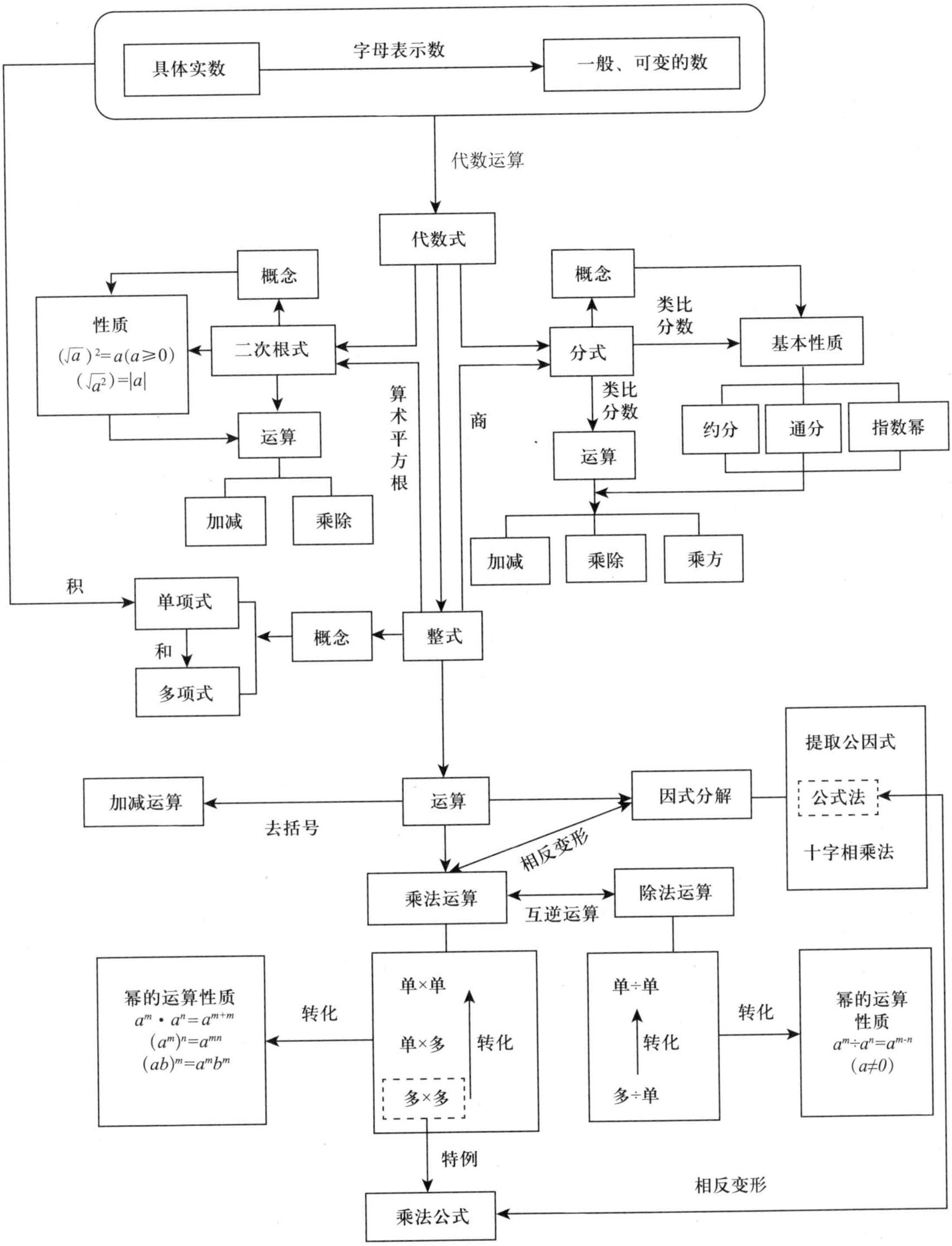
具体实数
字母表示数
一般、可变的数
代数运算
代数式
概念
性质
$(\sqrt{a})^2=a(a\geqslant 0)$
$\sqrt{a^2}=|a|$
二次根式
运算
加减
乘除
算术平方根
商
概念
类比分数
分式
基本性质
类比分数
约分
通分
指数幂
运算
加减
乘除
乘方
积
单项式
和
多项式
概念
整式
提取公因式
公式法
十字相乘法
加减运算
运算
因式分解
去括号
相反变形
乘法运算
除法运算
互逆运算
幂的运算性质
$a^m\cdot a^n=a^{m+n}$
$(a^m)^n=a^{mn}$
$(ab)^m=a^mb^m$
转化
单×单
单×多
多×多
转化
单÷单
转化
多÷单
转化
幂的运算性质
$a^m\div a^n=a^{m-n}$
$(a\neq 0)$
特例
相反变形
乘法公式

图 3-9

一个里程碑．用字母表示数，字母像数一样参与运算，具有抽象性、一般性和形式化等特征．其中，抽象性可以超越各类数量的实际情境或具体特点，给我们带来字母表示任何数、任何量的方便，以后还可以用字母表示元素、表示集合、表示向量等；一般性使代数变得更能适应普通的场合，极大地扩展了代数的应用范围，促进了代数的发展；形式化可以简洁而准确地表示事物的复杂关系，有利于数学的表达、研究、传播和交流，是代数真正发展成为一门关于形式运算的学科，而符号的使用是数学表达式和进行数学思考的重要形式．

但数系的形成与代数式的认识具有不同的学习过程．数系的形成是数范围不断扩张的过程，是从下位到上位的同化学习过程；而代数式的认识则是一个不断分化的过程，是从上位到下位的同化学习过程(图 3-10)．

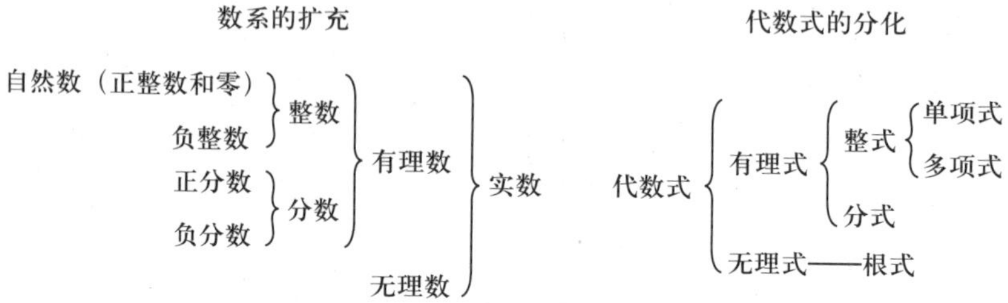

图 3-10　数与式结构比较

数与代数式体现的是特殊与一般的关系．从数与式的概念角度来看，代数式与数之间不仅有类似的名称，譬如有理数与有理式，无理数与无理式，整数与整式，分数与分式，等等．而且还有可类比的关系存在，譬如分式与分数之间组成结构类同，具有可类比性，类比分数，讨论要使分式有意义，分式中分母应满足的条件；分式的值为 0，分式中的分子、分母应满足的条件；从分数的基本性质到分式的基本性质等都可以通过类比分数而获得．通过类比而发现需研究的问题和方法是基本而重要的数学思维方式．

对于代数式的内容，不同的教材呈现方式不同．如人教版教材(2011 年版)，其学习的过程为：整式→分式→根式→代数式，采取从下位到上位的学习过程，其代数式概念的产生方式是“概念的同化”，采取“总括”方式进行定义，其优点是体现“数”与“式”的一致性，但这样的教学次序安排不可避免地会出现学生认知的困惑问题，即为什么在用运算符号和括号连接数与字母的式子中只出现加、减、乘的运算，而没有除法运算．况且对整式概念的辨析与判定，字母与字母相除是绕不过去的问题，是整式概念的一种典型反例，所以学生对整式概念的理解是不深刻、不全面的．学生只有到分式和根式学习后才能真正理解代数式的概念和代数式下位概念之间的关系，这种由下位到上位的教学很容易使学生在不知道知识整体背景的情况下处于被动学习的状态，导致所学的知识没有理想的“固着点”，知识之间缺少联系，是一种“点状”呈现方式．

浙教版教材(2012 年版)的学习过程为：代数式→整式→分式→根式，代数式概念的产生方式是“概念的形成”，即教材首先呈现大量的实例，先让学生抽象出式子，然后归纳这些式子的共同本质特征，再抽象命名(下定义)，使学生经历和体验“材料感知→观察比较→归纳提炼→抽象命名”的概念建构过程．

对整式、分式和根式概念的学习，也建议采取“概念的形成”方式，让学生经历和体验概念形成的全过程：背景(生活或数学)$\xrightarrow{\text{抽象}}$数学式子$\xrightarrow{\text{归纳}}$式子共同本质特征$\xrightarrow{\text{概括}}$定义→概念精致

(找关键词、辨析)→应用(直接应用、变式应用)→完善知识结构．因为学生所学习的数学概念大多是前人在认识事物的过程中，对事物本质特征进行高度概括和抽象的产物，其中凝聚着前人高度的智慧．所以式概念的教学也要改变演绎的教学方式，通过归纳的教学方式让学生参与到概念的形成过程中来，同时也为方程、不等式、函数的概念教学积累经验，体会代数学习过程的前后一致性、逻辑连贯性以及代数的核心思想——归纳．

对二次根式概念的学习，采用从特殊到一般，从具体到抽象的方法，通过几个具体问题，引导学生根据已学的平方根和算术平方根知识写出结果，概括它们共同的特点，引出二次根式的概念．再分析开方运算的意义，使学生认识到被开方数为非负数的合理性，即 $\sqrt{a}\geqslant 0(a\geqslant 0)$(双非负性)，这是理解二次根式概念的关键，然后通过简单的变式，使学生养成“看到根号就要注意被开方数的符号”的习惯．

2. 基于整体思想的概念教学．在代数式概念的教学中，宜采取“整体感悟”的教学策略，即先整体呈现包含整式、分式、根式的式子，让学生归纳出代数式的概念，在学生理解了代数式概念的基础上，再引导学生对这些式子进行分类并抽象命名，让学生“先见森林，再见树木”，体现从“整体到局部”策略，如案例 2-11．当然，代数式的分类，对七年级的学生来说具有一定的挑战性，这是因为这个分类活动对学生不但有辨析并抽象出本质特点的要求，而且还有从不同角度进行合理分类的要求．如果学生基础不是很好，建议将分类放到代数式概念的应用环节或小结环节进行，这样既能让学生整体感知知识的背景框架，又通过适当减低教学难度，让学生能进行合理分类．通过分类，一方面可以使概念系统化、完整化，从而建立概念的结构体系，帮助学生理解知识的来龙去脉和知识之间的联系；另一方面，能获得对概念外延的更深刻认识．

(二)代数式的运算

自然数系是人们用来“数数”和“排序”的工具，其本质是一个顺序排列的体系，它是以“1”为起点，然后逐个加“1”，以至于无穷而生成，所以自然数系最原始、最根本的结构是“+”运算，由这种结构可以归纳地定义自然数系的加、乘和乘方运算：

加法是“+1”的复合，即 $a+(n+1)=(a+n)+1$.

乘法是自相加的缩写，即 $(n+1)a=na+a$.

乘方是自相乘的缩写，即 $a^{n+1}=a^n\cdot a$.

基于上述归纳定义，即可逐步归纳证明自然数系的运算律，即加、乘的交换律与结合律，分配律与指数定则．[7]

自然数系的运算及其运算律是代数学的出发点．从数与式的运算角度来分析，因为字母表示数，它们具有相同的运算类型、运算律和运算法则，所不同的是代数式运算其核心是字母参与了运算，在运算过程中，要考虑运算过程有意义．不论是整式运算、分式运算还是根式运算，它们都有各自的运算类型，都要运用数学的思想方法，通过对大量的事实归纳概括，形成各自的运算法则，其结构关系如表 3-2 所示．

表 3-2　式运算知识结构分析表

研究对象		类型		法则	思想方法
整式	加减运算	单±单,单±多,多±多		去括号,合并同类项	归纳法
	乘法运算	同底数幂的乘法 幂的乘方 积的乘方		$a^m \cdot a^n = a^{m+n}$, $(a^m)^n = a^{m \cdot n}$, $(ab)^m = a^m \cdot a^n$	归纳法
		单×单,单×多		$a(b+c)=ab+ac$	归纳法、转化、数形结合
		多×多	一般	$(a+b)(c+d)=ac+ad+bc+bd$	
			特例研究	$(x+a)(x+b)=x^2+(a+b)x+ab$, $(a+b)(a-b)=a^2-b^2$, $(a \pm b)^2 = a^2 \pm 2ab + b^2$	归纳法、特殊化法、数形结合
	除法运算	同底数幂的除法		$a^m \div a^n = a^{m-n}(a \neq 0)$	归纳、类比
		单÷单,多÷单		$(a+b) \div c = a \div c + b \div c$	归纳、转化
分式	乘法运算			$\frac{b}{a} \times \frac{d}{c} = \frac{bd}{ac}$,特例$\left(\frac{b}{a}\right)^m = \frac{b^m}{a^m}$	类比、转化
	除法运算			$\frac{b}{a} \div \frac{d}{c} = \frac{b}{a} \times \frac{c}{d} = \frac{bc}{ad}$	类比、转化、归纳
	加减运算	同分母		$\frac{a}{x} \pm \frac{b}{x} = \frac{a \pm b}{x}$	类比、归纳
		异分母		$\frac{a}{x} \pm \frac{b}{y} = \frac{ay \pm bx}{xy}$	类比、转化、归纳
二次根式	加减运算			去括号,合并同类二次根式	类比、归纳、转化
	乘除运算			$\sqrt{a} \times \sqrt{b} = \sqrt{ab}(a \geqslant 0, b \geqslant 0)$ $\frac{\sqrt{a}}{\sqrt{b}} = \sqrt{\frac{a}{b}}(a \geqslant 0, b > 0)$	类比、归纳、转化

式运算的教学既要重视与数运算的类比,更要让学生经历运算法则的形成过程,即运用归纳的方法,在大量具体事例研究的基础上归纳概括和提炼抽象出运算法则的过程,感悟渗透其中的思想方法,如从特殊到一般的归纳思想;同时,要重视代数推理(《标准(2022 年)》要求),引导学生用代数方法或几何方法解释式运算的意义(要求代数推理在前,几何验证在后),帮助学生在具体的数与抽象的式之间进行转换,使学生对抽象的式能够建立起感性的体验和丰富的认识,渗透数形结合思想和换元转化思想.

1. 整式的运算. 由具体的数到用字母表示数,可以简明地表达一般的数量关系,给研究问题和计算带来方便,这是数学上的一个重大发展.

在小学,学生已经学过用字母表示数、简单的列式表示实际问题中的数量关系等,这是学习整式的基础,因为用整式表示数量关系是建立在用字母表示数的基础之上. 含有字母的式子可以表示实际问题中的数量关系,式子更具有一般性,充分体会字母的含义.

整式中的每个字母都表示数,因此,整式的运算与数的运算具有一致性,数的运算性质与运算律也适用于整式,既体现了数学知识间具体与抽象的内在联系,又体现了数学内在统一性. 如运用分配律可以合并同类项、去括号,从而进行整式的加减运算. 因此,整式的运算要加强与数的运算的内在联系，把“式”同化到“数”的结构中去，其框架结构如图 3-11 所示．

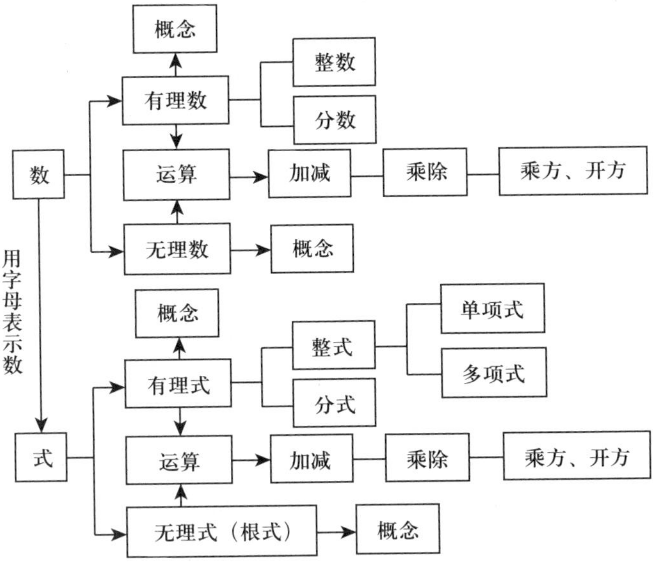

图 3-11

式与数具有“同构”特征，所以可利用类比“数”的运算来学习“式”的运算，用关于数的运算律和运算法则对式子进行变形和化简，体现“数式通性”及由数到式、由特殊到一般、由具体到抽象的数学思想，促使学生的学习形成正迁移．

(1)整式的加减运算．整式加减运算是“数与代数”领域中最基本的运算，是今后学习整式的乘除、因式分解、分式和根式运算、方程以及函数等知识的重要基础，是整个代数学的根基．而合并同类项法则是学习整式的加减运算和一元一次方程的直接基础，是连接数式的纽带．

从数到式，字母参与运算，得到各种各样的式子．整式可以看作由数与字母、字母与字母相乘所组成的单项式或单项式的和所组成的式子．整式加减运算本质上就是合并同类项，将多项式定义为几个单项式的和，就可以按照加法交换律和结合律交换项的位置，一方面可以重新排列一个多项式的各项(如按字母的升幂排列)，另一方面可以直接将多项式中的同类项加以合并．经过合并同类项，多项式的项数会减少，这样多项式就得到化简．同类项的概念是判断同类项的依据，“所含字母相同，相同字母的指数也相同”是同类项的本质特征．合并同类项的依据是数的“分配律”．如化简式子 $100t+252t$，通过引导学生观察比较，发现算式的联系，理解由于式子 $100t+252t$ 中的字母 t 表示数，因此可以依据分配律对式子进行化简，理解整式的运算与有理数的运算具有一致性，为更一般的同类项的合并提供方法上的指导．体会由“数”到“式”是由特殊到一般的思想方法，初步感受“数式通性”和类比的数学思想．

同类项概念与数位相联系，体现了代数概念的符号化、形式化特征，体现了代数思维的抽象化、一般化、结构化特征，是理解代数思维的一个切入点，有利于学生体验代数的起源．通过同类项概念把整式的加减运算转化为有理数的加减运算，是掌握合并同类项的关键，是构建数的运算与式的运算的整体与联系的关键，对学习同类二次根式及高中的复数运算等概念具有启发作用．但教师对同类项与合并同类项的教学往往停留在“浅层次”理解状态，没有将合并同类项纳入代数的运算体系中设计教学，其一般教学设计：先举一些同类项实例，如 $8n$，

$-7a^2b, 2a^2b, 6xy, 5n, -3xy$，并提出问题：如何将它们分类？为什么这么分类？然后教师引导学生分析$(8n, 5n)$、$(-7a^2b, 2a^2b)$、$(6xy, -3xy)$这三组式子共同特点，归纳概括出同类项概念：所含字母相同，相同字母的指数也相同的项称为同类项．从局部分析是符合学生的认知特点．但这种局部分析，是一种形式归纳，没有从代数的核心——"运算"这一系统高度来思考，缺乏同类项概念的纵向数学化过程，整体性、系统性脆弱．学生对新概念的同化过程不充分，对同类项概念的背景内容没有准确把握，对概念的关键性理解不透彻，造成机械学习．如不明白为什么要给单项式分类，怎样给单项式分类；不明白为什么 3 和 π 是同类项；认为 ab^2 与 a^2b 是同类项(受单项式的次数这一关键特征所影响)，教师纠正的办法是告诉学生根据定义它们不是同类项，结果是下一次犯同类错误，因为学生没有理解定义的合理性．因此，笔者建议应将同类项和合并同类项概念教学运用整体思想，从数的运算入手，通过数式通性，让学生理解对单项式进行分类的必要性，感悟"分类是为了运算"这一思想．

式的概念和运算的教学要注重抽象和概括能力培养，选择学生身边熟悉的问题情境开展教学，一个主要的目的是让学生经历分析实际问题中的数量关系，并用整式表示出来的过程，体会整式的概念和整式的加减运算来源于实际，是实际的需要，并引导学生分析实际问题中的数量关系，培养学生列式表示数量关系的能力，逐步让学生养成善于利用数学解决实际问题的习惯．同时也让学生看到整式及其加减运算来解决实际问题中所起的作用，感受由实际问题抽象出数学问题的过程，体会整式比数字更具有一般性的道理．

从具体数的计算到用式子表示数量关系是由特殊(具体)到一般(抽象)的过程；用具体的数代替式子中的字母进行计算，求出式子的值，则是由一般到特殊的过程，体现了数学的辩证法．

(2)整式的乘除运算．整式乘法运算类型有：单项式×单项式、单项式×多项式、多项式×多项式，而多项式乘以多项式转化为单项式乘以多项式，再运用分配律转化为单项式乘以单项式，最后运用交换律与结合律转化为有理数的乘法与幂的运算，充分体现了转化与化归的思想．其教材的逻辑线索为：同底数幂的乘法→幂的乘方、积的乘方→单项式的乘法→单项式乘以多项式→多项式乘以多项式→乘法公式(特例研究)．由此可见，同底数幂的乘法是整式乘法的逻辑起点，是全章的起始课．

作为全章的起始课，如何让学生整体感悟知识之间的背景框架，了解知识之间的联系，体验新知学习的必要性和学习的价值，背景的引入是关键，不同的引入方式反映了不同的教学观．

一种引入方式是按照教材从"现实情境——大数的计算"引入，逐个提出"三个幂运算"的学习任务，最后通过单元小结概括知识结构．这样的引入其优点是起点比较低，时间比较充裕，教师可以将许多时间用在法则的应用上，但学生不知道为什么要学习同底数幂的乘法，难道仅仅就是为了实际的应用吗？更严重的是学生不知道知识之间的联系，割裂了知识之间的来龙去脉，学生的学习处于被动地接受式学习．

另一种引入是从数学内在的关系角度思考，从整式运算的整体出发，引导学生从宏观到微观，逐步寻找整式乘法所需要的逻辑基础(整式的乘法最后都转化为三种幂运算)，将研究的问题具体化，进而构建全章整体研究思路，然后再按照知识的逻辑顺序逐步展开学习，体现了"从整体到局部"的研究思路．这种引入更加自然，能使学生整体感悟整式乘法的背景框架，感受到学习三种幂运算的必要性；更加符合数学法则产生的本来面目，完美地体现了数学的整体观．为学生构建一个前后一致、逻辑连贯的代数学习过程，使学生在掌握知识的过程中学会思考，把学生培养成为善于认识问题、善于解决问题的人才．[8]

同底数幂的乘法作为幂运算发展的起始课，还承载着单元知识以及学习方法、研究路径的引领作用．要重视幂运算性质和公式的发生和归纳过程，从某些具体的数与式计算归纳得到一般的式的运算法则，体现由特殊到一般，从具体到抽象的归纳过程，并能用代数式和文字语言正确地表述这些性质，运用它们熟练地进行运算和解决实际问题．由数的运算引出式的运算规律，体现数学知识间具体与抽象的内在联系和数学的内在统一性．

乘法公式是特殊的多项式乘法，不仅要体现一般到特殊的演绎方法和归纳的思想，而且要体现整体性，即对$(a+b)(c+d)$进行特殊化，得到几种特殊类型：$(x+b)(x+d)$、$(a\pm b)^2$、$(a+b)(a-b)$的多项式乘法，再对每一种特殊类型进行研究，帮助学生理解公式的来龙去脉和公式之间的联系．同时，乘法公式的学习要体现公式学习的“一般观念”：背景→本质特征概括→给出公式→辨析公式→公式的联系与应用．

整式的乘法和乘法公式，在运用代数推理的基础上，借助几何图形对运算法则及公式作直观解释，体现了代数与几何之间的内在联系和统一，帮助学生更好地理解有关知识，渗透数形结合思想．当然，要避免先图形，后代数推理的现象，图形仅仅是作为对代数变形的一种解释与验证．乘法公式的灵活运用是一个难点，要引导学生分析公式的结构特征，对所发生的错误多做具体分析，以加深学生对公式结构特征的理解．

整式的除法与乘法互为逆运算，多项式除以单项式转化为单项式除以单项式，再转化为有理数除法与同底数幂除法，要渗透化归思想．因此，“同底数幂除法”要以“同底数幂乘法”为类比对象，实现迁移教学．引入时，将同底数幂除法纳入整式除法这个框架中来，体现同底数幂除法是基于整式除法的内在需求，体现学习同底数幂除法的意义；在法则的探究时，要类比同底数幂乘法的法则探究方法和过程，从特殊到一般，体现归纳思想．

(3)因式分解．因式分解与整式的乘法互为反向变形，所以现行教材基本上都是根据整式乘法的逆向运算过程来引出因式分解的概念．如图1-1和图1-2就是两种教材的呈现方式．这样的引入方式从表面上看似乎注重整式乘法运算与因式分解的内在联系——互逆关系，但忽视了因式分解的目的和意义，并且学生会产生学习的困惑．因为学生在前面一章学习整式的乘法，要求将几个相乘的多项式展开转化为加减形式，并通过合并同类项进行化简；而现在因式分解的学习又要求将整式的加减形式转化为几个整式的乘积形式，学生会感觉很迷茫．在不明白学习的意义情况下，学生只能跟着老师被动学习，导致“展开后分解，分解后再展开”的循环现象．

因此，在因式分解单元起始课教学，关键是要让学生了解和明白学习因式分解的目的和意义．从因式分解知识与其他数学知识之间的内在联系来看，因式分解的目的意义就是要发现多项式中部分和整体的关系，通过因式分解实现多项式“降次”的目的．因式分解是解决一元二次方程以及可化为一元二次方程的高次方程、分式方程、无理方程的基本方法，也是整式的除法、分式的化简和运算中通分、约分的基本方法，学生只有在了解和明白因式分解的目的和意义后，才能以主动的心态参与学习．因此，我们要改变教材这种引入方式，从“数式通性”入手，譬如：(1)计算$(24^2+24)\div 25$；(2)化简：$(a^2+a)\div(a+1)$；(3)解方程：$x^2+x=0$. 这样可以帮助学生感悟到学习因式分解的价值，理解知识的前因后果和来龙去脉，又可以通过渗透的方法为以后整式除法运算、分式运算、简单的高次方程学习做好孕伏和准备．

2. 分式的运算．类比、归纳、化归是数学学习甚至于数学发现中的主要方法．分式由整式组成，且具有分数的“形式结构”，因此，分式的教学要类比分数，这是因为分式与分数不仅具有相同的形式，而且有许多类似的性质和运算，分式可以看作是分数的一般形式．分式的教学一方面要注意引导学生从上位概念的学习进入下位概念的学习之中，遵循代数式学习的“一般观念”：背景→定义（两个整式的商，并且分母含有字母）→表示（$\frac{A}{B}$，其中 A、B 是整式，且 $B\neq 0$；表示数量关系）→性质（分式的基本性质、运算律、整数指数幂的运算性质）→运算（通分，转化为整式运算，约分化简）→联系与应用；另一方面，要注意引导学生利用垂直迁移，类比分数学习分式，并通过数与式的比较来区别和沟通分数与分式的内在联系（图 3-12）．

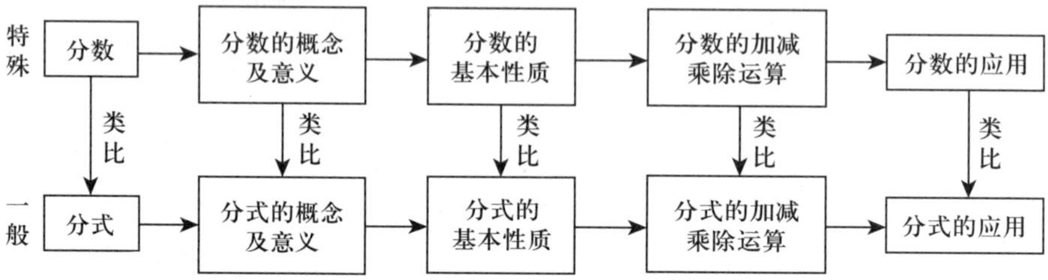

图 3-12

同时要注重分式与实际的联系，体现数学模型思想．在教学中，注意有关现实背景，通过它们反映出分式来自实际生活又服务于实际生活，加深对分式也是解决实际问题的一种有效模型的认识，而且是整式所不可替代的数学模型．在实际问题转化为数学问题的过程中，要善于从多种角度寻找问题中的数量关系．[9]

3．二次根式的运算．在“实数”部分，学生已经学习了平方根、算术平方根的概念，以及利用平方运算与开平方运算的互逆关系求非负数的平方根和算术平方根的方法，这是学习二次根式的性质与运算的基础．

二次根式的性质探究，应从具体数值的运算中发现规律，即先让学生利用二次根式的概念进行一些具体数字的计算，并观察所得结果，再从联系中发现它们的关系，通过归纳得出 $(\sqrt{a})^2=a(a\geqslant 0)$ 和 $\sqrt{a^2}=a(a\geqslant 0)$．二次根式 $\sqrt{ab}=\sqrt{a}\times\sqrt{b}\ (a\geqslant 0, b\geqslant 0)$ 和 $\sqrt{\frac{a}{b}}=\frac{\sqrt{a}}{\sqrt{b}}\ (a\geqslant 0, b>0)$ 性质也是从具体数值的运算中发现规律．二次根式的运算法则 $\sqrt{a}\times\sqrt{b}=\sqrt{ab}\ (a\geqslant 0, b\geqslant 0)$ 和 $\frac{\sqrt{a}}{\sqrt{b}}=\sqrt{\frac{a}{b}}$ $(a\geqslant 0, b>0)$ 可通过二次根式的性质直接得出，然后让学生自己举例，利用发现的规律进行验证性计算，最后归纳得出二次根式的乘除法则．性质 $(\sqrt{a})^2=a(a\geqslant 0)$ 和 $\sqrt{a^2}=a(a\geqslant 0)$ 还可以看成是 $\sqrt{a}\cdot\sqrt{b}=\sqrt{ab}\ (a\geqslant 0, b\geqslant 0)$ 在 $a=b$ 时的特例．二次根式所有运算的性质和法则都是采用从特殊到一般的归纳方式得出，体现代数的核心思想——归纳．

最简二次根式的概念是加减运算的基础，将二次根式化为最简二次根式后，二次根式的加减运算实际上就是对被开方数相同的二次根式作“合并同类项”，即合并同类二次根式．由于“在有理数范围内成立的运算律在实数范围内仍然成立”，因此二次根式的加减运算本质上是利用了分配律，即 $m\sqrt{a}\pm n\sqrt{a}=(m\pm n)\sqrt{a}\ (a\geqslant 0)$．教学时，要采用归纳的方法，从特殊到一般，引导学生概括出二次根式加减运算的法则，并通过几个二次根式混合运算的例题引导学生认识二次根式的性质和运算法则与整式的性质和运算法则之间的一致性．通过二次根式的学习，学生将建立起比较完善的代数式及其运算的知识结构，培养学生的符号意识和运算能力，并为勾股定理、一元二次方程、二次函数等内容的学习孕伏了准备．

二次根式的运算，在内容上要注重与实数内容的联系，一方面要在“二次根式是一类特殊的实数，因此满足实数的运算律，关于整式运算的公式和方法也适用”的思想指导下，展开二次根式运算法则的学习．另一方面，由于数式通性，只要将二次根式中的实数看成字母，二次根式的运算实际上就是整式的运算，体现了换元的思想．

二次根式的运算，在思想方法上要重视与整式和分式之间的联系，要放在“代数运算”这个大系统下，加强“从概念到法则”“利用运算律进行运算”“利用乘法公式简化运算”等思想方法的教学．即运用整式的运算法则、乘法公式等简化二次根式运算的方法，体现转化与化归的思想．二次根式的加减法与整式的加减法类似，只要将根式化为最简二次根式后，去括号与合并“同类二次根式”就可以；二次根式的乘法与整式的乘法类似，可借助于乘法公式运算；二次根式的除法与分式的运算类似，如果分子、分母中含相同的因式，可以直接约去，突出二次根式运算的本质．与分式运算一样，在二次根式的运算中，乘除运算比加减运算更容易，并且是加减运算的基础．

二次根式作为初中阶段“数与式”主题的最后一章（终端单元），不仅承担二次根式知识的教学任务，而且也承担着整理“数与式”的内容、方法和基本思想的任务，要体现整体性，使学生通过本章学习建立完整的代数知识结构，并进一步形成代数问题的基本研究方法，即引入（现实与数学）→定义（整式或分式的算术平方根）→表示（符号表示：$\sqrt{a}$（$a\geqslant 0$），表示数量关系）→性质（二次根式性质）→运算（二次根式运算：利用二次根式运算性质转化为整式或分式运算）．

总之，数与式的教学，应把握数与式的整体性．一方面，通过负数、有理数、实数的认识，帮助学生进一步感悟数是对数量的抽象．知道绝对值是对数量大小和线段长度的表达，进而体会实数与数轴上的点一一对应的数形结合的意义，会进行实数的运算；另一方面，通过代数式和代数式运算的学习，让学生进一步理解字母表示数的意义，通过基于符号的运算和推理，理解运算方法和运算律的关系，建立符号意识，感悟数学结论的一般性，理解运算方法与运算律的关系，提升运算能力．[10]

三、方程知识结构分析及教学建议

方程是数学的基本概念之一，是用代数的思想方法解决数量相等的关系问题．列方程与解方程是运用方程分析问题和解决问题的基本活动方式，其中蕴含了“化归”与“建模”的思想．设未知数、列方程是建立方程模型解决实际问题的关键步骤，而正确地理解问题情境，分析其中的等量关系是设未知数、列方程的基础．方程是解决实际问题的一种有效模型，属于“方法型数学模型”，其核心是建立模型的方法，具体体现在建立方程模型的关键步骤上．在初中阶段的方程主要包括一元一次方程、二元一次方程（组）、一元二次方程、分式方程的概念和解法以及它们之间的关系，渗透了模型思想、消元思想、降次思想、转化思想等诸多的思想方法．其知识结构关系如图 3-13 所示．

尽管每一类方程的表达式不同，但它们有类同的研究结构，方程学习的“一般观念”：

研究思路：实际问题→抽象为数学问题→建立方程模型→方程的概念（定义、表示、解的定义）→性质（等式性质）→运算→联系与应用．

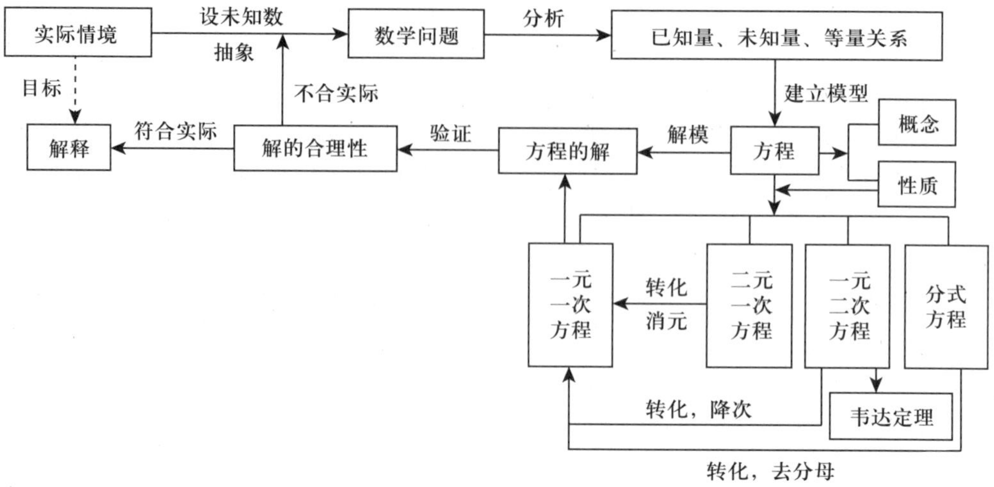

图 3-13

研究内容:方程定义,方程表示(列方程),等式性质,运算(解方程),根与系数关系,解决实际问题(建模).

研究方法:从具体到抽象,从特殊到一般,用归纳的方法研究;利用推理的方法得到一元二次方程根与系数关系(韦达定理);建立方程模型的方法;解法中的转化(消元、降次、化整、换元等)

方程的概念是基础,教学时要注意代数式、方程和等式三者的区别．代数式是“用代数运算符号把数字或字母表示的数连接而成的式子”,因而,代数式归根到底表示一个数,即它的本质是“数”;方程是含有未知数的等式,是用等号连接两个代数式,它的本质是一个“关系”,只有当其中字母代表一定数值时,两个代数式的值才相等,由于上述的“一定数值”一般不是立即就能看出来的,因此,称为“未知数”;但并不是含有字母的等式都是方程,如 $2x+1=x+1+x$,虽然含有字母 x,但这里的 x 谈不上是未知数,因为它无论代表什么数值,等式总是成立,因而,$2x+1=x+1+x$ 是等式,但不是方程．

方程概念的教学要遵循从上位到下位的认识原则,采取“整体—部分”的教学策略,使学生整体把握方程的学习类型．其学习结构为:大量的事实材料→抽象出数学问题→建立方程模型(有整式、分式甚至有根式,整式方程有一次、二次;有含一元、二元)→聚类分析、归纳本质属性→方程定义→分类分析(依据未知数的位置、个数、次数)→各类方程抽象命名→局部研究．这种从上位到下位、从整体到局部的教学过程,不仅与人的认识事物的规律保持一致,而且能使学生理解不同类型方程之间的联结关系,还能培养学生辨析比较、归纳概括、分类思考的能力．

方程的运算是核心,解方程的根据是方程的同解原理．对于方程的解法,不同的教材有不同的呈现方式．有的教材是直接给出具体方程,然后研究这种方程的解法,重视方程解法的程序性思维培养．而有些教材是将“解法”与“应用”联系起来思考,如人教版教材“解一元一次方程(一)——合并同类项与移项”时,首先呈现实际问题,通过设未知数,得到相应的方程,然后研究解方程的具体方法——移项和合并同类项．教材将“解法”与“应用”融合在一起,使单元内每节课的教学都经历“实际问题$\xrightarrow{\text{抽象}}$数量关系$\xrightarrow{\text{建立}}$方程模型$\xrightarrow{\text{求解}}$方程$\xrightarrow{\text{检验}}$方程的解”的全过程,这样的处理方法至少有两方面的好处:一是使学生不仅可以了解和思考“方程从哪里来”“为什么要建立方程”“如何建立方程”“如何解方程”“方程的解是否有意义”等问题,帮助学生了解知识的因果关系和来龙去脉，体现了整体性，促进学生对学习方程价值的认识；二是有利于逐步分散学习难点，培养学生利用方程解决实际问题的信心和能力．这是因为“方程应用”对大部分学生来说是学习的难点，将“解法”与“应用”融合，避免了单元最后难点集聚的情况，通过教师由简单到复杂递进设计，将困难的知识和方法按照由易到难的过程进行分解，实现了学生分析问题和解决问题的能力按照循序渐进的过程逐步提升的目标．

(一)等式的基本性质

1．初中数学中的代数性质核心概念有等式的基本性质、不等式的基本性质、分式的基本性质、根式的基本性质，这些性质分别是解方程、解不等式、分式运算、根式运算的重要依据．代数性质的研究内容是“代数运算的不变性”：等式的基本性质研究对等式两边同时实施加减乘除运算后，等式是否仍然成立；不等式的基本性质的研究对不等式两边实施加减乘除运算后，不等式是否仍然成立；分式的基本性质研究对分式的分子分母实施加减乘除运算后，分式的值是否不变；根式的性质研究主要是根式如何进行加减乘除运算．因此，从整体性教学策略——“学・用”结构教学策略来看，等式的基本性质的教学是“学结构”阶段，主要让学生学会“等式的基本性质”教学的一般观念，从而形成代数性质教学的一般观念：发现规律猜想性质——验证猜想得到性质——明确内涵表示性质——解决问题巩固性质．而不等式的基本性质、分式的基本性质和根式的基本性质主要是“用结构”阶段，即运用学生已有的“等式的基本性质”的研究过程、研究方法进行类比研究．

代数性质的研究其特点主要是“算算看”，其数学思想是归纳，即从一系列的算式中抽象归纳代数性质：给出一些具体的算式，在等式或不等式的两边，在分式的分子与分母同时实施同样的运算，根据一系列算式的共同点抽象归纳得到代数性质．

2．等式基本性质探究是通过数学实验得到的，经历“实验→观察→发现→归纳”的过程．在实验环节的问题设置上引导学生能够直观地明确每一步的操作过程．特别要引导学生感悟天平从一种平衡状态到另一种平衡状态，抽象为数学就是保持等式在加减乘除运算中的不变性，这就是等式的基本性质的研究思路，也是核心思想．理解时重点关注两个方面：

(1)教材呈现以图代文，教学必须由图及文．在实验操作过程中注意以下三点：一是演示要反复多次并能让学生注意到每一次操作都是“对称的”；二是要让学生体会到这种操作是“可逆的”(添加或取出)；三是要注意让学生思考操作过程中的不同状态：从一种平衡通过“操作”到另一种平衡，在这一变化过程中不变的是什么？

(2)图是图，文是文，数学抽象是理性的抽象．在经历直观、抽象的过程中要注意两个方面：一是明确“平衡状态”在数学中可以用“等式”来刻画，初步体验用“等式”来刻画“作用效果”的等价性(“度量”的本质)等；二是要区分教材图示中“双箭头”与数学中的“互逆运算”并非完全等价．其中在性质 3 的实验过程中，对天平称量而言是可逆的，而抽象成等式性质 3 是不可逆的．要让学生体会数学抽象不是生活问题简单数学化和数学问题简单字母化，数学抽象必须排除全部无关量，抽取其中本质的、规律性的部分，并用最为简洁的数学关系加以表达．

(二)一元一次方程

1．方程与算式．从“算式到方程”关键是让学生体会“方程的优越性”“从算术到方程是数学的进步”，其核心是有关方程的概念及等式的性质．通过学习方程的概念，应使学生认识到方程是比算术式子更有力的学习工具．未知数可以列入方程，并像已知数一样参与运算，这就打破了列算式时只能使用已知数的限制，这样的突破使得列方程一般比列算式更直接、更自然、更宽松，从而给解决问题带来更大的便利，体现了方程的优越性．通过学习等式的性质，再结合运算律，使得解方程的方法有了理论依据，这体现了算法的合理性．

从数学方法上看，算术式表示一个计算过程，但其受到“其中只含已知数而不能有未知数”的限制；代数中设未知数或列方程时首先需要用式子表示问题中有关的量，这些式子实际上也是算式，只是其中可能含有用字母表示的未知数。用字母表示数（特别是未知数）正是代数学的“发端”．方程是根据问题中的等量关系列出的等式，其中既含有已知数，又含有未知数，这是代数方程与算术算式的区别之一．由于方程中可用未知数与已知数一起表示相关的量和它们之间的某种相等关系，并且未知数可与已知数一样参与运算，这就打破了未知数只有先求出后才能使用的限制，所以方程的出现明显地使代数方法超越了古老的算术方法．

2．一元一次方程整体教学思路．一元一次方程作为“方程主题”的起始认识对象（起始单元内容），应让学生学会方程的学习方法，建立方程的学习结构（知识结构、过程结构与方法结构），形成方程学习的“一般观念”，即“实际背景$\xrightarrow{\text{抽象}}$数学问题$\xrightarrow{\text{建立}}$方程模型$\xrightarrow{\text{概括}}$方程概念$\xrightarrow{\text{整体感悟}}$方程的类型$\xrightarrow{\text{局部研究}}$一元一次方程概念（定义、表达式、方程的解）→等式的基本性质→一元一次方程解法→应用（建模）”以及各局部知识学习的一般方法，为后续其他方程的学习提供基本活动经验．同时要渗透数学思想方法，如模型思想、化归思想、符号意识等；关注数学文化的传承，如方程史话、希腊数学家丢番图、元代算学名著《算学启蒙》等．

3．一元一次方程的应用教学．运用方程解决实际问题的重要性不言而喻，评价初中学生的思维是否清晰，几何比代数更明显，而代数中，首推应用问题．但运用方程解决实际问题不仅是方程主题，而且是代数领域的一大难点之一，主要是因为正确列出的方程能准确地表达出题目中量之间的关系，这是列方程的基本原理，而学生正是苦于找不到等量关系或准确表达题目中量之间的关系，尤其在初学“列方程解应用题”阶段．有的老师对学生说：通过分析，找出等量关系，列出方程．这种说法“放之四海而皆准”，但含含糊糊，无济于事；教材在总结归纳时指出“根据相等关系列出方程”，这种把题中蕴含的相等关系找出来，指出了一个明确的方向，但它把“相等关系”神秘化，尤其是列出的方程必须是“一元一次方程”，遏制了学生的思维，容易使初学者望而生畏．

作者在应用题教学时的做法是采取“两种算”，即在题意分析的基础上，随便“拉出”一个量，用两种方式表达“它”，中间连上“等号”，方程即列成．这种列方程方法具有很强的操作性，体现了思维的整体性、策略的开放性，能让不同层次的学生根据自己的思维特点找到自己喜欢的“等量关系”．列出的方程可能是一元一次方程，也有可能是分式方程，让学生感受不同方程模型可以刻画同一个实际问题，体现了模型的多样性．但对分式方程，只要学生能转化求解即可，不必强调增根概念．总之，“两种算”列方程的方法，不仅有效降低列一元一次方程的难度，而且为其他方程列式提供了思维方法，尤其是融通了分式方程. 如浙教版教材七年级上册“一元一次方程的应用”中的例题：

某文艺团体为“希望工程”募捐义演，全价票为每张 18 元，学生享受半价．某场演出共售出 966 张票，收入 15 480 元，问这场演出共售出学生票多少张？

本题包括未知量共有五个量，若设学生票 x 张，就有五种列方程的思路：

思路 1:以两种方式表达全价票 18 元,即 $18=\dfrac{15\,480-\frac{1}{2}\times 18x}{966-x}$.

思路 2:以两种方式表达半价票,即 $\dfrac{15\,480-18(966-x)}{x}=9$ 或 $\dfrac{15\,480-18(966-x)}{18x}=\dfrac{1}{2}$.

思路 3:以两种方式表达售出 966 张票,即 $966=x+\dfrac{15\,480-\frac{1}{2}\times 18x}{18}$.

思路 4:以两种方式表达总收入 15 480 元,即 $15\,480=\dfrac{1}{2}\times 18x+18(966-x)$.

思路 5:以两种方式表达学生票价,且在其中一种表达中不许出现 x,即 $x=\dfrac{18\times 966}{18+\frac{1}{2}\times 18}$.

其中思路 1、2 是分式方程,思路 5 本质上是算术方法,教师引导学生思考:这五种列方程的思路,你喜欢哪种思路? 说说你的想法.在此基础上归纳方法、求解方程。对分式方程的求解,重在思路和验根,弱化增根概念。

(三)二元一次方程(组)

二元一次方程(组)的教学要类比一元一次方程的研究思路展开.二元一次方程组的解法是消元,消元是解线性方程组的主要思想,要做好从“多元→…→二元→一元”的转化与化归,渗透模型、消元、程序化等数学思想.二元一次方程(组)要用函数的观点来统领.因为对于 $ax+by=c(a\neq 0,b\neq 0)$既是二元一次方程的表达式,又是一次函数的表达式,当 x 反映的是某一时刻的值时,$ax+by=c$ 是方程;当 x 反映的是某一过程的变量时,y 是 x 的函数.因此,二元一次方程 $ax+by=c$ 在“当 x 为多少时,求 y 的值”时,教师要善于追问:“当 x 每确定一个值时,y 有几个值与它对应?”渗透函数对应思想.

(四)分式方程

分式方程是一类有理方程,是某些类型实际问题的数学模型,具有整式方程不可替代的特殊作用.在分式方程的教学中,一方面要遵循方程研究的“基本套路”:实际问题$\xrightarrow{\text{抽象}}$数学问题$\xrightarrow{\text{建立}}$分式方程模型$\xrightarrow{\text{概括}}$分式方程的本质属性→下定义→分式方程表示→分式方程性质→解分式方程→利用分式方程解决实际问题;另一方面要注意解分式方程的基本思路的形成,即化分式方程为整式方程.这是在原来已经认识的解方程的基本思路——使方程逐步转化为 $x=a$ 的形式的基础上发展而得到的,其思路是自然地、合理地产生.这样处理既突出了分式方程解法上的特点及其算理,又反映了分式方程与整式方程在解法上的内在联系,体现了解分式方程过程中的化归思想和程序化思想(化分式方程为整式方程、解整式方程、检验).

对分式方程“增根”的理解是学生的一大难点.因为用各分母的最简公分母去乘方程两边时,不能保证所得的方程与原方程同解,如果最后未知数(如 x)的值使最简公分母不为零,则这个步骤符合方程的同解原理,这个 x 的值就是原方程的解;否则,不保证新方程与原方程同解.从另一个角度来看,既然使最简公分母为零,则必使某个分母为零,该分式无意义,原方程不可能成立，这个 x 的值就不是原方程的解，而是增根．若最简公分母的值恒不为零时，用它去乘方程的两边，符合方程同解原理，则新方程的解无需检验，必是原方程的解．

因此，在分式方程解法的教学中，要重视分式方程的特殊性，突出解分式方程的关键步骤——去分母、验根，体会化归思想在解分式方程时的指导作用．同时，要基于学生的认知基础和接受能力，在强调解分式方程必须检验时，不要对增根理论进行深入讨论．教学要求为通过具体例子展现解分式方程时可能出现增根的现象，并结合具体例子分析产生增根的原因，然后归纳出检验增根的方法．既要说明做法的合理性，又适可而止，不超越学生的实际水平．

(五)一元二次方程

1. 系统地理解一元二次方程．一元二次方程作为初中"方程主题"的最后一个单元(终端单元)，身处"收口"位置，承载着融合与升华的重任，需要在结构上梳理好方程领域的整体贯通脉络，而成一体的数学知识结构，彰显数学教学的前后一致性和逻辑连贯性，以及思想方法的普适性．首先，作为方程，自然遵循方程学习的"基本套路"：实际背景$\xrightarrow{\text{抽象}}$数学问题$\xrightarrow{\text{建立}}$一元二次方程模型$\xrightarrow{\text{概括}}$一元二次方程本质属性→下定义→一元二次方程表示→分类(不同类型)→解法→应用(建立一元二次方程模型)．其次，从数学知识的内部发展看，二元一次方程组、三元一次方程组可以看成是对一元一次方程在"元"上的推广．自然地，对一元一次方程如果在"次"上做推广，就是一元二次方程、一元三次方程以及简单的一元高次方程，显然，一元二次方程是最简单的高次方程．从方程的解法而言，二元一次方程组解法的基本思路是"消元"，即将多元转化为一元．类比二(三)元一次方程组的解法，很自然想到解一元二次方程的基本思路是"降次"，关键是将一元二次方程转化为一元一次方程．因此，如何将"二次"降为"一次"是本单元研究的核心问题．

解一元二次方程的基本策略是"降次"，即通过配方、因式分解等方法将一个一元二次方程转化为两个一元一次方程来解，其基本原理是 $m\cdot n=0\to m=0$ 或 $n=0$. 在推导求根公式的过程中，从 $x^2=m$ 到 $(x+n)^2=m$，再到 $ax^2+bx+c=0$，是方程形式的不断推广，体现了从特殊到一般、由简单到复杂的过程；而求解方程的过程则是将推广所得的方程转化为已经会解的方程，体现了化归思想，培养学生的推理能力和运算能力．上述过程，让学生反复经历了"具体—抽象""配方—分类讨论"的过程．

解方程是方程学习的基础，也是重点内容之一，要为学生构建研究一元二次方程解法的连贯性，其"解法"研究路径为：实际背景引入→从已有经验中总结解方程的一般思想方法(化归为一元一次方程)→类比二元一次方程组的"消元"，得到解一元二次方程的思路"降次"→从简单、具体、特殊的一元二次方程(如 $x^2=25$、$x^2=m$、$(x+3)^2=5$、$x^2+6x+4=0$、$(x+n)^2=m$ 等)探索"降次"的方法(直接开方法、配方法)→用配方法推导求根公式法→针对特殊的一元二次方程的特殊解法(因式分解法)．

在解决一元二次方程问题时，要用好"一元二次方程根的判别式"和"一元二次方程根与系数关系"(即韦达定理)．涉及根的情况问题，即有无实数根、两根是否相等等问题论述，要用"根的判别式"这个工具；涉及根的符号问题，如两根同号、两根异号等问题以及两根 x_1 和 x_2 的对称式问题，要用"韦达定理"．在使用"韦达定理"时，通常要联合使用"根的判别式"，因为"根的判别式"是判定一元二次方程有无实数根的依据．

2. 一元二次方程的教学要注意整体性，重视系统设计．首先，在章节的起始课，要设计出能体现一元二次方程不同结构特征的实际问题，建立相应的数学模型（如体现 $ax^2+c=0$、$ax^2+bx=0$、$a(x+n)^2=m$、$ax^2+bx+c=0$ 几种类型的具体方程），让学生经历概念形成的过程中，整体感悟一元二次方程的不同结构特征．这样设计的好处在于让学生整体概览一元二次方程的结构类型以及各类型结构之间的关系，便于学生在研究一元二次方程的解法时能明确“研究方向”，遵循由简单到复杂，由特殊到一般思维路径展开解法研究，即按照 $ax^2+c=0\to ax^2+bx=0\to a(x+n)^2=m\to ax^2+bx+c=0$ 的顺序进行研究，避免学生被动跟着老师学的局面，建立有意义的学习心向．其次，让学生经历研究一元二次方程解法的完整性，避免不同解法之间的割裂．其中，方程 $ax^2+c=0$ 的解具有奠基作用，可采用直接开方法或因式分解法求解，特别是对 a、c 的分类讨论，蕴含了对判别式的分类讨论，所以是一元二次方程解法的基础，一定要让学生深度体验和理解掌握；对 $ax^2+bx=0$ 类型方程，可采取因式分解法求解；推广的方程 $a(x+n)^2=m$、$ax^2+bx+c=0$（如教材中 $(x+3)^2=5$ 与 $x^2+6x+4=0$）是获得配方法的载体．配方法是公式法的基础，公式法是直接利用公式求根，省略了配方的过程，因式分解法是解特殊形式的一元二次方程的简便方法．一元二次方程解法的研究经历从特殊到一般，在研究一般情况后，再考虑特例，这是数学研究的一般观念，也体现了数学哲学思想．再次，要加强联系，引导学生关注用字母表示一元二次方程的系数和求根公式的意义，利用代数推理得到根与系数的关系，并感悟根的判别式和韦达定理对方程解的意义．

四、不等式知识结构分析及教学建议

在现实生活中，数量关系有“相等”与“不等”两种关系．与方程一样，用代数的思想方法解决数量不相等的关系问题从而形成了不等式知识．不等式与方程，尤其一元一次不等式与一元一次方程是并列结合关系，可以利用水平迁移方法展开研究，它们从定义、性质再到思想方法都十分类似，两者之间具有同构关系（图 3-14）．

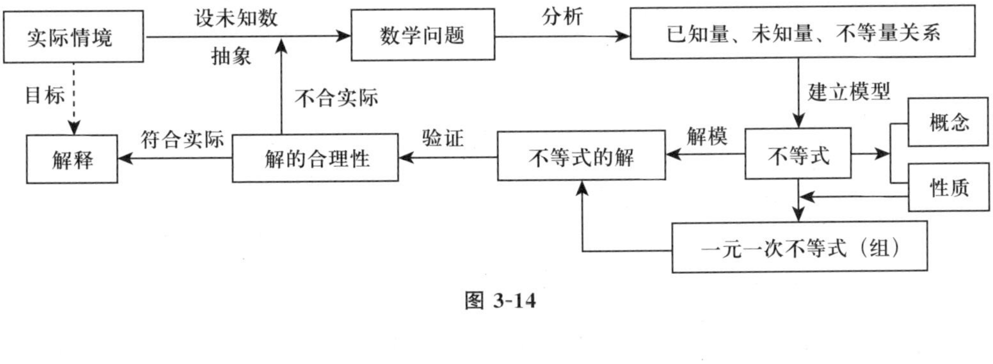

图 3-14

因此，一元一次不等式的研究结构为：

研究思路：引入与定义不等式→不等式表示→不等式性质→运算（不等式解法）→应用（建立不等式模型）．

研究内容：不等式概念、不等式性质、不等式运算、建立不等式模型解决实际问题．

研究方法：从具体到抽象，从特殊到一般，用归纳的方法研究；建立不等式模型的方法；借助数轴求解，体现数形结合思想、集合思想、转化思想；类比一元一次方程学习．

一元一次不等式的研究要以一元一次方程为类比源，以它们的联系为切入点，做好从方程到不等式的迁移，如图 3-15 所示．

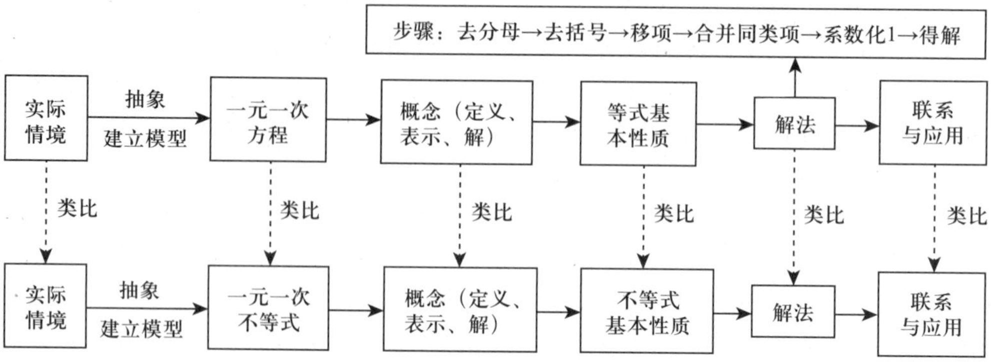

图 3-15

同时，一元一次不等式研究也要强调与一元一次方程的区别，主要体现在三个方面：一是解的问题，一元一次方程是等式，它表达了等号两边代数式的值必须满足相等的关系，因而方程中的字母（未知数）只能代表一个特定的数，该数值称为方程的解；一元一次不等式，表达了不等号两边的代数式的值必须满足指定的大于（或小于）关系，因而一元一次不等式中的字母（未知数）也只能代表在一定范围内的数，该范围称作不等式的解集．二是变号问题，解一元一次不等式的步骤及程序，除了"当用一个负号去乘（或除）不等式两边时，必须改变原不等号的方向"这个要求外，与解一元一次方程相同．正是这个不同，也决定了不等式与方程本质不同；三是解二元一次方程组是通过消元转化为一元一次方程，而解一元一次不等式组是要求解每一个一元一次不等式，求解集的公共部分，体现集合思想．方程、不等式解法结构分析如表 3-3 所示．

表 3-3

类型	性质	方法	思想
一元一次方程	等式性质	去分母、移项、系数化 1	化简、化归
二元一次方程组	等式性质	代入消元、加减消元	消元
一元二次方程	根的判别式 韦达定理	提取公因式法、直接开方法、十字相乘法、配方法、求根公式法	降次、转化
分式方程	等式性质	去分母转化为一元一次方程（课标要求）	转化
一元一次不等式	不等式性质	去分母、移项、系数化 1	化简、化归
一元一次不等式组		解各个不等式，求解集的公共部分	集合

一元一次不等式（组）的解法及解集在数轴上的几何表示是基本技能，体现数形结合思想，是培养把数式与图形结合起来进行思考的习惯和能力．

五、函数知识结构分析及教学建议

世界永远是处于运动变化之中，因此无论是数量关系中还是空间形式中都充满了有关运动变化的问题，函数正是研究运动变化的重要数学模型．因此，函数概念的出现既是客观实际的需要，也是数学内部发展的需要，它是以变化与对应思想为基础，通过数或形定量地描述（或数量化地表述）变化与对应现象的数学工具．初中阶段的函数是基本初等函数，是初中数学的核心内容，是代数的“纽带”，以探索简单实际问题中的数量关系和变化规律为背景，经历“找出常量和变量，建立函数模型表示变量之间的单值对应关系，讨论函数模型，解决实际问题”的过程，主要包括：正比例函数、一次函数、反比例函数和二次函数，其中正比例函数是一次函数的特例，是研究其他函数的基础．其知识结构关系如图 3-16 所示．

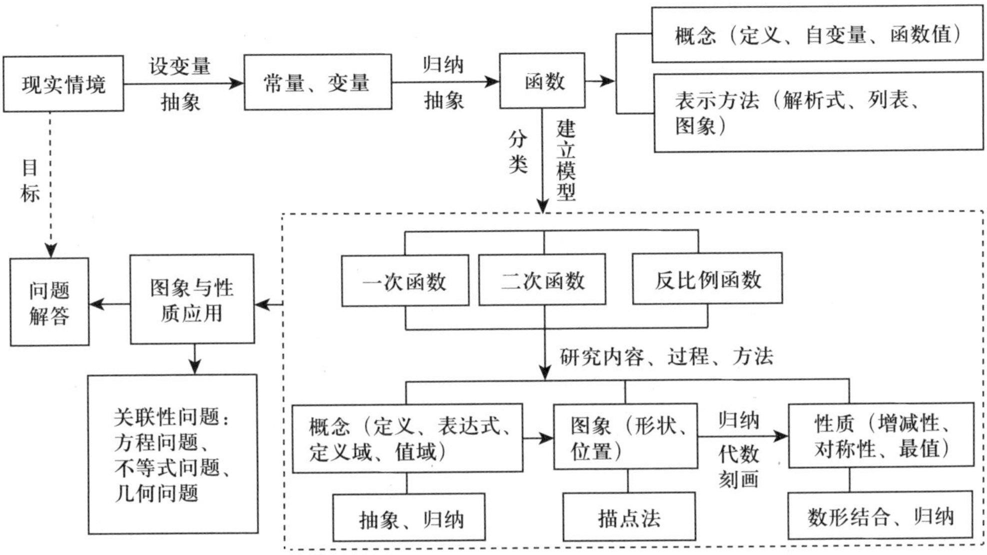

图 3-16

尽管不同的函数都有各自的特征，反映不同的运动变化规律，但它们有类同的研究结构：

研究思路：实际背景→抽象、归纳形成概念（定义、表达式、定义域、值域）→绘制图象（位置、形状、对称性）→研究性质（增减性、最值；特殊推广到一般）→联系与应用．

研究内容：一是获得研究对象——需要经历将实际背景抽象为数学问题，再将数学问题抽象概括为具体函数；二是确定研究内容——函数的定义、表达式、取值范围（定义域、值域）、函数图象（形状、位置）、函数性质（含增减性、对称性、最值等）；三是研究与之相关联的问题，这种关联性问题包括：①代数属性的关联——对应方程的解和函数零点的关系、函数值的正负与不等式的关系；②几何属性的关联——函数图象在坐标系中的位置与截距、弦长等几何量之间的关系．[11]

研究方法：通过对大量实例的抽象、归纳形成概念；用描点法画函数草图；从特殊到一般，通过观察函数的图象归纳共性，并用数学语言刻画函数的性质（推广到一般），体现数形结合思想；建立函数模型，解决实际问题．

在函数的图象与性质的研究过程中，注意引导学生整体把握函数的解析式、图象与性质之间的内在联系．函数的解析式与图象是两种不同的表现形式，它们分别从数与形两个维度反映函数的特征，所以函数的解析式和图象是研究的对象．初中阶段函数图象，主要研究图象的位置与形状．尽管不同的函数其图象的特征不同，但它们有相同的方法：描点法以及一般化、归纳、分类讨论，如图 3-17 所示．

函数性质的研究，就是要研究函数的要素（自变量、因变量、对应关系）稳定的关系，即研究对应关系的性质，也就是因变量随自变量的变化呈现出怎样的变化规律．那么，从哪些角度来

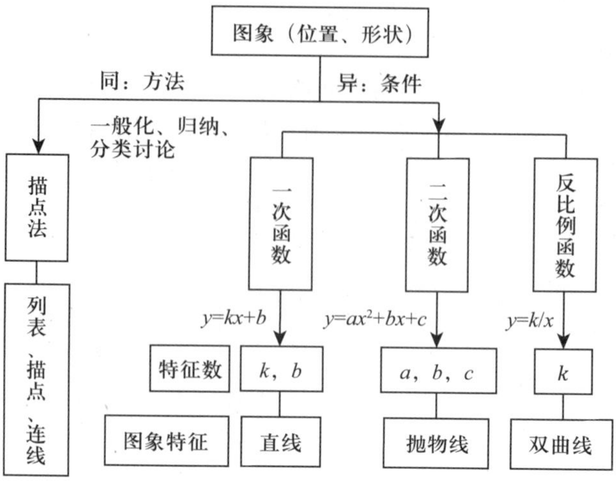

图 3-17

研究函数的性质？显然，从函数的要素入手．首先，明确在什么范围内讨论问题，也就是要确定自变量的取值范围——定义域．根据函数的对应关系，相应地就要研究函数因变量的范围问题——值域．其次，变化规律可以用哪些方式来表示？可以用解析式、表格、图象、文字语言等来表示，其中解析式是对变化规律的定量化描述，其要素是对应的系数．函数是研究运动变化规律，因此研究的性质主要有：增减性（因变量随自变量增加而变化）、对称性（美学直观）、最值（运动过程中极端情况）、奇偶性（简化事物研究过程）、周期性（运动周而复始）．初中阶段主要研究函数的增减性、最值和对称性，是依据图象来刻画和描述的．因此，教学时，应将解析式、图象和性质联系起来进行思考，整体把握它们之间的关系，帮助学生理解和体会数形结合的思想方法，养成“胸中有图、图中有数”的思维习惯．

函数是刻画运动变化规律的数学模型，要注意让学生经历从实际问题中建立函数模型、求解模型、验证反思的过程，形成模型观念．其过程如图 3-18 所示．

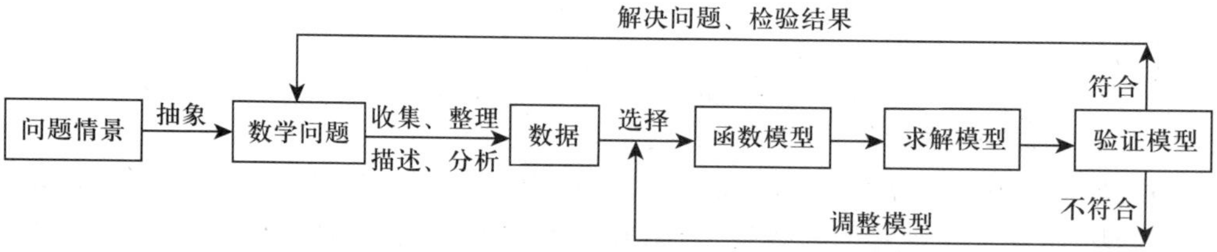

图 3-18

在建立模型解决实际问题的过程中，要让学生经历数据的收集、整理、描述和分析的统计过程，难点在于数量关系的分析和数学模型的选择，重点是培养学生的有序思维习惯，即函数研究的一般过程与方法，包括借助直观方法分析题意、检验所得方程（或函数）及其根的实际意义，找出合乎实际的结果等，为学生构建前后一致、逻辑连贯的学习过程．

（一）函数概念

1．函数概念的理解．函数概念主要学习常量与变量、函数定义、函数表示和概念的简单应用，其结构关系如图 3-19 所示．

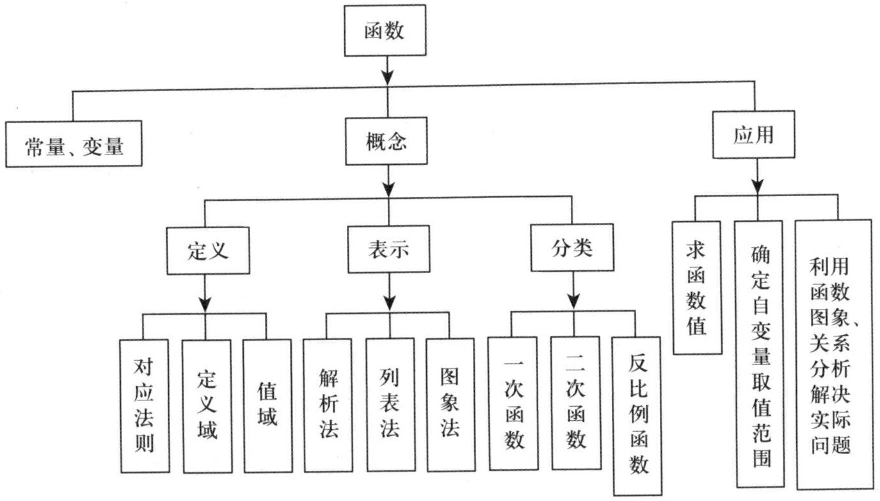

图 3-19

结合简单的实际问题对事物的运动变化进行数量化讨论，引出常量和变量的意义，再从描述变量之间对应关系的角度刻画了一般函数的基本特征，从而初步建立函数的概念，并给出函数的解析式的意义．函数概念的形成经历“问题情境→引导学生填表和列式表示问题中相关的量→认识主要特征→常量和变量→抽象归纳变量之间的共同特征→函数（定义、自变量、函数值）”的过程，突出抽象、归纳的思想方法．

函数概念的归纳过程要处理好三个基本问题：一是函数的现实背景问题，它是刻画哪类运动变化现象？要搞清楚这类变化过程的基本特征，明确不同现象的差异点，从而精确区别不同变化现象，这是明确问题对象的过程．二是函数要素及要素之间的关系问题，即决定这些运动变化现象的要素是什么？（函数的要素为：自变量、因变量、对应关系）要素之间的相互关系如何？通过对这类运动变化现象的深入分析，找出常量、变量及其它们之间的依赖关系．这里的“依赖关系”常常要借助于运算而建立对应关系．三是函数模型的表征问题，即用什么来刻画数学模型？要以“依赖关系”为导向，利用代数、几何中可以表示这些关系的数学式子、表格、图象等加以明确（即函数的三种表征方式）．

函数的要素是自变量、因变量、对应关系，其中对应关系是核心．因此，函数的概念教学要突出“变化与对应”，主要有两层含义：一是两个变量相互联系，一个变量变化时另一个变量也发生变化；二是函数与自变量之间是单值对应关系，自变量的值确定后，函数的值是唯一确定的（即“你定我也定”）．以上两点是关于函数的最基本、最朴素的刻画．

2．函数概念的教学要体现整体性．

（1）函数有三种表示方法：解析法、列表法和图象法，要让学生体会它们之间的区别与联系，为后续学习其他各类具体的函数做了必要的准备．其中函数的图象法，即通过坐标系中的曲线上点的坐标反映变量之间的对应关系，这种表示方法的产生，将数量关系直观化、形象化，提供了研究问题的重要方法——数形结合．在具体教学中，要引导学生体验、感悟学习函数图象的价值和意义，激发学生积极的学习心态．

（2）要让学生整体概览初中阶段函数的不同类型，即正比例函数、一次函数、二次函数和反比例函数，帮助学生进一步理解函数概念的内涵，明确概念的外延，促进知识的系统化，从而建立函数概念的结构体系，引导学生遵循“整体-局部-整体”逻辑结构展开研究．这里“举例子”很重要，提供的例子要有典型性（函数的本质属性要突出，容易被学生感知）和丰富性（例子要包含本质特征的不同表现形式，例子既要包含函数的不同表示方法，又要包含不同的函数类型），便于学生更好地理解函数的定义和函数的分类．

（二）一次函数

在“数与代数”分支中，运算类型的变化是重要的线索．根据“一次”“二次”等代数式运算类型，将各种函数作为与其相关的方程的后续发展．一元一次方程、二元一次方程组和一元一次不等式等都是以一次（线性）运算为基础的数学模型，可从变化和对应的角度对一次运算进行更深入的研究．

对一次函数的研究，不同的教材有不同的处理方式，有的教材将正比例函数作为一次函数 $y=kx+b(k\neq 0)$ 的特例 $b=0$ 进行简单化处理．有的教材将正比例函数作为一次函数的特殊函数，在一次函数之前进行具体研究，遵循从特殊到一般的认知过程．作者主张后者处理方式，其理由：一是函数概念涉及运动变化，抽象性比方程、不等式都要强，学生对一次函数的理解还是有一定的困难；二是一次函数是初等函数中的基础函数，要为后续其他函数的研究提供结构和方法支撑，为学习其他函数积累基本活动经验，如函数概念的形成过程、函数图象的画法、函数性质研究方法等等，教学承担的任务比较重，这样就要求研究的具体函数要相对简单，才能有充裕时间让学生探索研究的内容、体验学习的过程和方法，积累函数研究的基本活动经验，所以建议一次函数学习先研究其特殊情形——正比例函数，比较符合教学实际情况．一次函数的研究结构：

研究思路：实际问题→分离要素，选择变量→分析变量，建立一次函数模型→一次函数概念（定义、表示、定义域、值域）→正比例函数图象（形状、位置）→正比例函数性质（增减性）→一次函数图象（形状、位置）→一次函数性质（增减性）→联系与应用（一次方程、一次不等式、利用一次函数模型解决实际问题）．

研究内容：一次函数定义、表示、自变量取值范围、函数值；正比例函数的图象与性质、一次函数的图象与性质；一次函数的联系与应用．

研究方法：抽象、归纳；描点法；从特殊到一般（从正比例到一次函数）；分类讨论（k，b 的符号）；类比研究（类比正比例函数研究一次函数）；数形结合、图象变换和模型思想．

1．一次函数概念．函数概念教学都是顺应从实际生活到数学问题的流程．首先，从生活中找出实际问题，列出表达式，根据变量的对应性来辨析其是否函数关系；然后从表达式的共同特点进行归纳，得出其共同特征，从而生成具有不同特点的函数关系．一次函数概念的归纳要处理好三个问题：

（1）现实背景．一次函数是揭示“变量间具有线性关系”的一类函数模型，它刻画的是“匀速变化”的规律．如物体做匀速直线运动，其特征是运动的速度（即物体位移的距离与时间的比值）是一个定值．

（2）要素及其要素之间的关系．在（1）的匀速直线运动中，其要素是速度 v、时间 t 和位移 s，这里 v 是常量，s 和 t 是变量，其关系为 $v=\dfrac{\Delta s}{\Delta t}$ 是一个定值，其中“速度 v 是一个定值”是此类运动区别于其他类运动的关键，它的实际意义是经过相同的时间其物体的位移也相同，反映的是一种均匀变化，每给定一个时间，就有唯一的位移与之对应．如果再给一个初始条件 $t=0$ 时，$s=s_0$，那么其运动规律为 $s=s_0+vt$.

(3)模型的归纳．对于不同类型的问题，都有一个从具体事例到一般规律的归纳过程，得到不同的一次函数．在此基础上，再对它们进行共性的归纳，可以得到一次函数模型 $y=kx+b$，这里特别要注意特征数 k 和 b 意义：b 表示初始条件；k 表示在函数值 y 随自变量 x 的变化而变化过程中，函数值的改变量与自变量的改变量的比值，即 $k=\dfrac{\Delta y}{\Delta x}$，是一个常数．$k$ 的绝对值越大，改变得越快，这里特别要强调以实际问题为依据理解 k、b 的意义．

2. 一次函数特例——正比例函数．正比例函数的学习，虽然内容比较简单，但关键是需要学生在学习过程中总结和提炼函数的研究方法，为后续函数的研究提供类比的对象，是函数研究的基础性工程．从学习的角度来看，是教师引导学生运用启发式、探究式学习方式学会函数研究方法，积累函数研究的经验．具体来说需要学生经历“抽象函数模型→给出函数定义→画出函数图象→研究函数性质→应用函数性质”的心理认知过程，积累从实际问题情境中抽象得到正比例函数模型；给出正比例函数的描述性定义；画出正比例函数图象(列表、描点、连线)；研究正比例函数性质(k 对图象位置影响以及对自变量和函数值之间变化关系的影响、增减性)；正比例函数的应用的经验，为后续其他函数(包括高中的函数)的研究提供先行组织者，形成函数研究的“基本套路”，达到学会到会学的教育目标．

对正比例函数 $y=kx(k\neq 0)$ 的图象与性质研究要分 $k>0$ 和 $k<0$ 两种情况，先研究 $k>0$ 的情况，这种情况应让学生在教师的引导下学会研究，是“学结构”阶段．然后引导学生类比 $k>0$ 研究经验自主研究 $k<0$ 的情况，是“用结构”阶段，实现由学会到会学的转变．

3. 一次函数的图象与性质．正比例函数与一次函数是特殊与一般关系，可利用垂直迁移方式学习．一次函数的研究要注重引导学生类比正比例函数的研究经验，获得一次函数研究的内容、过程和方法，具体来说就是：提供问题情境，形成一次函数概念；类比正比例函数，研究一次函数的图象；结合解析式和图象，研究性质(增减变化规律)；比较一次方程、一次不等式，促进知识横向联系；应用性质解决实际问题，体会模型思想．在讨论函数解析式、图象、性质等问题时，引导学生注意比较函数 $y=kx$ 和 $y=kx+b$ 的异同，考虑前者如何转化为后者以及由此产生的图象变化——对直线 $y=kx$ 作上、下平移变换可得到直线 $y=kx+b$，这就确定了一次函数图象的形状．在此基础上，讨论由两点确定直线 $y=kx+b$ 的一般方法，并引出如何确定一次函数的解析式，得出一次函数的一般性结论．从而利于两者之间的联系，将正比例函数作为一次函数的特殊形式来认识，再将已获得的结论扩充到对一般的一次函数的讨论之中．

4. 建立一次函数模型．借助实际问题情境，引导学生由具体到抽象地认识函数；通过建立函数模型，解决实际问题，培养学生问题解决能力，是学习函数的重要目标．在引导学生建立一次函数模型，解决实际问题的过程中，一要让学生理解建立函数模型的必要性，二要让学生经历函数模型的全过程(图 3-18)，学会建立一次函数模型方法．其中，找出问题中相关变量之间的关系，并以数学形式表现这种关系，是用数学模型表示和解决实际问题的关键步骤，而正确地理解问题情境是基础．对一个问题可以从多角度思考，做好非连续性文本——图象、表格、解析式的转译，养成用数学的语言描述现实世界的习惯．如在一次函数的图象教学时，设计如下两个问题：

（1）请你编写一个故事，使故事中出现的一对变量 x，y 满足图 3-20 所示的函数关系．要求：指出变量 x 和 y 的含义，讲述故事情景．

（2）龟兔赛跑的故事中，存在着很多变量间的函数关系，请你尝试用图象法表示出来．

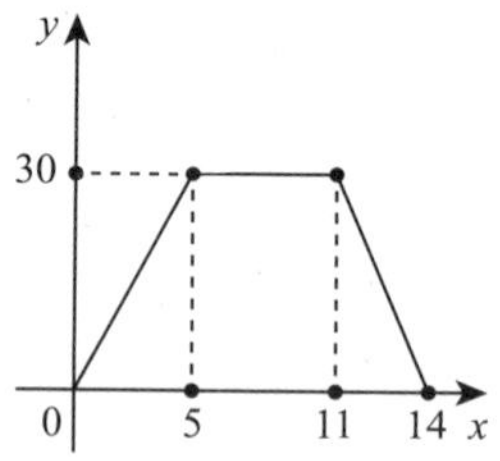

图 3-20

教师引导学生观察所给出的图象，列举满足图象中的函数关系的生活实例，引发从变量"形"的变化（上升、下降、水平）推出变量"数"的变化，从而联系生活中的数量变化，体会函数实质上就是"用数学的语言表达现实世界"的模型思想．

5．用一次函数观点统领三个"一次"．一次函数与一次式、一次方程、一次不等式联系密切，从一次函数的角度对一次方程和一次不等式进行再认识，揭示函数与前面学习的方程、不等式之间的联系，如表 3-4 所示．

表 3-4

一次函数	运算类型		方法
$y=2x-3$	若 $x=3$，则 $y=2\times3-3=3$	求函数值	代数式求值
	若 $y=3$，则 $3=2x-3$，解得 $x=3$	求自变量的值	解方程
	若 $y<0$，则 $2x-3<0$，解得 $x<1.5$	求自变量取值范围	解不等式

同时，要善于借助函数图象解释代数式求值、方程（组）的解以及不等式（组）的解集的意义．充分发挥一次函数与二元一次方程（组）的联结关系，加强知识的横向和纵向的联系，发挥函数对相关内容的统领作用，使学生能用一次函数把以前学习的方程、不等式等数学对象统一起来认识，逐步达到新旧知识的融会贯通，进一步体会函数的重要性，提高多角度地、灵活地分析和解决问题的能力．

（三）二次函数

二次函数刻画的是物体"匀加速"运动、物体呈抛物状运动、图形面积和抛物状物体等模型，其函数表达式（要素之间的关系）为 $y=ax^2+bx+c$，要素为常量 a、b、c 与变量 x、y，其中常量 $a(a\neq0)$ 刻画物体"变化速度——变率"，是核心要素．二次函数的学习要类比一次函数，与一次函数有类似的研究结构：

研究思路：实际问题 $\xrightarrow{\text{抽象}}$ 二次函数模型 $\xrightarrow{\text{归纳}}$ 二次函数概念（定义、表示、定义域、值域）→二次函数图象（形状、位置、对称性）→二次函数性质（增减性、最值）→联系与应用（二次三项式、二次方程、二次不等式、利用二次函数模型解决实际问题）．

研究内容：二次函数定义、表示、定义域、值域；二次函数的图象与性质；二次函数的联系与应用．

研究方法：抽象、归纳；描点法；从特殊到一般（$y=ax^2\to\cdots\to y=ax^2+bx+c$）；分类讨论；类比研究（类比一次函数）；数形结合、图象变换和模型等数学思想方法．

1．二次函数概念．二次函数概念教学一方面类比一次函数概念教学，让学生经历"概念引入→概念形成→概念理解→概念的应用"的全过程；另一方面与一元二次方程一样采取"整体—部分"教学，让学生整体概览二次函数的不同类型，这就要求教师呈现的实际问题要具有典型性和丰富性，包含 $y=ax^2$、$y=ax^2+c$、$y=a(x+m)^2$、$y=a(x+m)^2+n$、$y=ax^2+$

$bx+c$ 这几种类型．先引导学生归纳这些具体函数的共同特征，概括出二次函数的定义，再讨论二次函数的解析式，考查特例．这样设计的好处在于让学生整体感悟二次函数的表达式，构建知识框架，有利于学生在二次函数的图象与性质研究时，明确研究方向，遵循由简单到复杂、由特殊到一般思维路径展开具体研究，即按照 $y=ax^2 \to y=ax^2+c \to y=a(x+m)^2 \to y=a(x+m)^2+n \to y=ax^2+bx+c$ 的顺序进行研究．否则，学生不知道二次函数解析式之间的关系，知识的学习是“点状”，学生只能跟着老师被动地学．

2. 二次函数图象与性质．对二次函数的研究，要善于类比一次函数．函数图象研究遵循从解析式到图象，从图象到性质的过程，体现数形结合思想．因此，应将解析式、图象与性质联系起来考虑，不应割裂分开．同时，后一种函数图象的研究要通过比较前一种特殊函数的解析式及其图象特征，利用“平移”的观念开展研究(图 3-21)．

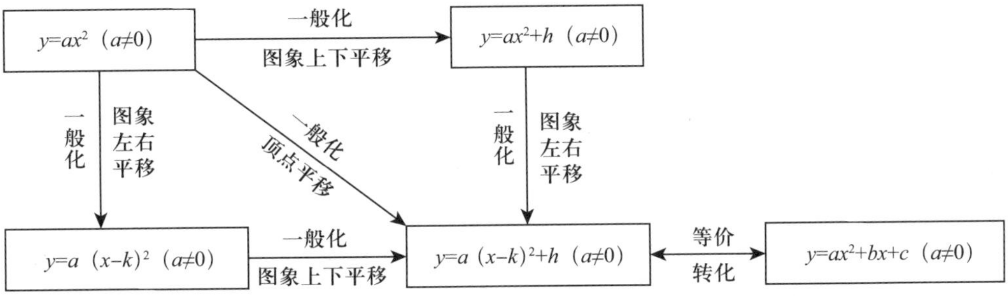

图 3-21

其中，对函数 $y=ax^2(a\neq0)$ 的图象研究主要聚焦 a 的变化，引发图象的变化；由 $y=ax^2 \to y=ax^2+h$ 主要聚焦 a 相同，h 不同，引发图象上下平移；由 $y=ax^2 \to y=a(x-k)^2$ 主要聚焦 a 相同，k 不同，引发图象左右平移；由 $y=ax^2+h \to y=a(x-k)^2+h$ 主要聚焦 a、h 相同，k 不同，引发图象左右平移；由 $y=a(x-k)^2 \to y=a(x-k)^2+h$ 主要聚焦 a、k 相同，h 不同，引发图象上下平移．对 $y=a(x-k)^2+h$ 和 $y=ax^2+bx+c$，聚焦在顶点式与一般式的互化，强调配方法和公式法．

对于最简单、最特殊的二次函数 $y=ax^2$ 图象与性质的研究，要类比正比例函数，采用“学・用”结构策略，对系数 a 进行分类，分 $a>0$ 和 $a<0$ 两种情况讨论，先讨论 $a>0$ 的情况．对 $a>0$ 这种情况，教师要引导学生类比一次函数，学会对图象与性质研究的方法，从图象开始，然后通过图象了解它的性质．其中图象的研究对象为位置、形状、最高点或最低点以及与坐标轴的交点等情况；性质的研究对象为增减性、对称性和最值等．对 $a<0$ 的情况要注意引导学生类比 $a>0$ 的情况进行迁移研究．对其他类型二次函数研究要类比 $y=ax^2$ 研究方法．

另外，画二次函数图象时，选取自变量的值很关键，要根据对称性取点．关注画图象的环节，帮助学生完成从对图象的描述到对函数变化情况的描述的转换，发挥好几何直观的作用．同时，要重视归纳思想，从特殊例子到一般结论，如图象的位置特点、根据图象特征归纳函数性质，通过解析式和图象归纳抛物线 $y=ax^2$ 与抛物线 $y=a(x-k)^2+h$ 的平移规律，其核心是顶点的平移．

(四)反比例函数

凡是能够抽象为“$a=bc$”型数量关系的问题，都可以从正比例函数和反比例函数的角度去认识．当 b 是不为 0 的常量，a、c 为变量时，a 是 c 的正比例函数．因此，正比例函数刻画的是“定比”模型；当 a 是不为 0 的常量，b、c 为变量时，b 与 c 就成反比，b 是 c 的反比例函数，或 c 是 b 的反比例函数．因此，反比例函数刻画的是“定积”模型．这里常量 a 是核心要素，决定着图象的位置与性质，描述具有反比例变化规律的数学模型．反比例函数与一次函数有类似的研究结构：

研究思路：实际问题$\xrightarrow{\text{抽象}}$反比例函数模型$\xrightarrow{\text{归纳}}$反比例函数概念（定义、表示、定义域、值域）→反比例函数图象（形状、位置）→反比例函数性质（增减性、对称性）→联系与应用（分式方程、分式不等式、利用反比例函数模型解决实际问题）．

研究内容：反比例函数定义、表示、定义域、值域；反比例函数的图象与性质；反比例函数的联系与应用．

研究方法：抽象、归纳；描点法；分类讨论；类比研究（类比一次函数）；数形结合思想和模型思想．

1．反比例函数概念学习．反比例函数从具有反比例关系的实例出发，从函数的角度加以刻画，引导学生认识反比例函数．其具体过程为：概念的引入（通过几个具体实例，反比例关系和函数概念）→概念属性的归纳（对几个实例进行分析、比较、综合，归纳它们的共同特征——定积）→概念的明确与表示（定义、符号表示）→概念的辨析（找关键词、举正反例、特例）→概念的巩固与应用（用概念解决简单问题，形成概念做出判断的具体步骤）→概念的“精致”（建立概念体系，完善知识结构）．

2．类比研究图像与性质．不同的函数虽然描述的是不同的变化规律，但其研究方法往往一脉相承、一以贯之．对于反比例函数 $y=\frac{k}{x}$，先重点研究 k>0 的情形，类比一次函数根据解析式，由自变量的值求出相应的函数值，通过列表表示这些自变量的值和函数值；然后把这些值对应的点在坐标系中表示出来；最后用平滑的曲线把这些点连接起来，得到函数的图象．由它的图象，同时结合其解析式，得到其图象的特征（现状、位置和变化规律）和性质．其次类比反比例函数 $k>0$ 的情形研究 $k<0$ 情况，得出 $k<0$ 的函数图象特征和函数性质，最后归纳得到反比例函数的图象特征（形状、位置）和函数性质（增减性、对称性等）．

3．反比例函数图象与性质研究的再探讨．反比例函数的图象可以类比一次函数的图象画法——描点法（列表、描点、连线），分 $k>0$ 和 $k<0$ 两种情况画图象，然后通过反比例函数图象关于原点对称图象归纳反比例函数的性质，这是一个从“形”到“数”的过程，体现“以形助数”的学习策略．但反比例函数与一次函数、二次函数有不同的特征，一次函数和二次函数自变量 x 可以取全体实数，反映在图象上是连续的，而反比例函数的自变量 $x\neq0$，反映在图象上是不连续的．在教学实践中，发现学生画反比例函数的图象以及由图象归纳反比例函数的性质有很大的挑战性，是整个初中函数图象与性质学习的难点．所以反比例函数图象与性质的学习能否考虑从“数”到“形”，即先让学生根据反比例函数的表达式（如 $y=\frac{6}{x}$）猜想函数图象的特征，再让学生利用“描点法”画图象，由图象归纳性质．可引导学生从以下几个方面讨论、思考：$x\neq0$→图象与 y 轴没有交点；$y\neq0$→图象与 x 轴没有交点；$k>0$，$xy>0$→图象在第一、三象限；$|x|$越大，$|y|$越小→图象越接近 x 轴；x 越接近 0，$|y|$越大→图象越接近 y 轴；x 取相反数，y 也取相反数→图象关于原点对称；x 与 y 可以交换位置→图象关于直线 $y=x$ 对称．

这样学生先形成了函数 $y=\dfrac{6}{x}$ 的图象大概“轮廓”，再利用“描点法”画图象，更符合学生的认知特点，有利于突破画图象这一难点．

六、用函数观点统领代数内容

尽管代数知识由不同的知识链（块）组成，即式的概念与式的运算、方程与不等式以及函数，但代数知识却是一个不可分割的整体，在这些不同的知识链（块）之间有着紧密的内在联系．

（一）渗透函数对应思想

数学中有一些重要内容、方法、思想是需要学生经历较长的认识过程逐步理解和掌握的．一个核心概念会以螺旋式上升的方式呈现在教材中．以函数概念为例，函数概念的本质特征是两个变量之间存在一种特殊对应关系（单值对应）．函数的对应关系在教材中有不同的呈现方式，教学时应该把函数概念放在整个系统的框架中理解，渗透函数对应思想（表 3-5）．[12]

表 3-5

年级	内容（初中人教版）	对应关系（对函数概念教学的影响）
七年级上	数轴	初步接触点与数的对应
七年级上	数据的表示（统计图表）	认识数字与图形的联系和对应关系
七年级上	求整式的值	学习整式的值和字母的取值有关，认识对应关系．讨论字母取值范围，渗透自变量的取值范围
七年级下	多边形的内角和及其对角线条数	认识变量与变量的依存关系
七年级下	二元一次方程	认识二元方程中两个未知量取值的不确定性和依存关系的确定性
七年级下	一元一次不等式（组）	认识符合不等关系的一类量
八年级上	实数轴	认识实数与数轴上点的一一对应关系，实数大小的变化与实数轴所对应点的运动依赖关系
八年级上	平面直角坐标系	某一线段上的点的横、纵坐标的关系，渗透单值对应思想
八年级上	变量和函数（变化过程）	认识变量和变量的依存关系
八年级上	函数图象	理解图象、表格、解析式是刻画两个变量间依存关系的方法，认识它们之间的联系
八年级上	一次函数（正比例函数）	依存于重要初等函数，加深对两个变量的依赖关系或变量间的变化过程的认识
八年级下	反比例函数	同上
九年级上	弧长和扇形、圆锥的侧面和全面积公式	认识两个变量的依存关系
九年级下	二次函数	学习函数图象直观反映两个变量间的数量关系和变化规律的方法认识，体现用函数图象研究函数性质的重要性

(二)用函数观点统领代数内容

函数的解析式与图象是两种不同的表达方式，它们分别从数与形两个方面揭示了函数的特征，而且还反映了代数式、方程、不等式、函数之间的内在联系．从函数角度提高对代数式、方程、不等式等内容的认识，用函数的观点分析解方程(组)、不等式(组)、一元二次方程以及一元二次不等式(拓展性知识)的根的分布或范围，使学生在认识上有新的提升和超越．具体要做好以下三方面的沟通：一是沟通函数与方程、不等式之间的内在联系：从变化过程看，函数研究变化“整个过程”，不等式研究变化过程中“一个阶段”，方程研究的是变化过程的“某一时刻”；从解析式看，一元函数本质上是一个二元方程，方程的解是函数的零点，不等式的解集是函数值大于0(或小于0)所对应的自变量的取值范围；从图象看，函数表示的是“整个图象”中的坐标关系，不等式表示的是“部分图象”上点集的横坐标范围，方程表示的是图象上的“一点”的坐标关系．二是沟通“四个一次”的联系，即一次式、一元一次方程(组)、一元一次不等式(组)与一次函数的内在联系，引导学生在一次函数图象上重新认识一元一次方程(组)和一元一次不等式(组)的解集．三是沟通“三个二次”的联系，即二次三项式、一元二次方程、二次不等式的内在联系，引导学生在二次函数图象上重新认识二次三项式的分解、一元二次方程的根、一元二次不等式的解集(拓展性知识)．通过这些方面的沟通，突出函数在“代数”中的统领地位，既为函数研究增添了活力，又为学生理解代数式以及解方程和不等式拓宽了思路，使学生在整体综合的意义上实现知识、方法和思想上的融会贯通(表3-6)．

表 3-6

代数式	方程与不等式	函数		联系
		解析式	图象	
整式 (一次式) $kx+b$ $(k\neq 0)$	一元一次方程： $kx+b=0(k\neq 0)$ 一元一次不等式： $kx+b>0(k\neq 0)$ $kx+b<0(k\neq 0)$	一次函数 $y=kx+b$ $(k\neq 0)$ 特例： $y=kx$ $(k\neq 0)$	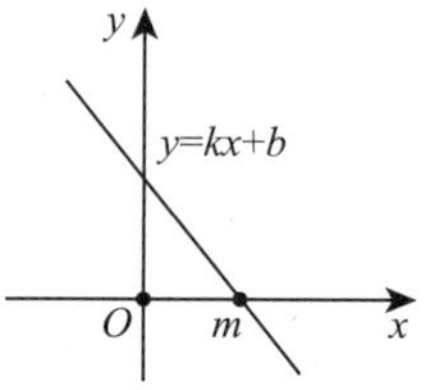	当 $y=0$ 时，一次函数成为一次方程，直线与 x 轴的交点横坐标即为方程的解；当 $y>0(<0)$ 时，一次函数成为一次不等式，直线在 x 轴上方(或下方)所对应的横坐标取值范围，即为对应一次不等式的解集．
	(1)求方程组 $\begin{cases} y=k_1x+b_1, \\ y=k_2x+b_2 \end{cases}$ 的解． (2)求不等式 $k_1x+b_1>k_2x+b_2$ 和 $k_1x+b_1<k_2x+b_2$ 的解	求函数 $y=k_1x+b_1$ 和 $y=k_1x+b_1$ 的交点坐标和自变量 x 的取值范围．	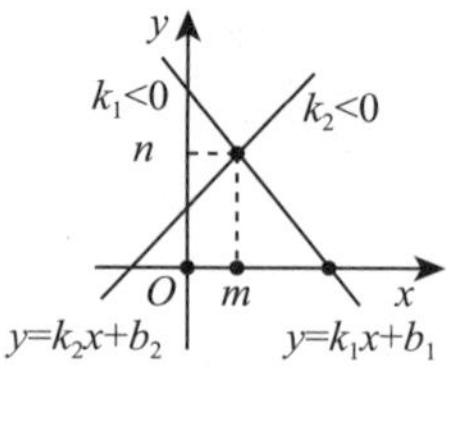	(1)图象交点的横坐标 $x=m$ 为方程 $k_1x+b_1=k_2x+b_2$ 的解 (2)两直线的交点坐标(m,n)为方程组 $\begin{cases} y=k_1x+b_1, \\ y=k_2x+b_2 \end{cases}$ 的解． (3)当 $x<m$ 时，图象 $y=k_1x+b_1$ 在图象 $y=k_2x+b_2$ 的上方，$k_1x+b_1>k_2x+b_2$ 的解集为 $x<m$；当 $x>m$ 时，图象 $y=k_1x+b_1$ 在图象 $y=k_2x+b_2$ 的下方，$k_1x+b_1<k_2x+b_2$ 的解集为 $x>m$．

续表3-6

代数式	方程与不等式	函数		联系
		解析式	图象	
分式 $\frac{k}{x}(k\neq 0)$	分式方程 $\frac{k}{x}=a(k\neq 0)$ 分式不等式： $\frac{k}{x}>a(k\neq 0)$ $\frac{k}{x}<a(k\neq 0)$ （拓展性知识）	反比例函数 $y=\frac{k}{x}$ $(k\neq 0)$	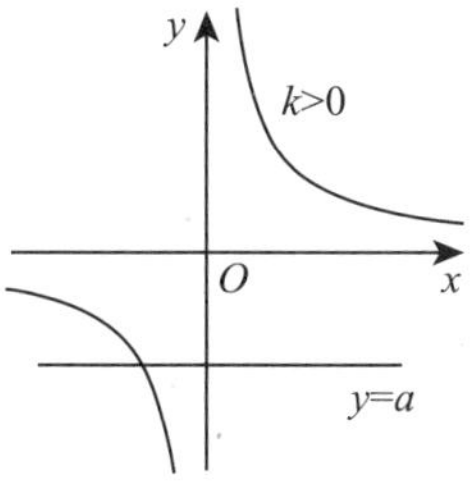 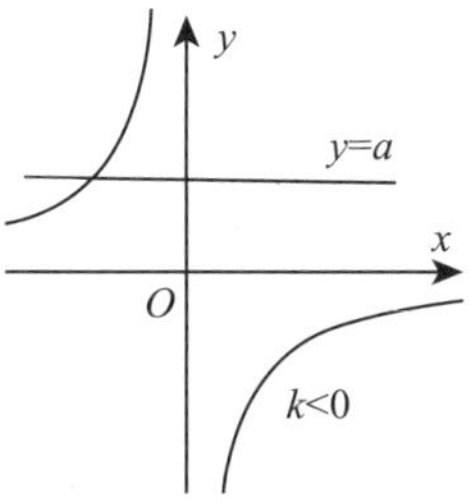	当 $y=a(a\neq 0)$ 时，反比例函数即为分式方程，直线 $y=a$ 与反比例函数图象的交点的横坐标，即为分式方程的解；当 $y>a(<a)$ 时，函数成为不等式，图象在直线 $y=a$ 的上方（或下方）所对应的横坐标取值范围，即为对应不等式的解集．
整式 （二次三项式） ax^2+bx+c $(a\neq 0)$	一元二次方程 $ax^2+bx+c=0$ $(a\neq 0)$ 一元二次不等式 （拓展性知识） $ax^2+bx+c>0$ $(a\neq 0)$ $ax^2+bx+c<0$ $(a\neq 0)$	二次函数 $y=ax^2+bx+c$ $(a\neq 0)$	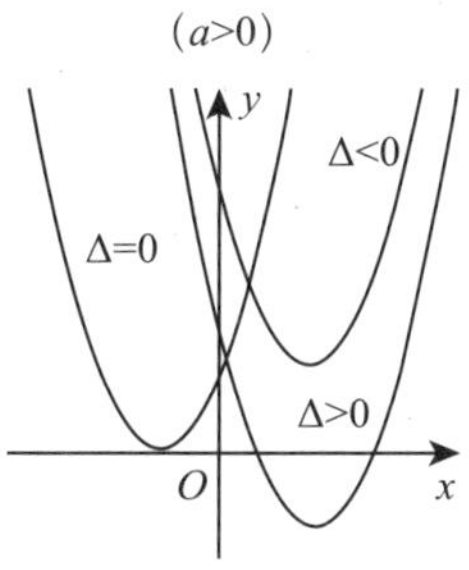 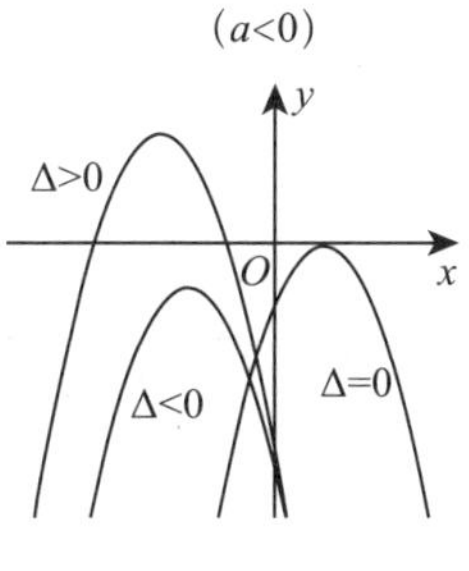	(1)当 $\Delta=b^2-4ac>0$ 时，ax^2+bx+c 在实数范围能分解，方程有两个不相等实根，图象与 x 轴有两个不同交点；当 $\Delta=0$ 时，ax^2+bx+c 是一个完全平方式，方程有两个相等实根，图象与 x 轴只有一个交点；当 $\Delta<0$ 时，ax^2+bx+c 在实数范围不能分解，方程无实根，图象与 x 轴没有交点； (2)当 $y=0$ 时，二次函数即为二次方程，图象与 x 轴的交点横坐标即为方程的解（即方程的解与函数零点关系）；当 $y>0(<0)$ 时，二次函数成为二次不等式，图象在 x 轴上方（或下方）所对应的横坐标取值范围，即为对应二次不等式的解集．

（三）函数教学要突出数学思想方法的一致性

数学思想方法的学习和领悟能化零散的知识点形成有序的知识链，建立良好的认知结构；它是铭记在人们头脑中起永恒作用的数学观点和文化，是使学生提高数学思维水平，建立科学的数学观念，从而发展数学、运用数学的保证．

教材中呈现的无论是“函数概念—函数图象和性质—函数的联系与应用”的整体结构，还是具体研究函数概念、函数图象和性质的处理，都是一脉相承的．这种“同构”对于学生明确学习任务，建立完善的认知结构将是非常有意义的．

数形结合：对图象的研究与分析，确定函数本身的性质．

变换与对应：自变量与因变量之间的对应关系，无论从其概念还是性质，都体现了变化与对应的函数思想．

转化：由解析式（确定自变量取值范围）—作图（列表、描点、连线）—性质（观察图象探究性质），充分体现了由数到形，再由形到数的转化过程．

类比研究方法：这里类比研究不仅仅有研究内容的类比（包括自变量的取值范围、函数图象的形状、位置、函数的增减性等），更重要的是研究方法的类比，也就是数形结合地研究函数图象与性质的“三步曲”（画函数图象—从图象上观察函数的性质—用数学语言描述这些性质）．注意，类比不仅仅要关注“同”，还要关注“异”，“异”才是体现某一知识的本质属性的东西．[13]

在数与代数领域的研究过程中，要关注数学知识与实际的结合，经历数学化的过程，发展抽象能力，会用数学的眼光观察现实世界；让学生在实际背景中理解数量关系和变化规律，经历从实际问题中建立数学模型、求解模型、验证反思的过程，形成和发展模型观念，养成用数学的语言表达现实世界的能力；要关注基于代数的逻辑推理，如代数运算规律的论证、韦达定理的论证、基于图象的函数想象等，发展推理能力，会用数学的思维思考现实世界．[10]

第二节　图形与几何知识结构分析及教学建议

几何学是研究图形的形状、大小、位置的学科，几何的根本在于空间的基本结构和基本性质，几何图形是“图形与几何”的研究对象，一般按照“实物和模型→几何图形→文字表示→符号表示”的程序进行学习．

初中阶段“图形与几何”领域包括图形的性质、图形的变化和图形与坐标三大主题（表 3-1），从演绎证明、运动变化、量化分析三个方面进一步研究点、线、面、角、三角形、平面多边形和圆等几何图形的基本性质和相互关系；从侧重于对图形、图形性质，以及图形变化与度量的感知，上升到对图形概念的理解，以及对基于概念的图形性质、关系、变化规律的理解，其知识结构关系如图 3-22 所示．

从知识分支的横向关系来看，“图形的认识”是图形研究的基础，是将实物或模型抽象为图形，从图形外部直观认识到内部要素认识、类型认识、特征认识；“图形性质研究”遵循“从内部性质研究到外部关系的研究，从一个图形的研究到两个图形关系的研究，从一般图形的研究到特殊图形的研究，从定性研究到定量研究”的一般研究方法，强调通过实验探究、直观发现、推理论证，从定义或基本事实出发推导图形的几何性质，理解和掌握尺规作图的基本原理和方法，发展空间观念．“图形的变化”强调从运动变化的观点来研究图形，主要探索图形在平移、轴对称、旋转下的变化规律和变化中的不变量，并用定量刻画变化的规律（坐标表示、比例系数）；“图形与坐标”强调数形结合，用代数方法研究图形，在平面直角坐标系中用坐标表示图形上点的位置，用坐标法分析和解决实际问题．这四个方面反映了几何研究的对象：形状、大小和位置，体现了知识之间横向的内在关联性．

从知识的纵向关系来看，线段的长度（距离）和角度（方向）是研究几何图形的两个基本几何量，由这两个基本研究对象还可以派生出图形周长、面积、形状、位置等研究内容．“线”是研

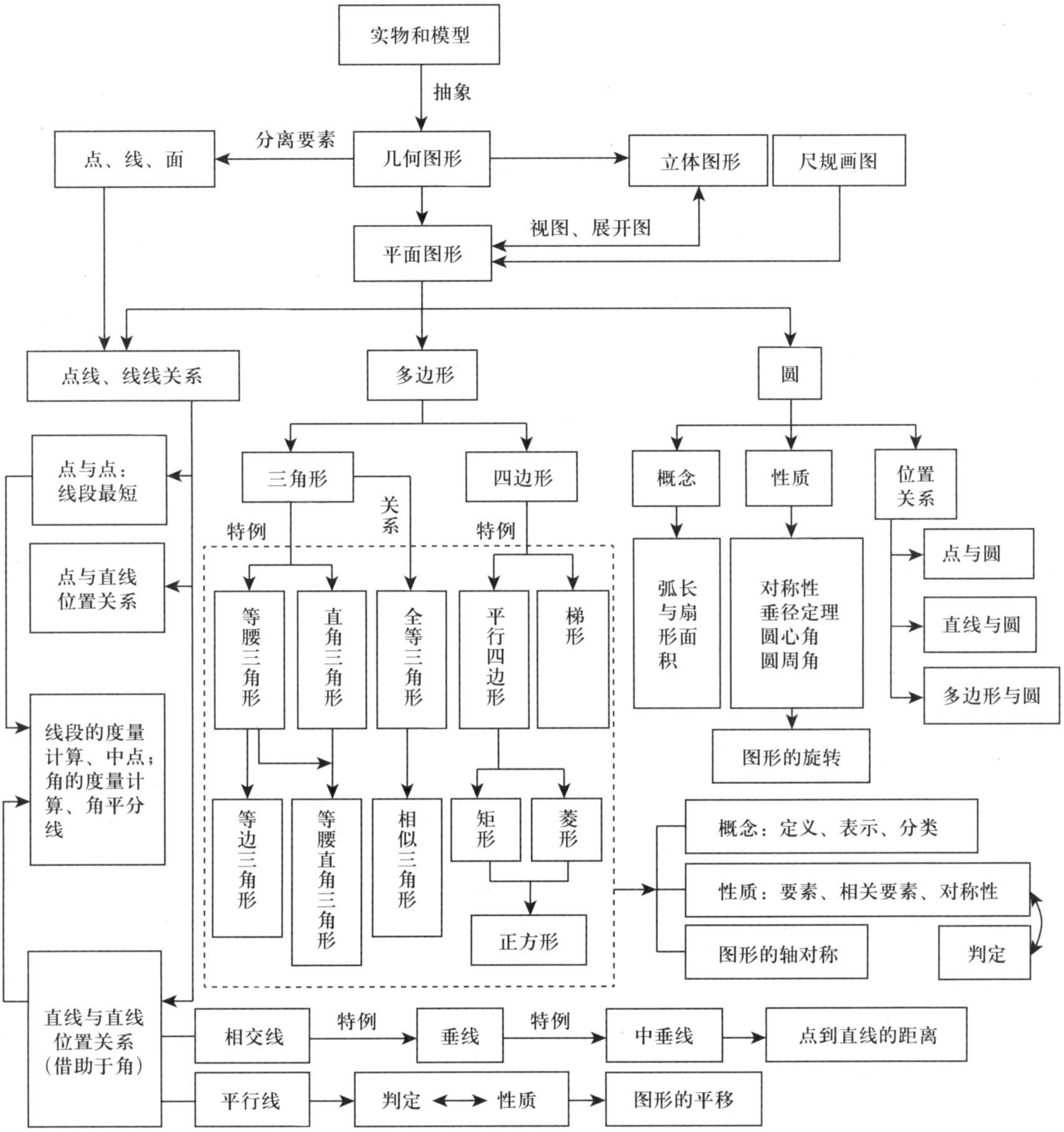

图 3-22

究几何图形的基础，其研究思路、内容和方法是研究一切图形的“孕育点”；“角”是研究几何图形的典范，需要经历比较完整的图形研究过程，一方面要类比线的研究经验，另一方面要总结提炼其研究的内容、思路和方法，形成“再生经验”，并将其迁移到三角形的研究中；“三角形”是最简单的平面图形，其研究经验（经验图式）可以迁移到其他图形的研究中；“三角形和平行四边形”是在具体图形中综合研究基本要素的典范，“圆”是研究曲线形的典范；“平行线”是研究两个图形关系的典范，其研究经验可以迁移到三角形的全等与相似关系的研究中．[14]

对几何对象的研究，要注重以“一般观念”为引导发现规律，获得猜想，通过数学的推理、论证证明结论（定理、性质等）的过程，提升推理、运算等素养．一般而言，几何对象研究的“一般观念”为：从具体事例中抽象出共同特征，给出定义及其表示，并对研究对象进行分类．然后研究它的性质，在此基础上再研究“特例”．在整个过程中，始终注重与相关知识的联系与应用．概括起来就是：背景→概念（定义、表示、分类）→性质（要素与相关要素关系）→图形关系（概念、性质和判定）→特例（概念、性质和判定）→联系与应用．教授每一个对象，应反复强调这种“一般观念”，以使学生逐步掌握这种研究对象的“基本套路”．

在图形的教学中，要重视图形概念教学。首先，要注重数学对象的获得。数学对象的获得，既要注重数学与现实之间的联系，也要注重数学内在的前后一致性、逻辑的连贯性，从这两个方面发现和提出问题，提升数学抽象、直观想象等素养。其次，要明确定义一个几何对象的“一般观念”：观察与分析典型、丰富的具体事例的共同特征→归纳与概括事例的本质属性和概念内涵要素等→下定义→表示（图形表示、符号表示、语言表示）→分类（从定义出发，以对象的要素或概念内涵为标准）。其中，分类是概念学习的重要环节，通过分类对研究对象内涵或要素更具体化，理解更加深刻；通过分类还可以使研究逻辑顺序更加明确，帮助学生“有逻辑地思考”。另外，在图形研究，尤其两个图形关系的研究过程中，遵循从定性分析到定量分析，这是因为个体对事物的认知加工，总是先从整体出发进行初步的定性分析，然后运用数学思想方法、知识经验进行数量化的精细加工，从而精确把握事物的特征及其变化规律．定性分析是直观感知，定量分析是深入研究．[15]

尺规作图是帮助学生从感性到理性，从直观操作到逻辑推理，并建立几何直觉的有效工具，因此，在几何概念的形成和发展过程中，尽可能更多地给学生尺规作图的机会．由于尺规作图在《标准（2011 年）》排列位置比较后，如浙教版教材在《全等三角形》一章正式提出尺规作图概念，影响了学生早期自觉运用，制约了几何概念的形成和发展，所以《标准（2022 年）》，将尺规作图由原来集中学习，转化为根据几何内容学习的需求，分散到各个部分，如能用尺规作图：作一个角等于已知角；作一个角的角平分线；作一条线段的垂直平分线等等．由于尺规作图只限于用无刻度的直尺和圆规作出符合一定条件的几何图形，所以具有很强的约束力．这种约束力要求学习者具有较强的数学思维能力和操作能力，因此建议在几何入门阶段，尺规作图的教学在直观的层面上展开，不必从作图公法开始，这样既可以适当降低尺规作图的难度，又有利于学生增强几何直观，并逐步用数学语言准确、清晰、规范地表达，培养学生用数学的语言表达数学问题能力．

一、线与角知识结构分析及教学建议

线与角是几何图形最基础的内容，是组成几何图形的基本元素，其中线（直线、射线、线段）的研究方法是图形研究的“孕育点”．研究几何图形主要是研究组成几何图形的基本元素点、线（直线、射线、线段、弧）、角以及它们之间的关系，并且遵循图形研究的“一般观念”：背景→概念（定义、表示、分类）→性质（要素以及相关要素）→图形关系（概念、性质、判定）→特例（概念、性质、判定）→联系与应用．具体来说就是：生活中的线与角抽象、概括得到线与角的定义，然后研究线与角的表示和分类，再研究线与角的性质（基本事实、大小比较）；从一个图形的研究到两个图形的研究，如从一条直线（或线段）到两条直线的位置关系（相交、平行关系）、从一个角到两个角的关系（角的和差关系）；从一般到特殊研究，如从相交到垂直、从角的和差到互余互补、从线段的和差到线段的中点以及从角的和差到角平分线．这些研究“基本套路”为后续其他图形的研究提供了先行组织．其过程与内容的结构关系如图 3-23 所示．

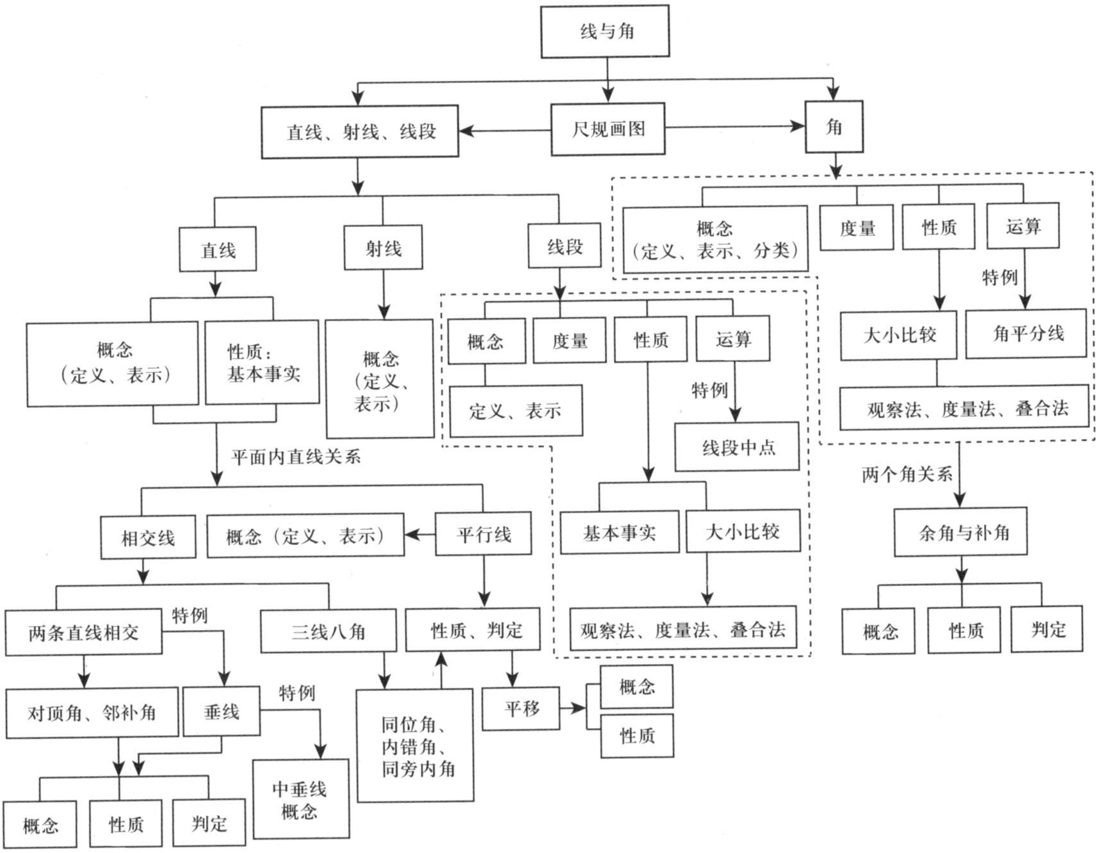

图 3-23

“线与角”是初中“图形与几何”的起始内容，是几何推理的入门阶段，其推理要求遵循渐进原则，要由“说点儿理→说理→简单推理→用符号表示推理”分阶段逐步推进，完成由“实验几何”到“论证几何”的过渡，培养学生“言之有据”的习惯和有条理思考、表达的能力，逐步学会用数学的思维思考现实世界．同时，几何起始教学要重视图形语言的作用，对于图形的文字和符号描述，都要紧密联系图形，发挥直观图形的作用，在图形基础上发展其他数学语言．如对于线段的比较、线段的和与差、线段的中点、角的比较、角的平分线等概念的教学，都要先以图形直观给出，再联系到数量，给出文字的描述，再给出符号的表示，使三种几何语言优势互补，相得益彰．当然也要重视相反的教学过程，即“符号→文字→图形”，让学生先理解符号或文字所表达的图形及关系，并把它们用图形直观表示出来，化抽象为直观，逐步养成用数学的语言表达现实世界．

(一)点与线

点与线是几何初始对象，其研究要基于“基本事实”．几何的研究对象为物体的形状、大小和位置，其中“位置”是宇宙空间的最基本要素，在几何学中，用“点”标记位置，所以点是位置的抽象化．当一个动点由一个位置移动到另一个位置，其所经过的点组成这个运动的通路，即形成一条线(直线、曲线)．“连接给定两点之间的所有通路之中，有且仅有一条最短通路——它就是两点的直线段．”[15]这就是初中几何最基本事实“两点之间线段最短”．所以，直线的“直”是用点与点、点与直线之间的位置来刻画(也可以用点与点的运动方向来刻画)．线段向一方无限延伸就抽象为射线(即点沿着同一个方向持续运动),空间中给定相异两点$\{A,B\}$所确定的直线则是由A射向B的射线和由B射向A的射线的并集,由此也得到了几何另一个基本事实"两点确定一条直线". 因此,点是最为原始的几何事物,直线段和直线是第二原始的几何事物,所有其他的几何结构和性质都是由它们所表达的基本结构来刻画和表述的."线"这一单元是图形与几何领域的起始单元,承载着种下整个领域"种子"的重任,对图形与几何领域的其他单元教学有先行组织、结构统领并孕伏一种生长力量的功用. 所以,在教师的指导下学会"线"的研究经验是掌握几何研究"一般观念"的重要基础,是"学结构"阶段,教师要注意引导学生重视研究经验的积累,形成研究的"基本套路":

研究思路:生活的线$\xrightarrow{\text{抽象}}$数学的线$\xrightarrow{\text{概括、归纳}}$线的概念(定义、表示、分类)→线的性质(基本事实、大小比较)→线段运算(线段的和差)$\xrightarrow{\text{特例}}$线段中点→直线的关系:①相交线:定义、表示、性质$\xrightarrow{\text{特例}}$垂线的定义、表示、判定、性质$\xrightarrow{\text{特例}}$中垂线概念;②平行线:定义、表示、判定、性质→联系与应用.

研究内容:直线、射线、线段的概念和性质;线段运算、线段中点;直线相交定义、性质(对顶角),两直线垂直概念、判定、性质;平行线的概念、判定、性质.

研究方法:观察与分析、抽象与归纳、直观想象与推理;叠合法;数形结合;从一般到特殊、从定性到定量.

(二)角

角与线一样都是组成图形的要素,是几何研究的核心对象. 角是刻画位置的方向,角的概念理解,不仅仅看作是由公共端点的两条射线,而且应该注意两条射线所夹的平面区域,还应注意两条射线间的相对位置关系,因此,也产生不同类型的角(即角的分类).

角与线是并列结构关系,角的研究是"用结构"阶段. 角的概念、角的比较、角的和与差,以及角的平分线是类比线段的比较、线段的和与差、线段的中点来研究,体现几何图形的度量问题的特点,针对要比较大小的两类对象的共同点,利用类比实现"由此及彼"的认知转移,促进知识之间的横向联系(表 3-7).

表 3-7

名称	直线、射线、线段	角
概念	背景→定义→表示(包括图形)→辨析(包括线段、射线、直线的区别与联系)→线段的度量(小学)	背景→定义→表示(包括图形)→辨析(关键词、正反例)→分类→角的度量
大小比较	线段的大小比较(观察法、度量法、叠合法)	角的大小比较(观察法、度量法、叠合法)
和差	线段的和差计算与画法→特例(线段的中点)	角的和差计算与画法→特例(角平分线)
性质	两点确定一条直线 两点之间线段最短	同角或等角的余角相等 同角或等角的补角相等
联系	两直线相交⇒对顶角⇒对顶角的性质; 两直线互相垂直⇔直角⇒垂线的性质; 同位角相等、内错角相等或同旁内角互补⇔两直线平行.	

这种处理，能有效地将学生学习“线”的经验正向迁移到对“角”的研究上，使学生学会学习，积累几何研究的活动经验，因此，角的研究结构为：

研究思路：生活的角$\xrightarrow{\text{抽象}}$数学的角$\xrightarrow{\text{概括、归纳}}$角的概念（定义、表示、分类）→角的性质（大小比较）→角的运算（角的和差）$\xrightarrow{\text{特例}}$角平分线→角的关系（互余、互补）：定义、表示、性质、判定→联系与应用．

研究内容：角的概念和性质；角的运算、角平分线及其画法；余角与补角的概念、性质、判定．

研究方法：观察与分析、抽象与归纳、直观想象与推理；叠合法；数形结合；从一般到特殊、从定性到定量；类比方法．

（三）直线的位置关系与角

“三线八角”是“两条直线”被“第三条直线所截”而产生的几何图形，在这一图形结构中，“第三条直线”与“两条直线”有不同的角色．三条直线交成的八个角按是否“共顶点”分为两类，其中“共顶点”的对顶角、邻补角可归结为“相交线”中．对顶角、邻补角、同位角、内错角、同旁内角，都是关于一对角的位置关系．因此，正确识别内错角、同位角和同旁内角的前提，是能根据图形结构特征对角的关系进行分类，也是学习平行线的判定与性质的基础．

性质是指事物所具有的本质，即事物内部稳定的联系．所以图形的性质是指几何对象组成要素和相关要素之间确定的大小关系和位置关系．研究两个几何图形的某种位置关系下具有什么性质，可以通过探索这种位置关系下的两个几何图形与其他图形之间是否形成一种确定的关系来思考．譬如在同一平面内，两条不重合的直线的位置关系有相交和平行．当两条直线相交时形成了对顶角和邻补角，并可由对顶角的特征来判定两条直线的位置关系，从而体现了直线的位置关系与角之间的联系．这个经验一定要让学生总结提炼，为后继平行线研究做好铺垫．特别是两条直线平行，这两条直线彼此之间没有直接联系，所以要引进第三条直线，构造出与之相关联的一些角（三线八角）．从“同位角相等”“内错角相等”以及“同旁内角互补”可以想到，这时的性质（两个几何图形所形成的某种位置关系）是借助“第三条直线”构成一些角，然后看由两条直线平行这一位置关系所决定的这些角之间有什么确定的关系．这里的“第三条直线”就起“媒介”作用，在线与角之间架起了一座“鹊桥”．这也回答了研究平行线判定时，为什么要“引进”第三条直线（截线）的深层次原因——“构造”相关联的角．

（四）基于整体思想的直线关系研究

1．关于“相交线”的研究．先通过实例（如立交桥的示意图）得到两条直线的位置关系，再让学生举出生活中一些例子，引导学生整体感悟两条直线的位置关系，即

两条直线位置关系
- 在同一平面内
  - 相交
    - 斜交
    - 垂直
  - 平行
- 不在同一平面内——异面直线

然后，研究在同一平面内两直线位置关系，先研究相交情况，利用低维定义高维（即$\{$集合 $a\}\cap\{$集合 $b\}=$点 O），从而获得研究对象．两直线相交形成四个角，这四个角可以分

成两类：邻补角、对顶角，所以教学时要体现思维的过程性，要引导学生从 4 个角→3 个角→2 个角来探究它们之间的位置和数量关系，获得研究对象——对顶角和邻补角，研究它们的概念和性质．然后研究相交线的特殊情况——垂直，要让学生体验到学习垂线的重要性——距离，它是刻画几何度量的核心要素．接下来研究平行线，到高中研究异面直线．这种先整体后局部、先一般后特殊的研究策略，研究方向明确、研究思路清晰，知识联系紧密，有利于培养学生有序思考习惯和分类讨论能力，避免知识“割裂”现象和“点状”教学现状．同时，要让学生体验到“线”的位置关系要借助于“角”来刻画这一核心思想，为后继学习埋好伏笔．

2. 用联系的观点研究“三线八角”．两条知识相交，研究了对顶角和邻补角$\xrightarrow{\text{特殊化}}$两条直线垂直，研究了距离⇒提出问题：三条直线相交会有哪几种图形？⇒获得研究对象：三线八角⇒再次提出问题：“三线八角”要研究的问题是什么？⇒根据“相交线”的研究经验，研究相关要素：角⇒研究不共顶点的角之间有怎样的位置关系⇒分类研究．

3. 如何研究平行线的判定？关键是从定义出发，让学生想到为什么要添加第三条截线．什么是平行线？⇒你能判定图 3-24 中的两条直线是平行线吗？为什么？⇒你能从前面研究两直线位置关系的经验中找到一些启发吗？⇒借助“角”研究“线”的位置关系，构造“三线八角”⇒角是刻画两条射线的方向差，图 3-25 中，同位角$\angle 1$与$\angle 2$其中一边在同一直线上，且方向相同，当$\angle 1$与$\angle 2$满足什么条件时，它们的另一边方向也相同，即$a /\!/ b$⇒推平行线法确认⇒基本事实⇒其他两个推论．也可以借助“方位”来研究平行线判定（如案例 2-20）．

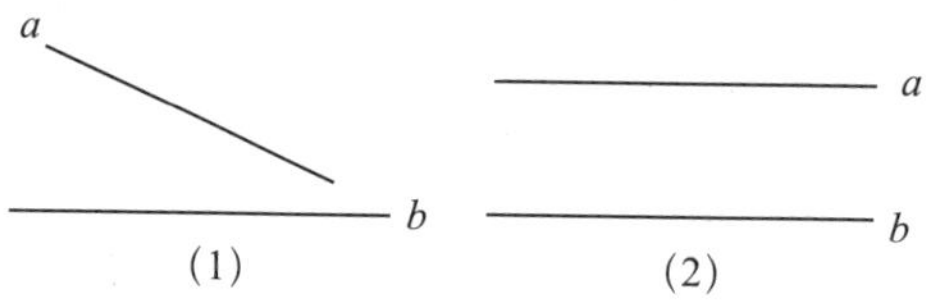

图 3-24

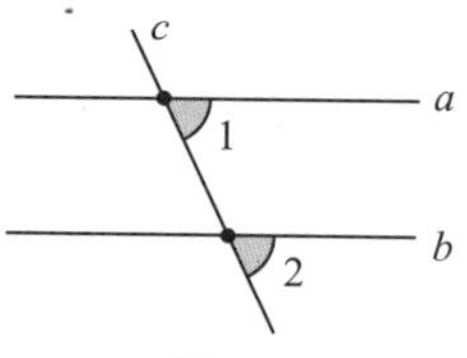

图 3-25

对平行线的判定和性质来说，两条直线被第三条直线所截而构成的“三线八角”的关系是一个整体，即同位角相等⇔内错角相等⇔同旁内角互补．因此，在研究平行线的判定定理时，不宜将三个定理分割在两节课内进行教学，应该对教材进行重组，分别在同一课中完成三个定理的探究．性质定理的教学也是如此．这种基于整体认识的教学，不仅有利于学生了解和把握平行线的三个判定定理或性质定理之间的内在关系和来龙去脉，而且有利于学生在整体认识的基础上形成逻辑思考和推理能力，更重要的是有利于学生形成主动学习的心向．

二、三角形知识结构分析及教学建议

在几何学的研究中，三角形是仅次于直线段和直线的基本图形，是最简单而基本的封闭图形，它是平面几何的研究主角和典范，这是因为三角形既简单而又能充分反映空间的本质．所以三角形的研究一方面要类比角的研究，另一方面要把它作为一个系统进行研究，形成几何图形研究的经验图式，是基本而重要的，为后续图形的研究奠定基础．

三角形研究的一般观念：背景（生活、数学）→定义、表示→分类（以边、角为标准）→性质（边与角的关系，中线、高、角平分线、外角等关系）→关系（全等与相似的概念、性质、判定）→特例（等腰三角形和直角三角形的概念、性质和判定）→联系与应用；从一个图形的研究→两个图形的关系研究(全等、相似);从定性研究(全等、对称性等)→定量研究(面积、勾股定理、相似、解直角三角形等);从一般图形→特殊图形．在三角形中,等腰三角形和直角三角形是最为基本且特殊的图形(边与角的特殊化)．其结构关系如图 3-26 所示．

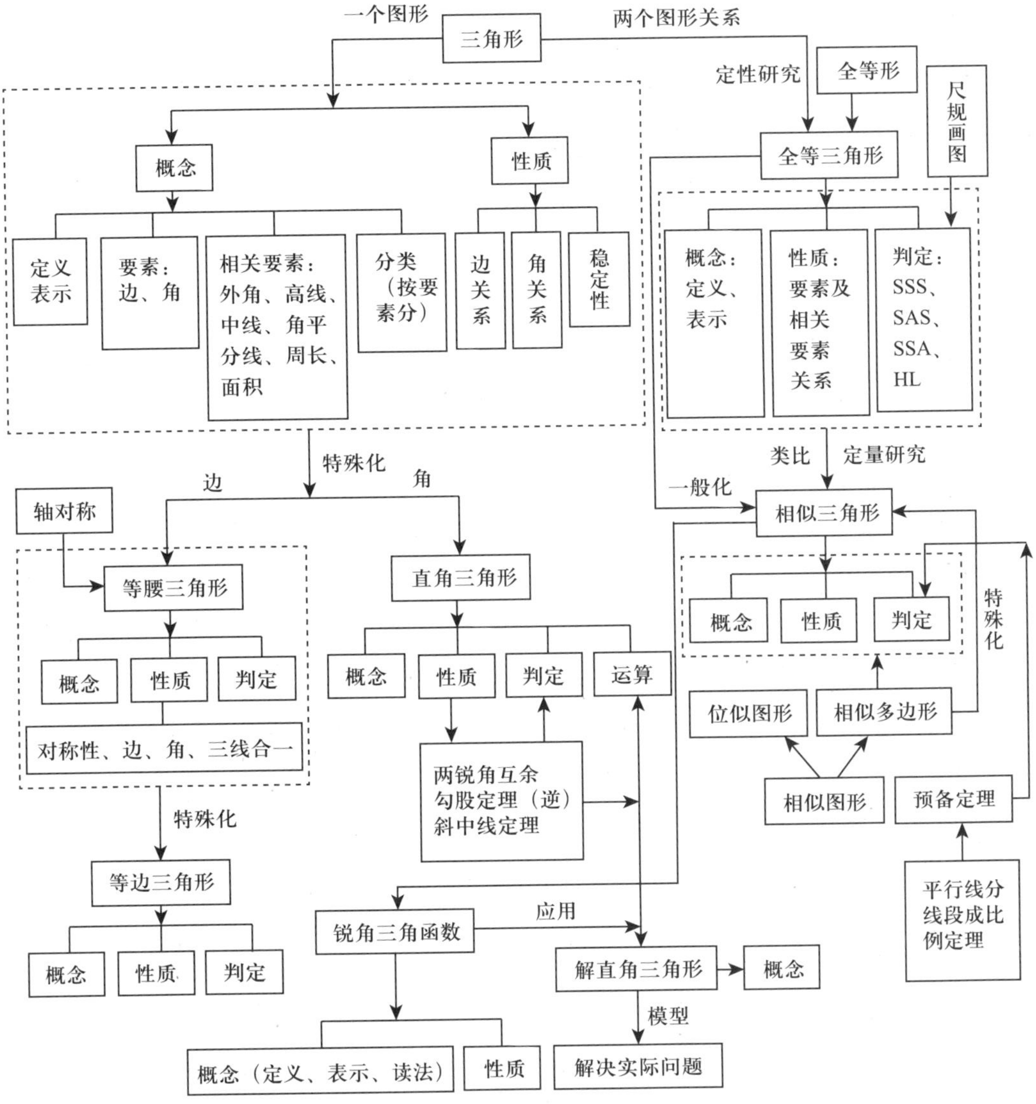

图 3-26

(一)三角形

一般三角形研究主要是研究三角形的基本概念、三角形的要素和相关要素的概念与性质,其研究结构为:

研究思路:背景→三角形定义、表示→三角形分类(按照角与边要素分类)→性质(要素:边与角的性质;相关要素:中线、高、角平分线以及外角的性质;稳定性等).

研究内容:三角形概念;构成要素(边与角)的大小与位置关系,相关要素的大小与位置关系．

研究方法：观察与分析、抽象与归纳、直观想象与推理；分类．

对三角形的研究首先要定义“三角形”，明确三角形的构成要素，三角形的构成要素指构成三角形的边与角，相关要素指三角形的特殊线段（中线、高、角平分线）、外角、周长、面积等，然后用符号表示三角形及其构成要素，再以要素为标准对三角形进行分类，在此基础上再来研究三角形的基本性质，即研究三角形要素与相关要素的确定关系，如“三角形两边之和大于第三边”“三角形内角和等于 180°”“三角形的一个外角等于不相邻的两个内角之和”等．

定性平面几何研究的主题是“全等”和“平行性”．本质上，前者是平面对于任一直线的反射对称性的具体反映，而后者则是三角形内角和为 180°所表达的“平直性”（过直线外一点有且只有一条直线与已知直线平行）．而“三角形内角和定理”小学是通过测量方法获得，但测量常常有误差，并且只能对有限个三角形运用测量的方法，而形状不同的三角形有无数个，不能通过上述方法得出一般的结论，所以需要通过推理的方法去证明，体现证明的必要性．因此，初中“三角形内角和定理”的教学不能停留在结论以及结论的证明方法，还要让学生体会证明的必要性以及不同证明方法的本质属性——平直性，培养学生逻辑推理能力．

（二）特殊三角形

从一般到特殊，从上位到下位是几何研究的“基本套路”，也是发现和提出问题的“基本之道”．三角形按其边与角的特殊化展开研究，特殊三角形研究路径如图 3-27 所示．

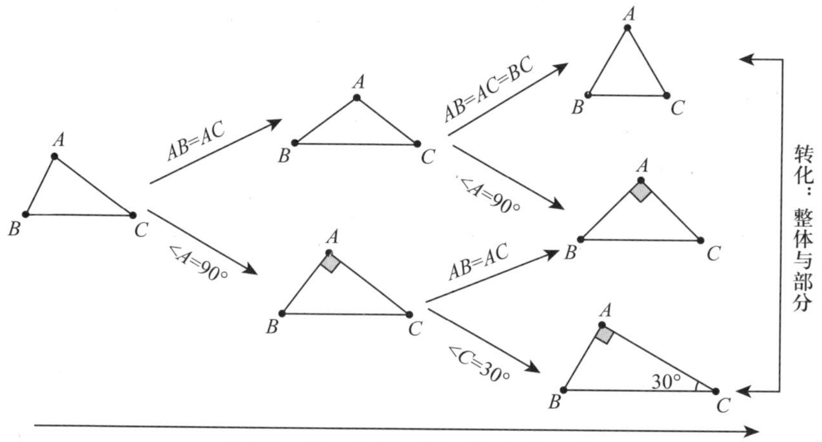

图 3-27

具体来说，即为：

研究思路：①三角形→等腰三角形定义、表示→等腰三角形性质（对称性、边的关系、角的关系、三线合一）→等腰三角形判定→特例研究：等边三角形的定义、性质、判定→应用；②三角形→直角三角形定义、表示→直角三角形性质（角的关系、边的关系—勾股定理、斜中线、边角关系）→直角三角形判定→直角三角形关系（全等判定定理“HL”）→联系与应用．

研究内容：等腰三角形概念、性质、判定；等边三角形的概念、性质、判定；直角三角形的概念、性质、判定．

研究方法：同化定义方法；分类；实验、观察、猜想、验证、证明；从一般到特殊；数形结合思想；运用互逆关系研究判定定理；类比等腰三角形研究直角三角形．

其中,等腰三角形研究是“学结构”,直角三角形研究是“用结构”.

1. 等腰三角形．等腰三角形所具有的轴对称性能具体地反映平面的反射对称性,所以它是研究平面几何对称性的重要表现与推论的基本工具,认识等腰三角形的性质是定性平面几何的首要任务．对等腰三角形性质的研究,主要是研究等腰三角形的要素(角与边)、相关要素(底边上的中线、高和顶角的平分线)和对称性,其中对称性是本质属性．

对等腰三角形的性质(角的关系、三线合一)探究不要被分割在两个不同的课时,应在一节课中完成整体探究．这是因为这些性质的探究都是依据等腰三角形的轴对称性,通过学生折叠发现结论,所以要引导学生整体发现,让学生经历“实验操作→观察发现→猜想结论→验证结论→证明结论”的探究过程．同时,对等腰三角形的重要性质——“三线合一”,要运用好“反衬资源”,即等腰三角形两腰上的特殊线段来帮助学生理解．从等腰三角形内部特殊线段来看,不仅要研究底边上的三线问题,而且还要对两腰上的“三线”问题(腰上的中线和高、底角的平分线)分别进行研究．就一腰上“三线”的位置来说,它们是不合一的,这样就凸显出等腰三角形“三线合一”的定语的重要性,帮助学生理解性质的条件;从数量关系上看一腰上“三线”虽然没有相等关系,但存在“腰上中线的长度＞底角平分线的长度＞腰上高的长度”的数量关系,可运用几何画板进行验证．就两条腰上的中线、高和两底角的平分线而言,它们对应分别相等,在教学中,要做好拓展延伸．

建议将浙教版教材的“逆命题和逆定理”前移之“三角形”一章,与“定义与命题”整合,这样等腰三角形的判定定理探究就可以从数学内在联系入手,从命题的互逆关系思考．其过程为:等腰三角形的性质→改写为逆命题→证明真假→判定定理→应用与联系．

2. 直角三角形．直角三角形勾股定理及其逆定理是初等数学中的重要定理,前者是直角三角形的性质定理,后者是判定定理．对性质定理的探究要思考两个问题:一是如何获得研究对象?要从直角三角形的要素和相关要素入手．直角三角形的性质:角的关系有“两锐角互余”;边角特殊关系为“30°角所对的直角边等于斜边的一半”;特殊线段关系为“斜中线定理”.那就自然地提出问题:直角三角形的边之间有怎样的关系?从而提出研究的问题．二是如何进行性质探究?要遵循从特殊到一般的探索、发现和证明过程,即从等腰直角三角形→特殊的直角三角形→一般的直角三角形→猜想结论→证明结论(证明方法很多,都是利用面积法,但赵爽弦图是典型方法,渗透数学史)→应用(生活、数学)与联系(无理数在数轴上表示).这种从特殊到一般是发现基本规律的“基本之道”.

直角三角形判定探究类比等腰三角形,从互逆关系思考,即性质定理→改写为逆命题→证明真伪→判定定理→应用与联系．

直角三角形全等的判定是由一般三角形全等的判定条件经过“特殊化”而产生,体现从上位到下位的垂直迁移过程．但学生疑惑的是为什么在一般三角形中“SSA”不能判定两个三角形全等,而到直角三角形就可以?

直角三角形全等是一般三角形全等的特殊化,因此探索直角三角形全等条件的第一条路径,可以从一般三角形全等的“特化”研究入手．具体地说,就是引导学生先思考一般三角形全等的条件在直角三角形中的“特化”情况,即“一锐角一直角边”“一锐角一斜边”“两直角边”三个判定定理一定成立．然后引导学生思考,由于“直角”条件的加强,还要研究一般三角形中不能成为判定定理的“SSA”和“AAA”,在直角三角形情况下是否成立．对于“AAA”学生借助三角板可以立即否定;对于“SSA”这一条件可以运用“勾股定理”,将条件转化为“SSS”,说明

“SSA”在直角三角形前提下，“特化”为判定定理．第二条路径是将直角三角形除直角外的两个条件的边角元素进行组合，可以写成五种情况，即一锐角一直角、一锐角一斜边、两直角边、一直角边一斜边、两锐角，排除两锐角情况，其余四个都能成为判定定理．这个“特化”的研究过程体现的是数学发现的从一般到特殊的思想方法．前面的思考过程具有普适性，体现系统思维的结构性．

（三）全等三角形

全等三角形是两个三角形的特殊关系，反映空间的对称性，是一种特殊的变换，即通过对称、平移或旋转能使两个图形重合的一对三角形就是全等三角形（三角形的叠合），“相等”是两个图形之间重要的数量关系，也可以看成“确定一个三角形的条件”．其研究的结构为：

研究思路：背景材料→整体感悟两个图形关系（一般关系、全等关系、相似关系）→全等形（定义、性质、判定）→全等三角形（定义、表示、性质、判定）→联系与应用．

研究内容：全等形概念、性质、判定；全等三角形的概念、判定定理、性质定理；尺规画图．

研究方法：整体感悟分类讨论，从上位到下位垂直迁移，推理（演绎推理和逻辑推理），几何直观，图形变换．

（1）全等三角形的概念教学要注意整体性．首先，要建立全等三角形的上位概念——全等形概念，按照从上位到下位的逻辑顺序，再来学习下位概念——全等三角形，帮助学生理解知识的来龙去脉和结构关系．其次，要让学生能够对两个图形在形状、大小方面的各种关系有一个整体的认识与把握，从而建立起两个图形关系的上位概念．两个图形的关系从形状和大小关系来看有以下四种关系：形状与大小都相同、形状相同但大小不同、形状不同但大小相同、形状与大小都不同．其中形状不同，大小相同，小学已经研究过等积问题，形状与大小都不同的情况没有确定关系，没有研究价值，所以不做研究．由此提出研究对象，即研究形状与大小都相同（即全等关系）和形状相同但大小不同（即相似关系）的两种情况，先研究最特殊全等关系，到九年级再研究相似关系．这样处理，便于学生理解两个图形之间的各种关系，做到“先见森林，再见树木”，避免出现“点状”教学现象．然后在上位概念建立的基础上，学习和理解下位概念——两个三角形全等关系，采取同化学习方式，并进一步研究全等三角形的对应关系及其性质和判定．

（2）三角形全等的条件探究要体现整体性．三角形全等的探究要引导学生主动探索和整体感悟全等三角形判定定理的形成过程．探究的目标是在三条边、三个角分别相等的六个条件中选择部分条件，简捷地判断两个三角形全等；探究思路为：一个条件（一个角或边）→两个条件（两条边或两个角或一边一角）→三个条件（思路：三边→两边一角→一边两角→三个角，共六种情况），通过证伪（举反例）或证实形成猜想，发现结论，再利用尺规作图进行验证，体现推理思想，在这一探究的过程中培养学生的推理能力和“有序思维”能力．

在此基础上，可以引导学生展开进一步的拓展与联想．从横向的角度思考，当三角形的三个条件边或角与特殊线段（角平分线、中线和高）进行组合时，是否有可能形成新的判定定理；从纵向角度思考，当一般三角形变成特殊三角形（等腰三角形、直角三角形）时，全等的判定条件又可能会发生怎样的变化．学生的这种类比性和结构性的联想意识和能力的培养是数学学科教学的重要内容，也是数学育人价值的具体体现．

(四)图形相似

从定性几何到定量几何,也是几何研究的“基本套路”,图形相似属于定量几何.在定量的平面几何中,重点也是研究几何图形的要素和相关要素的数量关系和位置关系,如要对不等长的两条线段(或图形周长)、不同大小的两个角或不同大小的两个区域(面积),赋予两者之间定量的比值去度量两者之间的差异.这时,平行性(即预备定理)扮演着举足轻重的“角色”,因此教材将它作为“基本事实”,其作用是极大地简化了定量几何的基础理论和基本公式.由此得到一些简朴好用的公式和定理,如三角形面积公式、勾股定理、相似三角形定理、直角三角形的边角关系(锐角三角函数)以及一般三角形的正弦定理和余弦定理,等等.在定量平面几何的定理中,三角形的面积公式、相似三角形定理和勾股定理是最基本的,而三角学就是以这三个定理为基础,讨论三角形的各种几何量(三边长、三个内角的度数、面积、高等)之间的函数关系.锐角三角函数则是讨论直角三角形各种几何量之间的函数关系,它为讨论一般三角形奠定基础.因此,直角三角形的性质研究对定量平面几何有奠基作用.

“相似”作为一个“子系统”,其研究过程为:相似的现实模型→相似图形→相似多边形→相似三角形→位似,这是一个从上位到下位,不断特殊化的过程,其重点是研究相似三角形的判定、性质及其实际应用,如图 3-28 所示.

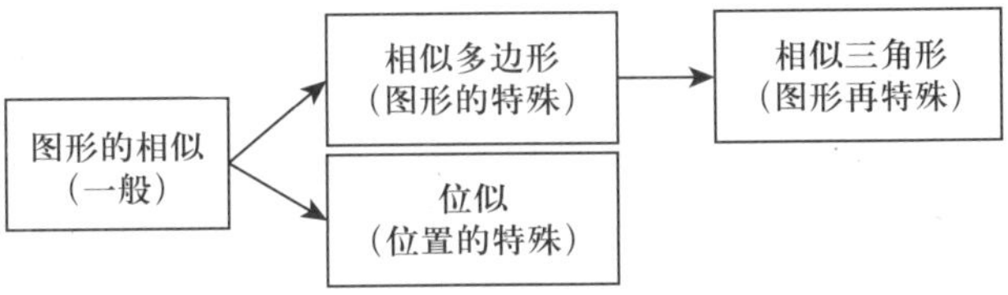

图 3-28

“相似三角形”与“全等三角形”是一般与特殊关系,它们具有类同的结构,所以对它们的研究具有可类比性,其中全等三角形是“学结构”,相似三角形是“用结构”,即类比全等三角形的研究套路来研究相似三角形.相似三角形的研究结构为:

研究思路:背景→概念(定义、表示)→判定(预备定理、判定定理)→性质(要素:边与角;相关要素:中线、高、角平分线、周长、面积)→联系(与全等)与应用.

研究内容:相似三角形的概念、判定方法;构成要素的边的比例关系和位置关系,角的大小关系;相关要素大小关系.

研究方法:类比(类比全等三角形),一般到特殊(多边形相似到三角形相似,相似条件由多到少),逆向思维(性质与判定关系),运用观察、猜想、证明的研究方法.

三角形是最简单的特殊多边形,所以相似三角形的概念是由上位概念相似多边形直接给出的.由于从三角形全等关系的研究到三角形相似关系的研究,是一个从相对特殊到更为一般的研究过程,因此,要鼓励学生在全等三角形判定定理的基础上通过“弱化条件”的分析研究形成猜想,获得研究对象.譬如在“全等三角形”一章,我们研究了形状和大小完全相同的两个三角形的性质和判定方法.类似地,两个形状相同、大小不同的三角形,它们的边与角有什么关系?类比存在判定两个三角形全等的简便方法,判定两个三角形相似时,是否也存在简便的判定方法?从而构建了本章内容的基本线索.

上述过程具有普适性,既适用三角形的研究,也适用其他数学对象的研究,因此体现系统思维方式的结构性．数学教学中，只要抓住这一结构，再通过横向或纵向的类比与联系，引导学生去认识和把握具体数学对象的要素和功能的关系，就能使他们建立起研究数学对象的结构，并形成完整的认识．

两个三角形相似，它们的要素、相关要素与相似比 k 的确定关系就是性质，所以相似三角形的性质研究要引导学生类比全等三角形的性质研究方法，并根据几何图形基本量——三条边的长度、三个内角的度数、三线（中线、角平分线和高）长度以及周长和面积等之间的关系，自己发现性质，并加以证明．

由于研究相似三角形的判定要以有关比例知识为基础，并涉及不可公度性，《标准（2011年）》将“平行线分线段成比例定理”作为基本事实．教材先让学生通过度量确认这一基本事实，然后将它应用到三角形中，并进一步证明“预备定理”，再利用“预备定理”证明相似三角形的判定定理．这样做，降低了难度，但保持了相似三角形的主干内容，体现公理化思想．

（五）三角函数

三角函数以基本初等函数为基础，但又不同于初等函数，是一种“超越函数”，遵循代数研究的“一般观念”，其研究结构为：

研究思路：现实背景（生活或数学）→三角函数概念（定义、表示、读写、分类）→性质（同角三角函数关系、大小比较）→运算→应用（解直角三角形）.

研究内容：三角函数定义、表示、分类；直角三角形边角关系，同角三角函数关系；三角函数大小比较；三角函数值（包括特殊角）；三角函数运算；建立三角函数模型，解决实际问题．

研究方法：抽象、归纳、推理、一般化，特殊化，转化思想，数形结合思想，模型思想．

锐角三角函数的实质是直角三角形中的锐角与两边之比的变化对应关系，知识的背景是函数的定义和“相似三角形对应边成比例”的性质，是函数与相似知识的融合．因此，应以函数观点来审视三角函数，初中阶段突出在 $Rt\triangle ABC$ 中，c 为斜边，a，b 为直角边，当锐角（如 $\angle A$）每取一个确定值时，$\frac{a}{c}$，$\frac{b}{c}$，$\frac{a}{b}$ 的值唯一确定．所以，每一个比值是该锐角的一个函数值，该锐角为自变量，边的比值为因变量．

三角函数概念对初中学生来说非常抽象，学生理解比较困难．对于一个抽象问题，要注意引导学生化抽象为直观，要从特殊问题入手，而且从最熟悉的情景问题（如含 30°角、45°角的三角形）开始，这种从特殊到一般，从具体到抽象的研究方法具有普遍意义．三角函数概念的教学过程：现实背景（如比萨斜塔或解含 30°和 45°的三角形）→提出问题（对于直角三角形，我们已经知道了三边之间关系、两个锐角之间关系，它的边角之间有什么关系?）→特例研究（含 30°角直角三角形的对边与斜边之间关系、45°角直角三角形的对边与斜边之间关系）→研究一般情况（相似直角三角形一个锐角所对的边与斜边的比，随着这个锐角的变化而变化，随着它的确定而唯一确定）→归纳（相似三角形的边与边的比值，随着锐角大小的变化而变化，随锐角大小的确定而唯一确定）→锐角三角函数的定义→符号表示与读写→概念的辨析．也可从三角形要素之间内在关系直接提出问题，获得研究对象．

锐角三角函数的性质探究，应从定义出发，依据直角三角形边角关系，直接推出同角三角函数的关系：$\tan\alpha=\frac{\sin\alpha}{\cos\alpha}$、$\sin^2\alpha+\cos^2\alpha=1$.

解直角三角形的理论依据是直角三角形全等的判定定理，因为对于两个直角三角形，如果已知除直角外的两个元素对应相等（其中至少有一个是边），那么这两个直角三角形全等，从而一个直角三角形的形状和大小由三边和两个锐角 5 个元素中的 2 个元素（其中至少有一个是边）唯一确定，因此从理论上就可以利用这两个元素的大小求出其余元素的大小，这就是解直角三角形．锐角三角函数与解直角三角形的内容与实践紧密联系，一方面让学生体会锐角三角函数和解直角三角形的理论来源于实际，是实际的需要；另一方面让学生看到它们在解决实际问题中所起的作用，使学生进一步体验数学模型思想和数学建模过程，培养学生的抽象能力、模型观念和应用意识．

三角函数概念教学应从“整体—局部”，体现整体性．有的教材是将正弦函数与余弦函数、正切函数分开学习，体现的是“局部—整体”，这是一种“先见树木，再见森林”的教材编排，割裂了学生思维的系统性．因为在初中阶段，锐角三角函数其本质是直角三角形两边的比值，对学生来说直角三角形的三边是一个整体，任何两边都会构成一个比值，共有六种情况，自然就会产生六种函数，其中三种情况与另三种情况分别互为倒数，所以初中只研究正弦、余弦、正切三种函数，这样的思维是自然且合理的．因此，教学时，应让学生先概览“全貌”，将六种比值和三个比的名称——正弦、余弦、正切同时给出，使学生整体认识且在整体中辨别，易于学生理解和掌握概念，整体探究锐角三角函数的性质．这样，知识会随着学生思维推动而延伸，学生思维会随知识的必然发展而不断深化、活化，学生从中获得的不仅仅是有关三角函数的知识，也不仅仅是基本思维品质的优化，还包括研究问题的思想方法与策略．

三、四边形知识结构分析及教学建议

三角形与四边形都是特殊的多边形，尤其是三角形是最简单的多边形，并且在小学已经有了初步认识，所以教材承接小学内容，先研究三角形，将三角形的研究作为“学结构”阶段，为其他多边形的研究提供先行组织者．四边形是多边形的下位概念，是典型的多边形，所以四边形的研究要纳入多边形的框架结构之中，如图 3-29 所示．

四边形研究结构：

研究思路：背景→定义、表示→分类→性质→特例（定义、性质、判定）

研究内容：边、角和对角线的位置和大小关系，图形的对称性、图形之间的联系与应用

研究方法：类比研究（类比三角形），一般到特殊（多边形→四边形→平行四边形→矩形、菱形→正方形；多边形→正多边形），逆向思维（性质与判定关系），抽象与归纳，直观想象与逻辑推理，转化与化归．

（一）多边形和四边形

概念、判断和推理是思维的基本形式，在概念本质属性的基础上进行判断，在概念和判断的基础上进行推理，三者之中，概念是基础．在“四边形”一章的教学中，首先要重视概念教学的方式．“多边形”的概念产生方式是概念的形成，即通过对大量实例进行抽象，概括出它们的共同本质属性，归纳得到多边形的概念（定义、符号表示、分类）．四边形是多边形的下位概念，通过边数直接定义．其次，多边形和四边形的性质研究，类比三角形，从要素（边、角）和相关要素（外角、对角线、稳定性）等方面进行研究．

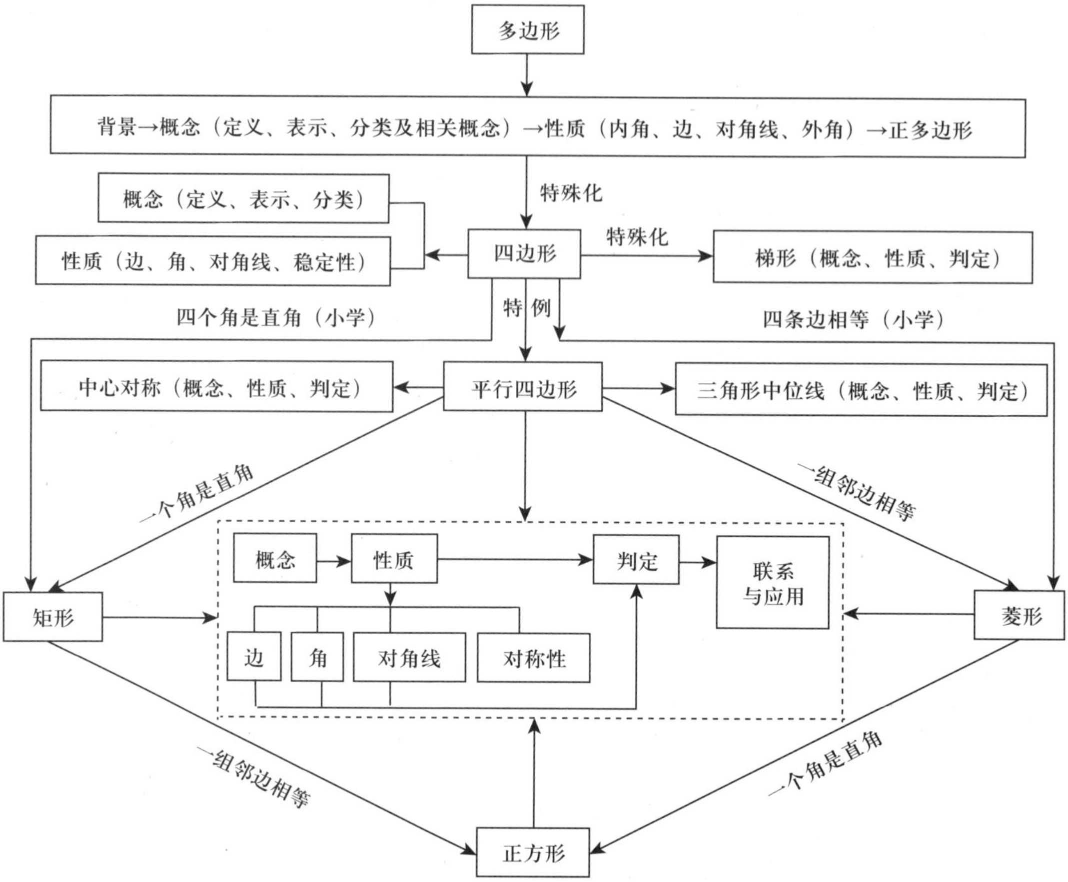

图 3-29

（二）特殊四边形的研究

四边形的研究主要研究特殊四边形，即特殊四边形的概念、性质、判定以及三角形和四边形中点连线问题，研究的对象为特殊四边形的要素（边、角）和相关要素（对角线、对称性等），研究的方法是遵循几何图形研究的“一般观念”，即概念→性质→判定→联系与应用，并按照从一般到特殊、从上位到下位、从定性到定量的逻辑顺序展开研究，其中特殊三角形的研究过程与方法是特殊四边形研究的类比源，类比三角形特殊化的过程（图 3-27）研究特殊四边形，其研究路径如图 3-30 所示．

1. 特殊四边形的概念．平行四边形概念的产生方式是概念的形成，即通过大量实例抽象为数学图形，再抽象归纳这些图形的共同特点，概括它们本质属性，然后下定义；而特殊的平行四边形的概念产生方式是同化方式，即采取“属＋种差”的方式进行定义，如矩形的定义，邻近的属是“平行四边形”，种差是“一个角是直角”，所以矩形概念的教学不宜采取从现实生活背景引入，而应从数学内部背景引入，只要将平行四边形的移动架绕一个顶点转动，使其中一个角等于 90°，让学生观察图形特征，得出矩形的概念．在此基础上，再让学生举出生活中矩形的例子．对于菱形、正方形的概念教学也是如此．这种通过同化方式获得新概念的方式，认知距离短，效率高．

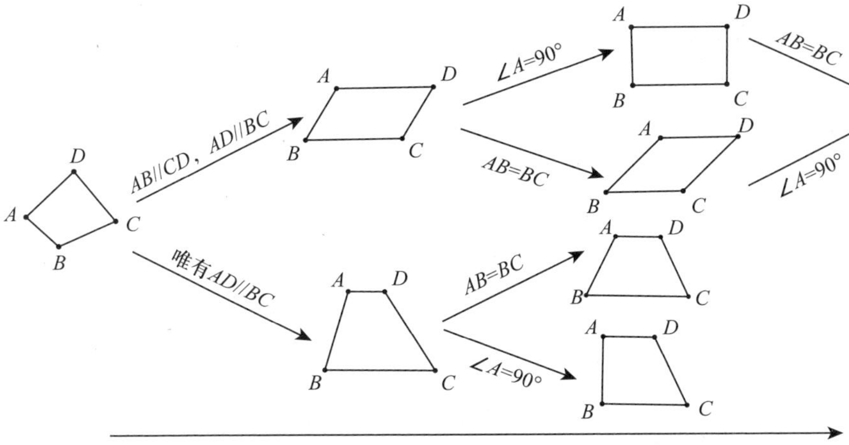

图 3-30

2. 特殊四边形的性质与判定．就图形的性质研究而言，它们一般都从图形的边的数量关系和位置关系、角的数量关系、图形内部特殊线段（对角线）的数量关系和位置关系以及图形的对称性等方面展开研究，经历由观察度量、实验操作、图形变化等方式，通过合情推理猜想结论，运用演绎推理证明猜想等过程．平行四边形的性质探究是“学结构”，并遵循几何研究的“一般观念”，即通过观察、度量、实验，从几个具体的平行四边形中发现共性，并推广到一般，猜想平行四边形的性质（对边相等、对角相等、对角线互相平分、对称性），再证明性质．对特殊平行四边形的研究，要充分发挥学生研究平行四边形的经验，结合几何研究的一般观念，运用“学·用”结构策略，让学生开展自主研究．通过平行四边形的变形——角的特殊化，探究发现矩形的性质；边的特殊化，探究发现菱形的性质．尤其是正方形，是平行四边形的终端单元，要做好知识、过程和方法的总结与提升，不仅要引导学生画出四边形的结构图，而且能画出各种平行四边形性质的结构图或韦恩图，厘清图形和性质的脉络．

就图形的判定而言，应从数学本身提出问题，明确图形的性质定理与判定定理之间的互逆关系，即从图形的性质定理出发，先让学生将这些性质定理改写成逆命题，让学生思考真伪，然后运用演绎推理证明这些命题的真伪，从而给出图形的判定定理．平行四边形及特殊平行四边形的判断定理也遵循这样的逻辑结构．

转化与化归是数学的常用方法．在平行四边形的学习中，通过连接对角线，把平行四边形化归为两个全等三角形，运用全等三角形的性质得出平行四边形的性质；在探索并证明三角形的中位线时，又通过构造平行四边形，把三角形问题转化为平行四边形，利用平行四边形的性质和判定得出三角形中位线定理．对中位线定理的证明，建议介绍“出入相补原理”方法，将三角形转化为矩形来解决，渗透数学史；在矩形性质的学习中，自然推出直角三角形斜中线定理，把直角三角形的问题转化为矩形的问题，用矩形的性质进行证明．充分体现了三角形与平行四边形之间的相互转化，突出了转化与化归等数学思想方法．

对梯形的研究，根据《标准（2022 年）》要求“理解梯形的概念”，所以重点是理解梯形的定义与分类，能利用定义直接推出梯形的判定和性质．

四、圆的知识结构分析及教学建议

在学生学习了直线图形有关性质的基础上，再研究一种特殊的曲线图形——圆．圆是常见的图形，也是平面几何中基本图形之一，在小学阶段已经有所涉及，初中主要系统研究圆的概念和性质，圆中有关的角，圆与其他图形之间的位置关系和数量关系．其结构关系如图 3-31 所示．

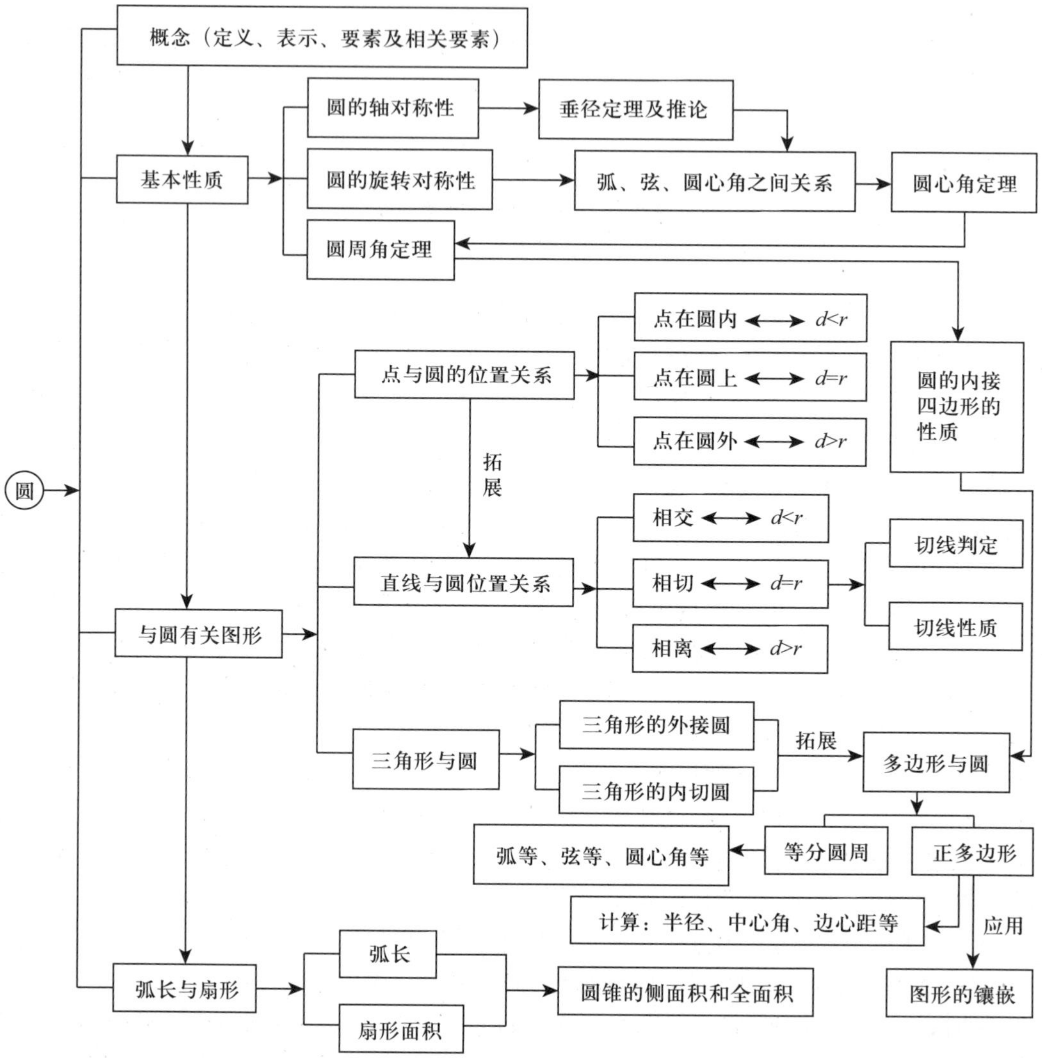

图 3-31

圆与直线的相同点都是“线”，不同点是“曲”与“直”．因此，圆的研究可以类比直线的研究，它们有类同的研究结构：

研究思路：背景→概念（定义、表示；相关概念）→性质：研究圆的基本要素（圆心、半径）与相关要素（弧、弦、圆心角、圆周角、扇形）的关系→关系研究（图形与圆的位置关系和数量关系）→联系与应用．

研究内容：圆的概念（定义、表示）及相关概念（弧、弦、圆心角、圆周角、扇形等）；圆的轴对称性、旋转不变性（包括中心对称）、垂径定理及其推论、圆心角定理及其推论、圆周角定理及其推论；图形（点、直线、三角形、多边形）与圆的位置关系和数量关系，研究它们的概念、判定、性质.

研究方法：类比研究（类比直线研究圆、类比点与圆位置关系或直线与直线位置关系研究直线与圆的位置关系、类比三角形与圆的位置关系研究多边形与圆的位置关系）；用对称观点研究圆的性质；探究方法：实验→发现→猜想→证明；从一个图形研究→两个图形关系研究，从定性研究→定量研究，从一般→特殊；分类讨论与转化思想.

1. 圆的概念与性质. 圆的概念和性质是进一步研究圆与其他图形位置和数量关系的主要依据，而且圆的概念是研究圆的性质的基础. 教材结合生活中一些圆的实际例子，在小学画圆的基础上，用“发生法”给出圆的概念（定义、符号表示），在此基础上，要引导学生用集合的观点认识圆，即圆上每一点与圆心的距离都等于定长. 同时，到定点的距离等于定长的点都在圆上，强调确定一个圆的要素——圆心和半径.

就一个图形而言，圆的性质研究主要研究圆的要素（圆心、半径）和相关要素（弧、弦、弦心距、圆心角、圆周角）之间的关系以及对称性. 圆是一种特殊的曲线，它有独特的对称性. 它不仅是轴对称图形、中心对称图形，而且具有旋转对称性（绕圆心旋转任意一个角度都能与原来的图形重合）. 垂径定理及其推论反映了圆的重要性质，是圆的轴对称的具体化，也是证明线段相等、角相等、垂直关系的重要依据，同时为圆的计算和作图提供了方法和依据. 利用圆的旋转对称性发现了圆中弧、弦、圆心角之间的关系，得到圆心角定理及其推论，圆心角定理及其推论将角与弧建立了一种对应关系，不仅为角的计算，角、弧、弦、弦心距相等的证明提供了简便的方法，而且是圆周角定理及其推论的基础. 所以在研究圆的有关性质时，要让学生充分利用圆的对称性，通过观察、实验等方法探究出性质，再利用图形变换、逻辑推理进行证明，实现图形的性质、图形的变化和图形的证明的有机结合.

圆周角定理的证明要用到完全归纳法，学生对分类证明的必要性难以理解，这是难点之一. 在教学圆周角定理证明时，几乎很少有学生就结论的证明进行分类讨论，大都是在教师分好类的基础上分别进行证明结论而已. 为什么学生对此定理的证明缺少分类的意识？作者认为主要是学生对分类的必要性认识不足. 初中阶段数学中的分类方式主要呈三种形态：一是研究数学对象（数与形）的不同特征时需分类，如三角形可按边分，也可按角分；二是探索中出现不同结果时需分类，如直线与圆的位置关系；三是演绎推理的形式不同时需分类，如圆周角定理的证明，这是因为圆周角的位置不同而推理的形式亦有所不同，当圆心在圆周角一边上时（特殊情况），利用圆心角和等腰三角形性质直接证明；当圆心在圆周角内部时，转化为特殊情况，演绎推理利用“和”；当圆心在圆周角外部时，转化为特殊情况，演绎推理利用“差”. 这类分类学生平时接触少，知识储备不足，在平时教学中需要注意适当渗透. 圆周角定理的证明要体现转化与化归的思想，从最特殊的情况——角的一边经过圆心入手，再推广到一般情形，并将一般情形转化为特殊情形进行证明，提高学生逻辑思维能力和分析解决问题的能力.

2. 直线与圆的位置关系. 就图形的关系而言，圆可以看成由一条直线段弯曲而成的曲线形，所以圆的问题要注意与直线形的联系，可类比直线形问题展开研究，发挥远迁移作用. 如点与圆的位置关系类比点与直线的位置关系；直线与圆的位置关系类比直线与直线的位置关系；圆与圆的位置关系类比直线与圆的位置关系，并且它们都遵循从定性到定量研究，即从几何特征(交点个数)到代数特征(距离)展开研究．在研究的过程中,采取“变量控制法”研究方法,即圆心和圆的大小不变(即 r 不变),改变直线的位置(即圆心与直线的距离 d 改变);圆心和直线位置不变(即 d 不变),改变圆的大小(即 r 改变).

直线与圆的位置关系要注重渗透一般到特殊的思想,重点研究其特殊情况——相切,切线的判定定理、性质定理以及切线长定理是研究直线和圆的有关问题的重点,是研究三角形与圆、多边形与圆的基础．

与圆有关的知识点相对来说比较“散”,没有像直线型几何知识那么有规律,所以在单元知识整理时,需要进行“综合贯通”,可利用直线与圆的关系统领圆内容,将圆这部分核心知识融通在一起,形成一个系统．

一条直线(线段)与圆的位置关系(图 3-32):

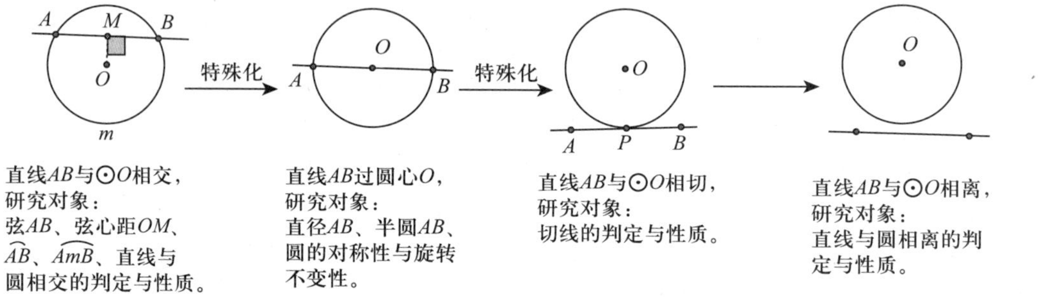

图 3-32

二条直线(线段)与圆的位置关系(图 3-33):

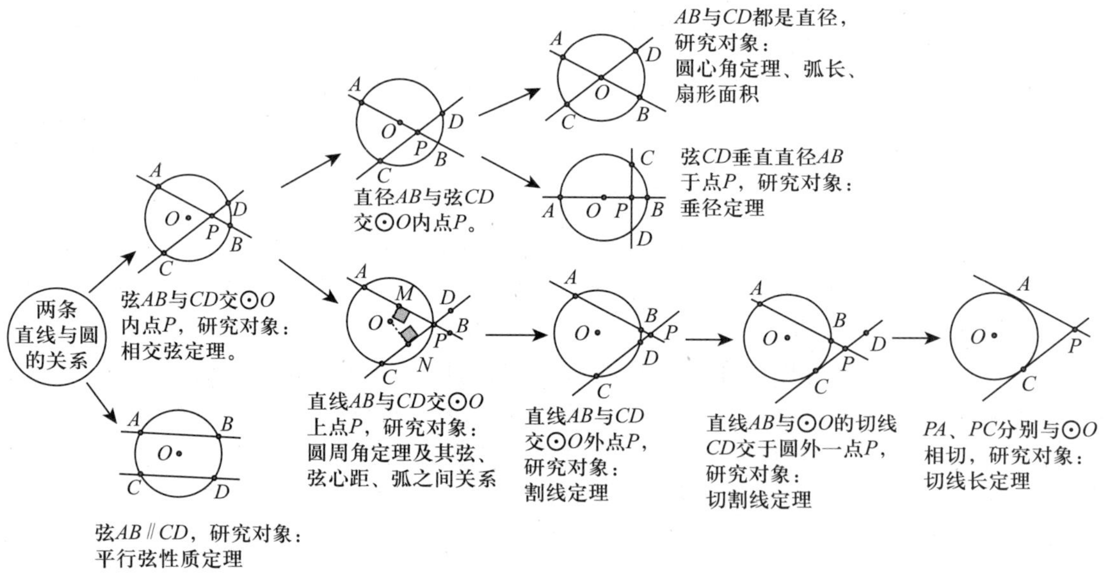

图 3-33

3．正多边形．正多边形是一种特殊的多边形,它有一些类似于圆的性质．如正 n 边形也是轴对称图形,有 n 条对称轴,当 n 为偶数时,它又是中心对称图形,而且绕中心旋转 $\frac{360^\circ}{n}$ 都能和原来的图形重合．当 n 趋向无穷大时，正多边形就逐渐逼近于圆，因此圆也可以看成是正多边形的极限图形，这也就是为什么扇形面积公式 $S=\frac{1}{2}l \cdot r$（l 表示弧长）与三角形面积公式 $S=\frac{1}{2}a \cdot h$ 如出一辙的原因．

正多边形的问题通常转化为等腰三角形和直角三角形，化归为半径、中心角、边心距来解决．学生对三角形、四边形、圆等具体图形比较习惯，而对于泛指的 n 边形并不习惯．教学时注意从具体图形入手，并对具体图形的结论和方法进行推广，使学生实现由具体到抽象、特殊到一般的认识上的飞跃，提高学生思维能力．

弧长和扇形面积是在小学学过的圆周长和面积公式的基础上推导出来，要理解公式的本质，它们刻画的是圆心角占圆周的份数．应用这些公式，可以计算出一些与圆有关的简单组合图形的周长和面积，如推导出圆锥的侧面积和全面积公式，因为圆锥的侧面展开图是扇形，并且圆锥侧面积的计算还可以培养学生的空间观念．

五、图形变化知识结构分析及教学建议

变换是近代数学中的重要基本概念之一．所谓变换是指某个集合中符合一定要求的一种对应规律．高中数学所说的“变换”与初中数学所说的“变化”在本质上是一致的，说法不同与学生的认知水平有关．变化强调图形直观，变换更强调代数表达．图形变化是指如果一个平面图形的每一个点，都对应于该平面内某个新图形的一个点，并且新图形中的每一个点只对应于原图形中的一个点．从数学的角度来看，物体的运动与变化，可以抽象为图形的变化，因为几何图形都是点的集合，所以图形变化可以通过点的变化来实现．

（一）图形全等变化

义务教育阶段，图形的变化分为全等变化和相似变化．“全等变化”主要有平移、旋转和轴对称变换，研究的主题是图形形状之间的关系和图形的位置之间的关系，改变图形的位置但不改变图形的形状和大小（本质上原图形任何两点之间的距离都等于新图形中两对应点之间的距离，又称为“保距变化”），反映的是几何图形的刚体运动过程；“相似变化”改变图形的位置和大小，图形的形状保持不变（本质是改变两点间距离的大小，不改变角的大小，因此相似变化也叫“保角变化”），反映的是几何图形放缩过程．图形的相似变化，已在“相似三角形”部分做了分析，这里不再赘述．图形全等变化的知识结构关系如图 3-34 所示．

在图形全等变化的教学中，要重视以下三个方面：

（1）要注意引导学生以大量事例（生活、数学）为基础，借助现代信息技术、数学软件开展数学实验，帮助学生经历从特殊到一般的发现和归纳概括获得结论的过程，感悟图形变化的基本特征，探究图形变化的基本性质．如平移变换，可以让学生对线段、三角形、四边形、圆等图形进行运动，研究和发现各种图形运动前后的对应关系、对应点之间的距离，以及图形的形状大小等问题，然后归纳概括出一般的结论，体会归纳思想．避免仅凭一两个例子就得出平移的结论：平移前后对应点的连线平行且相等．

（2）要处理好相近概念间的联系与区别，如轴对称与轴对称图形、中心对称与中心对称图

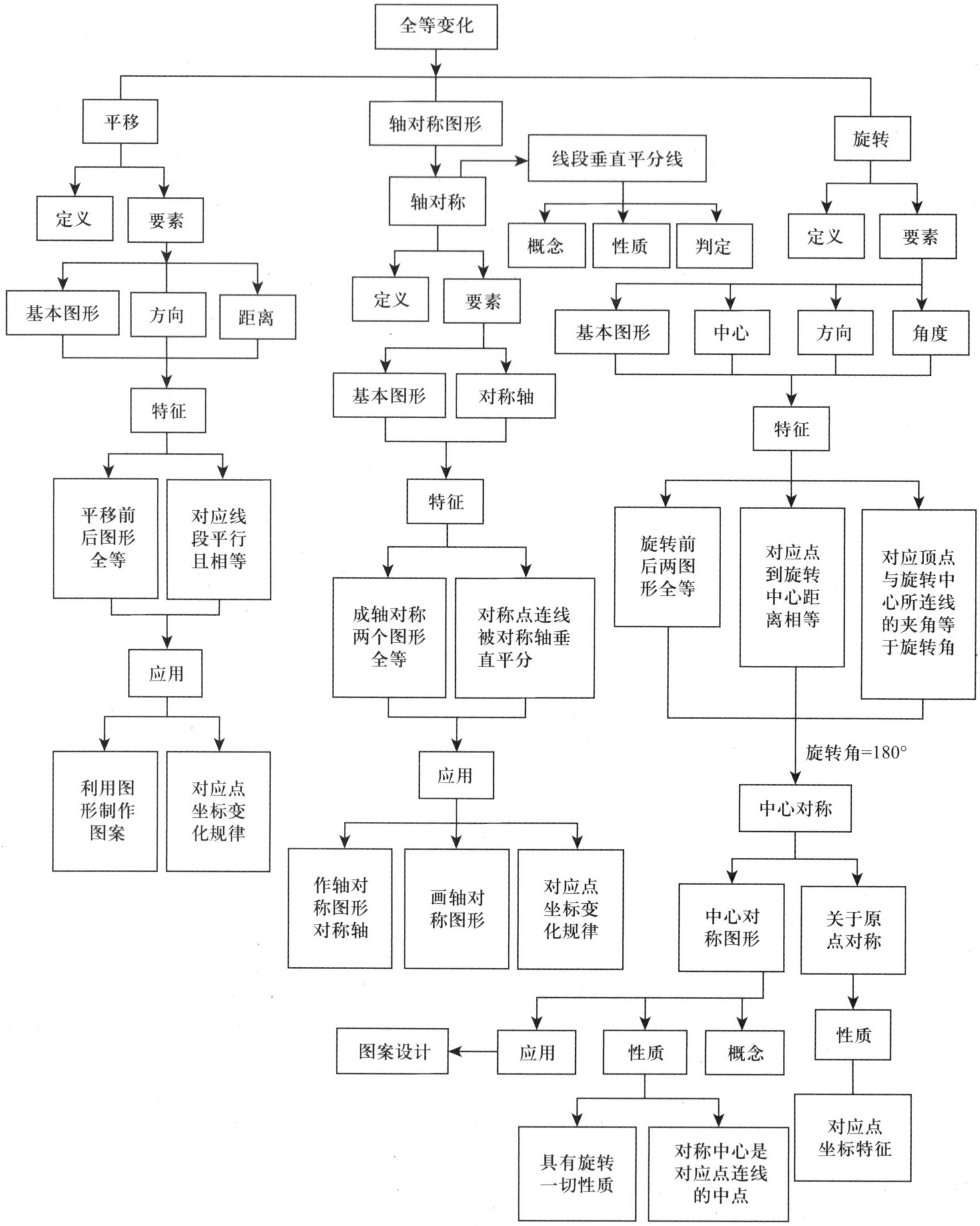
全等变化
平移
定义
要素
基本图形
方向
距离
特征
平移前后图形全等
对应线段平行且相等
应用
利用图形制作图案
对应点坐标变化规律
轴对称图形
线段垂直平分线
概念
性质
判定
轴对称
定义
要素
基本图形
对称轴
特征
成轴对称两个图形全等
对称点连线被对称轴垂直平分
应用
作轴对称图形对称轴
画轴对称图形
对应点坐标变化规律
旋转
定义
要素
基本图形
中心
方向
角度
特征
旋转前后两图形全等
对应点到旋转中心距离相等
对应顶点与旋转中心所连线的夹角等于旋转角
旋转角=180°
中心对称
中心对称图形
关于原点对称
应用
图案设计
性质
概念
具有旋转一切性质
对称中心是对应点连线的中点
性质
对应点坐标特征

图 3-34

形，其中轴对称与中心对称都是两个全等图形之间的相互位置关系，而轴对称图形与中心对称图形都是一个图形本身的特征．

(3)要加强知识联系，实行整体性教学．三种全等变化呈并列结合关系，它们有类同的结构，要特别重视单元起始内容——平移变化的教学，这是“学结构”阶段，而轴对称和旋转变化是“用结构”阶段．教师要引导学生学会平移变化的研究内容、研究过程和研究方法，积累平移变化的研究经验，形成原初经验，再利用正向迁移的方法研究对称变化和旋转变化，发挥数学的育人价值．对于轴对称变化要发挥图形变化的“承接”作用，在教师引导下，形成“再生经验”．对于旋转变化，不仅要类比平移变化和轴对称变化研究经验展开研究，而且作为图形全等变化的“终端”单元，还要承担“合”之功效，即提炼图形变化经验，形成经验图式；融合三种变化的关系，形成新的整体，为进一步学习图形变换奠定知识与方法之基础．

平移、轴对称、旋转三种变化具有关联性．首先，这三种变化都能保持图形的形状、大小不变，都是全等变化．其次，连续进行两次轴对称变化，如果两条对称轴重合，那么这两次轴对称变化的最后所得到的图形与原来图形完全重合；如果两条对称轴平行，那么这两次轴对称变化的最后结果相当于一次平移，平移的方向与对称轴垂直，平移的距离为两条对称轴之间距离的 2 倍(图 2-35)；如果两条对称轴相交，那么两次轴对称变化的最后结果相当于一次旋转变化，旋转中心为对称轴的交点，旋转角度为两条对称轴夹角的 2 倍(图 3-36)．特别地，当两条对称轴垂直时，两次轴对称变化后，图形成为中心对称(图 3-37)．

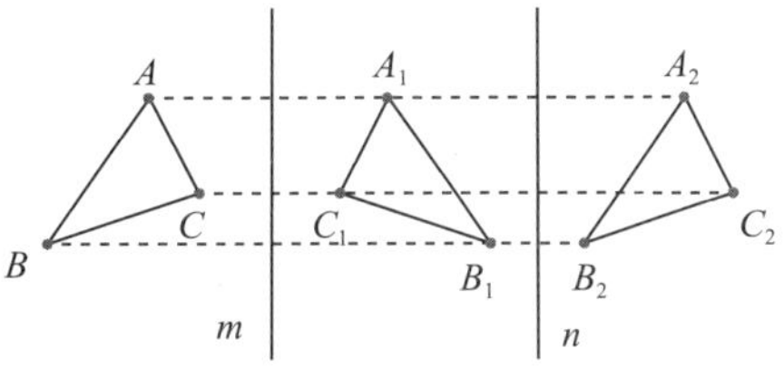

图 3-35

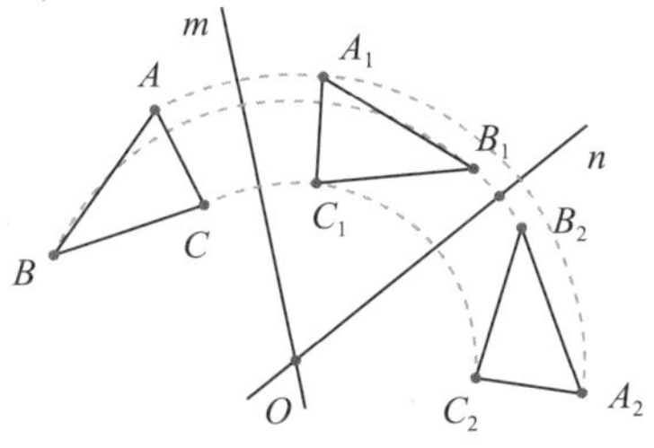

图 3-36

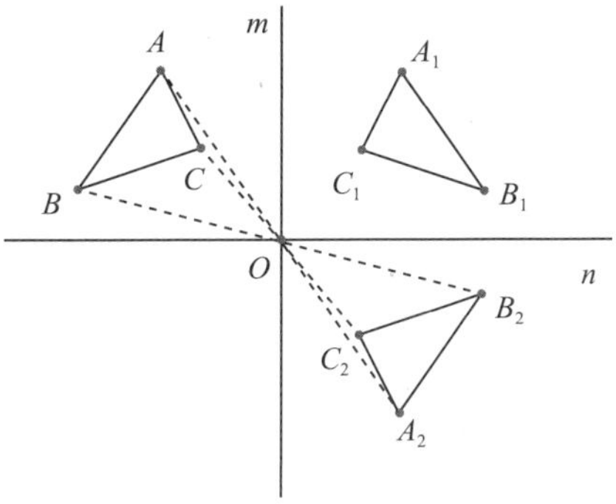

图 3-37

上述反过来的结论同样成立，即一次平移变化可以由两次轴对称变化(对称轴平行)替换；一次旋转变化，也可以有两次轴对称变化(对称轴相交)替换．由此可见，轴对称变化在三种变化中起到桥梁作用．再次，平面内两个全等图形(以三角形为例)都可以通过图形运动得到．先将图形平移到一个位置上，或者说有一个顶点重合，这时图形有两种情况：一种是两个三角形的三个顶点的顺序是一致的，这时再经过旋转就重合了；另一种是顶点的顺序是相反的，这时需要经过对称变化，两个图形就重合了．

对于三种全等变化，尽管它们的运动方式不同、特征不同，但它们有类同的研究结构：

研究思路：通过具体实例认识图形的变化→探索图形变化的性质→作出一个图形经过变化以后的图形→利用图形的变化进行图案设计(应用意识、创新意识，感悟数学美)→用坐标表示图形的变化(数形结合,体现跨领域知识的联系)→特殊图形变化.

研究内容:变化对象(基本图形)、变化要素(条件)、变化特征(结果与性质)、性质应用(图案设计、坐标特征等)

研究方法:画出图形→观察→猜想→验证;从一般到特殊;变量控制法.

(二)投影与视图

"投影与视图"涉及立体图形与平面图形之间的转化,需要利用直观感知、动手操作等学习方式,是培养空间观念的良好载体.其知识结构关系如图3-38所示.

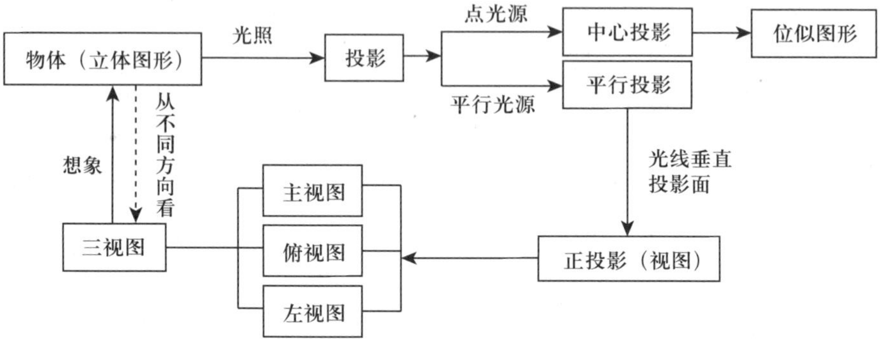

图 3-38

"投影与视图"研究的思路为:从生活实例中抽象出投影的概念→投影的分类(以投影线的位置关系为分类标准,分平行投影和中心投影,平行投影又分斜投影和正投影)→特殊的投影(正投影和中心投影)→正投影(重点研究三视图)→中心投影(重点研究位似图形).

1. 正投影.从研究对象的基本关系出发,分析其表现形式,是发现和提出问题的基本途径.在研究正投影的性质中,首先明确目标是"物体与其投影之间的形状、大小关系",然后分析物体与投影面之间所有可能的位置关系,从而发现性质.具体来说就是线段与投影面的位置(有且只有平行、倾斜和垂直三种),不同位置关系下线段正投影的形状、线段与其正投影的大小关系;正方形与投影面的位置(有且只有平行、倾斜和垂直三种),不同位置关系下正方形正投影的形状、正方形与其正投影的大小关系,然后归纳正投影的基本性质.这种以简单而典型的线段和正方形正投影为出发点,奠定画基本几何体三视图的基础,体现了数学研究的一种基本观念.

投影与视图重点研究的对象为三视图,包括三视图的成像原理、三视图的位置和度量规定,其研究过程为:三视图的概念→画立体图形(实物)的三视图→由三视图想象立体图形(实物)→利用三视图知识解决度量问题.由立体图形(物体)到三视图,由三视图想象出立体图形,体现了立体图形与平面图形的联系与转化.这里的立体图形主要有棱柱、圆柱、圆锥、球或它们的组合."从某一方向看"相当于"某一方向的平行投影线",因此,看到的平面图形是物体在这个方向光线下的正投影."正投影"通俗的理解就是将物体沿着投影面"压扁".

2. 中心投影.中心投影是特殊的投影,其特殊性在于投影线从一点引出,实物(图片)与影像形状相同、大小不同,因此是位似变化.位似是特殊的相似,其特殊性是对应点所在直线经过同一点(位似中心)."位似"借助日常生活实例给出位似图形的概念,然后从定义出发,通过举例,介绍利用位似将一个图形放大或缩小的方法,探究让学生在平面直角坐标系中探索并得出：将一个多边形的顶点坐标（有一个顶点为原点，有一边在横坐标轴上）分别扩大或缩小相同倍数时所对应的图形与原图形位似，并给出直角坐标系中以原点为位似中心的两个位似图形的对应点坐标之间的关系（图形的位似变化公式）. 位似图形作为一种具有特殊位置关系的相似图形，可以用来放大或缩小图形，在直角坐标系中进行研究，用坐标之间的关系表示位似，渗透用代数方法研究几何变换的思想，体现数形结合思想，发展几何直观，增强应用意识.

3. 与 STEAM 教育理念融合，采用项目化学习方式."投影与视图"这一章教学，教师普遍存在"为考而教"的现象，其观点是"中考简单，教学带过". 其深层次原因是教师没有认识到该内容对培养学生空间观念和数学学习态度的重要作用，更没有发现、挖掘该内容为培养学生科学、技术、工程、艺术、数学等素养的潜在价值.

STEAM 教育，即科学、技术、工程、艺术、数学的融合，它倡导以融合教育的方式培养学生既掌握学科知识与技能、过程与方法，又形成超越单纯学科的综合素养. 而"投影与视图"是初中教学实施 STEAM 教育的典型内容，可从课程目标与 STEAM 教育培养目标的比对中，发现两者之间吻合度较高（表 3-8）.

表 3-8

序号	《标准（2022 年）》目标	STEAM 培养目标
1	通过丰富的实例，了解中心投影和平行投影的概念	S 目标（科学）
2	会画直棱柱、圆柱、圆锥、球的主视图、左视图、俯视图	T 目标（技术）
	能判断简单物体的视图，并会根据视图描述简单的几何体	M 目标（数学）
3	了解直棱柱、圆锥的侧面展开图，能根据展开图想象和制作实物模型	E 目标（工程）
4	通过实例，了解上述视图与展开图在现实生活中的应用	A 目标（艺术）

因此，"投影与视图"的教学，要充分挖掘教材的育人功能，不仅要考虑如何培养学生掌握数学基础知识和基本技能，更要注重通过融合式教学让学生在合作学习、体验式学习中亲身经历数学探究的过程，加强科学素养；通过参加实践活动，锻炼动手能力，初步树立空间想象能力，培养技术素养和工程素养；通过教师有意识地引导，使学生丰富人文学养，提高艺术素养；通过学科学习，注重内容间联系，不断提升数学素养.[17]

六、用图形变换思想引领几何教学

图形的变换是近代数学的一种思想，也是研究平面几何性质、关系的有力工具，其本质是运动变换思想和不变量思想.

在《标准（2022 年）》中，"图形的变化"是"图形与几何"领域的三大主题之一，内容包括图形的平移、轴对称、旋转（包括中心对称）、相似和投影. 其中，平移、轴对称、旋转是全等变换，相似和位似是相似变换."图形的变化"内容在教材中被安排在不同的年级，贯穿了几何教学的全部内容，呈螺旋式上升.

平面几何是研究平面图形在运动变化过程中的不变性质和不变量的科学，图形的性质一般是变换性质的反映，因此，可以用变换的思想引领几何教学. 教师在几何新课教学时要重视变换思想的渗透，通过图形的变换，实现图形位置的转化或位置重组，把一般情形转化为特殊情形，使问题易于解决，逐步培养学生形成以变化的运动的观点来处理孤立的、静止的离散问题的思想．特别是在知识整理复习阶段，要用变换思想重新审视几何概念、性质和原理，即用图形变换思想整体把握分散在各年级的诸多几何知识以及性质、判定的推理方法，建立以变换思想为核心的知识体系（表 3-9）．

表 3-9

主题	几何知识与原理	变换思想
线	点动成线，线动成面	平移、旋转
	线段及其大小比较	平移、旋转
	线段中垂线	轴对称
	平行线的唯一性	平移
	平行线的判定及其性质	平移
角	角及其大小比较	旋转、平移
	角平分线	轴对称
	同角的余角（补角）相等	旋转
三角形	三角形内角和定理	旋转、平移
	全等三角形判定	平移、轴对称、旋转
	等腰三角形（等边三角形）性质与判定	轴对称、旋转
	等腰三角形推广性质（两底角的平分线两腰上的中线与高线对应相等）	轴对称
	在一个三角形中，大边对大角	轴对称
	直角三角形勾股定理	旋转、平移、等积
	30°角所对的直角边等于斜边的一半	轴对称
	直角三角形的斜中线定理	旋转
	相似三角形及其性质、判定	相似
	三角形中位线	相似—位似、旋转
	三角函数	相似

主题	几何知识与原理	变换思想
四边形	平行四边形及其性质	平移、旋转
	矩形、菱形、正方形性质	平移、旋转、轴对称
	等腰梯形性质	平移、轴对称
圆	圆的定义	旋转、轴对称
	垂径定理及其推论	轴对称
	圆心角定理及其推论	旋转
	直线与圆的位置关系	平移、轴对称
	切线长定理	轴对称
	正多边形与圆	旋转、轴对称
视图	圆锥侧面积	等积
	三视图	映射、平移
	位似图形	相似

图形变换作为研究图形的主要思想方法，在几何教学入门阶段就要开始逐步渗透，在学生初步了解了图形变换的一些思想方法后，应引导学生用变换思想理解概念、性质，并在定理的证明过程中探究证法的本质，帮助学生逐步掌握图形变换的思想方法，理解变换思想的精髓，

感悟图形有规律变化产生的美，增强对数学学习的兴趣．

总之，图形认识和图形性质研究，需要引导学生理解平面几何的基本思想，感悟几何体系的基本框架：通过定义确定论证的对象，通过公理确定论证的起点，通过证明确定论证的逻辑，通过命题确定论证结果．要组织学生经历图形分析与比较的过程，引导学生学会关注事物的共性，分辨事物的差异，形成合适的类，会用准确的语言阐述研究对象的概念，提升抽象能力，会用数学的眼光观察现实世界；通过对生活或数学中的现实情境，引导学生感悟基本事实的意义，经历几何命题发现和证明的过程，感悟归纳推理过程和演绎推理过程的传递性，增强推理能力，会用数学的思维思考现实世界；要引导学生经历针对图形性质、关系、变化确立几何命题的过程，体会数学命题中条件和结论的表述，感悟数学表达的准确性和严谨性，会借助图形分析问题、形成解决问题的思路，发展模型观念，会用数学语言表达现实世界．[10]

第三节　统计与概率知识结构分析及教学建议

统计与概率则是以不确定现象为研究对象，主要研究这些随机现象变化发生的统计规律性．《标准(2022 年)》对前三个学段要求学生了解简单的数据收集、整理、描述、分析的方法，会定性描述简单的随机现象发生可能性的大小，建立数据意识．对第四学段不仅要求经历"收集数据→整理数据→描述数据→分析数据→预测趋势"的统计学习过程，而且还要认识不确定现象，体会概率的意义，了解频率与概率的关系，学会计算事件发生概率的方法，逐步形成以随机的观念看待现实世界．统计与概率的知识结构关系如图 3-39 所示．

- 统计与概率
  - 抽样与数据分析
    - 数据的收集、整理与描述：统计调查→统计表→统计图（包括箱线图）
    - 数据的分析：平均数、中位数、四分位数、众数、方差、离差平方和、百分位数
    - 数据的分析与决策：样本数据→样本估计总体→判断与预测
  - 随机事件的概率
    - 随机事件与频率：事件及其可能性大小→频率及其分布
    - 简单事件概率：概率意义→古典概率事件及计算→几何概率事件及计算

图 3-39

初中阶段统计与概率领域包括抽样与数据分析和随机事件的概率两个主题，重点是让学生学会统计和概率求解的方法，即通过学习获得数据的抽样方法，利用样本数据推断总体特征的方法，以及定量刻画随机事件发生可能性大小的方法，形成和发展数据观念．

一、抽样与数据分析知识结构分析及教学建议

抽样与数据分析强调从实际问题出发，根据问题背景设计收集数据的方法，经历更加有条理的数据收集、整理、描述、分析的过程，利用样本平均数估计总体平均数，利用样本方差估计总体方差，体会抽样的必要性和数据分析的合理性．

(一)数据及其类型

"统计学是关于收集和分析数据的科学与艺术"(《大不列颠百科全书》)．统计主要研究现实生活中的数据，它通过对数据的收集、整理、描述和分析来帮助人们解决问题．谈到数据，很

多人就认为数据就是数．实际上，数据就是信息．史宁中教授认为，数据是信息的载体，这个载体包括数，也包括语言、信号、图象，凡是能够承载事物信息的东西都构成了数据．当然这些数据是有实际背景的，脱离实际背景的单纯的数据的研究是数与代数的内容．陈希孺认为“只有哪种受到偶然性因素影响的数据，才是统计学处理的对象”．[18]因此，统计学的数据具有两层含义：一是数据里蕴含着信息；二是数据体现了随机性．

在现实生活中统计数据类型众多：有的数据没有“好坏”之分，如性别，叫作定性的数据；有的数据有“好坏”之分，可以排序的，如满意度调查，叫作定序的数据；有的数据是定量的，它们直接可以比较大小，如考试成绩等．通过某种约定，定序数据与定量数据是可以相互转换的．如满意度调查，常用的有两种方式：方式一填写满意、比较满意、一般、不满意，如果约定分别将它们赋分10、8、6、4，这样原先定序的数据就转化为定量的数据；方式二给被调查人打分，满分100分，如约定90分及以上为满意、90分以下80分及以上为比较满意、80分以下70分及以上为一般、70分以下为不满意，这样原先的定量的数据就转化为定序的数据．其关系如图3-40所示．[19]

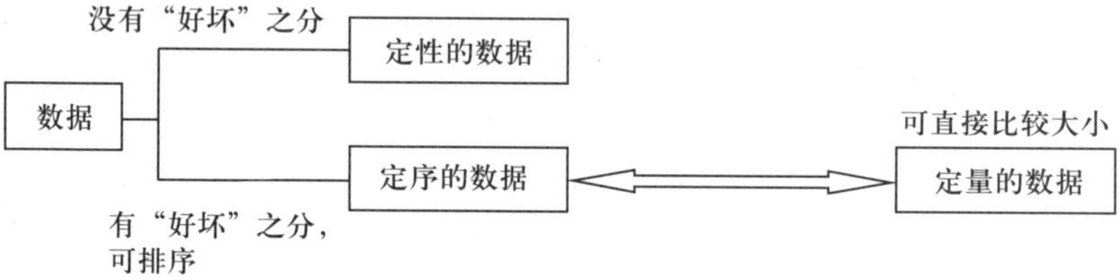

图 3-40

如何获得“好”的数据是统计研究中首先遇到的问题，是做好统计的前提．所谓“好”的数据是指那些能够更加客观地反映实际背景的数据．根据数据的不同，获取数据的方法主要分两大类：一是通过调查收集数据(抽样调查)；二是通过实验制造数据(实验设计)．义务教育阶段主要是抽样调查．抽样调查又包含两个方面，一个是对已经存在的数据的收集，称为抽样，如市场的物价、学生的身高等；另一个是需要我们了解才能获取的，称为调查，如学生喜欢的歌手、民意的支持率等．[20]

(二)抽样的方法

如何抽样是统计中十分重要的事情，体现统计的技能和方法，是统计的关键．从总体中选取一部分个体作为样本叫作抽样．抽样的目的在于通过观察样本的某一或某些属性，依据所获得的数据对总体的特征得出具有一定可靠性的估计、推断，从而达到对总体的认识．常用的抽样方法有：

1. 简单的随机抽样．如果在抽样时，每一个个体被抽到的机会都相等，这样的抽样方法叫作简单随机抽样，简称随机抽样(也叫概率抽样)．一般来说，如果对实际背景一无所知，适合用抽样调查，譬如学生喜欢的歌手等．实际操作时，可以采取抽签的方法，或者利用随机数表、随机数骰子或计算机产生的随机数进行抽样．简单随机抽样根据抽取样本过程中的个体是否放回分为“放回简单随机抽样——‘捉—放—捉’”和“无放回简单随机抽样”．

2. 系统抽样．把总体分为若干个组，然后编号，按事先确定的规则在各组抽取，在第一组里随机抽出一个，其余各组就根据第一组抽出的个体的号码决定，这种抽样方法叫作系统抽样．如每10个一组，在第一组里随机抽出的是5，则所有个位数是5的个体组成样本．

3. 分层抽样．将总体按照某一标准分成互不交叉的若干层，然后按照一定的比例，从各层独立地随机抽取一定数量的个体，合在一起作为样本．这种抽样方法叫作分层抽样．如学生的身高，先验知识是"年龄影响着身高"，最好是按年龄段学生数的多少按比例抽取样本．这种抽样也叫非概率抽样，非概率抽样的效果好坏依赖于抽样者的主观判断能力和经验．

通常，当总体个体数较少时，适合采用随机抽样；当总体个体数较多时，可采用系统抽样；当总体由差异明显的几部分组成时，采用分层抽样．有时可综合运用几种抽样方法．

对于义务教育阶段只要求学生了解简单随机抽样，《标准(2022 年)》明确要求学生"体会抽样的必要性，通过实例了解简单随机抽样"．但在现实生活中，系统抽样和分层抽样经常出现，有时系统抽样和分层抽样到比较方便且实用．如全校共 15 个初中班级，每个班级 30 人，学校要抽取 45 名学生开展某项规章制度认可程度调查，年级、班级就是分层抽样，从每个班级抽 3 个学生，可以从 0～9 十个数字中随机抽取一个数字(如 5)，则每个班级学号尾数是 5 的学生即被抽中(系统抽样)，组成一个样本．

(三)数据分析观念

统计课程的核心是发展学生的数据分析观念．数据分析观念反映的是由一组数据所引发的想法、能推测到的可能结果以及直觉地想到用统计的方法解决问题的一种"感觉"．"数据分析是针对研究对象获取数据，运用数学方法对数据进行整理、分析和推断，形成关于研究对象知识的素养"．[21]数据分析观念主要体现在三个方面：

第一，了解在现实生活中有许多问题应当先做调查研究，理解抽样的必要性，知道要根据问题的需要，选择适当的方法收集数据；通过对实际问题中数据的整理与分析，认识数字特征各自的意义与功能，分析相关问题并做出判断，体现数据中是蕴含着信息的．如设计校服，需要调查学生的身高→把调查出来的数据进行整理→分析数据，提取信息．

第二，通过对实际问题中数据的分类，了解数据分类的意义和简单数据分类方法，知道对于同样的数据可以用多种分析的方法，需要根据问题的背景选择合适的方法．比如统计图，对于一组数据，你往往可以用任意的统计图来表示，但是你会发现，为了表达一种信息，解决一个问题，用某些图表会比较合适，也就是说比较"好"．譬如想要表达某部分数据在整个数据中所占比例的情况，用扇形图比较好；想比较各种数据之间的数量关系，用条形图或直方图比较好；如果数据是随时间而变化，想了解数据的变化情况，那么用折线图比较好．所以，同样的数据，根据你希望研究的问题不同，应该选择用不同的方法．

第三，通过数据分析体验随机性，一方面对于同样的事情每次收集到的数据可能不同，另一方面只要有足够的数据就可能从中发现规律．[22]

数据分析的研究思路：设计调查问题→对数据适当分组→用表格整理数据→用统计图描述数据→分析统计图表→计算平均数、中位数、四分位数、众数、百分位数、方差、标准差、离差平方和→估计推测总体情况→判断决策．数据分析的内容框架如图 3-41 所示．

数据分析的研究方法：归纳法、用样本估计总体、随机思想．

1. 收集数据．是指围绕要求解与数据有关的随机问题而采集必要的数据．收集数据的关键是设计准确的调查问卷、选择合适的收集方法．只有选择合适的抽样方法抽取一定容量的样本，样本的结果才可以合理推断出总体的结果．但有些学生只能看出问题选项是否有效或只能看出问题选项是否完整，不能设计出准确的调查问题；在面对实际情况时，有些学生不

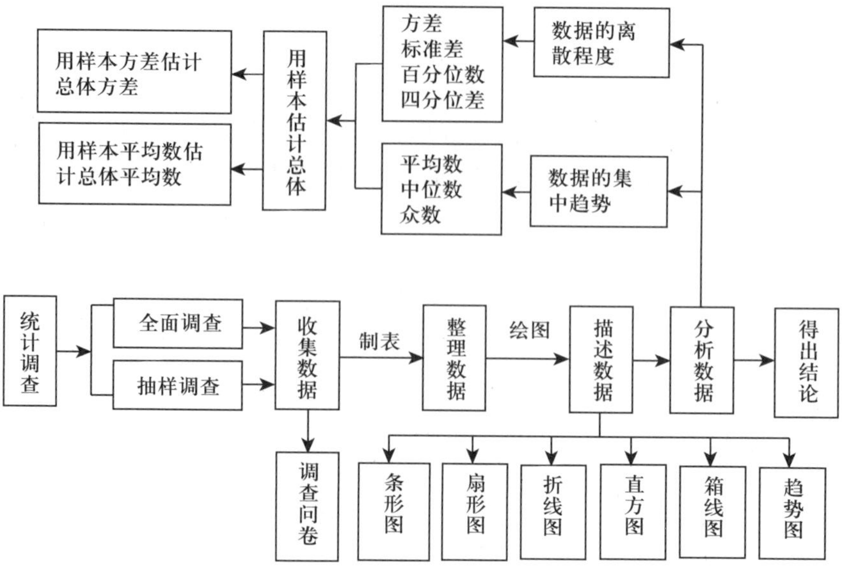

图 3-41

能根据具体问题考虑到影响问题的主要方面，导致不能选择合适的调查方法．

2. 整理数据．是指采用统计表格对数据进行整理，使之直观地呈现出来．整理的实质是对大量的数据进行“压缩”，数据整理的关键是剔除错误或无效数据、合理分类和排列数据．在整理数据时，首先需要对出现的极端值或无效值进行剔除或处理．但教学实践中发现，有些学生对于极端值的出现并没有对其进行剔除或处理，对表格形式的完整性也不够重视．

3. 描述数据．是指选择适当的统计量和统计图对数据做进一步的描述．描述数据的关键是采用统计图表示数据、运用统计量表征数据．对学生来说，如何全面、明确地掌握各种统计图和各种统计量之间的区别和联系，是一大挑战．在统计图方面，初中学生特别容易将直方图和条形图混淆；在统计量方面，对平均数的关注比对其他统计量的关注要多．条形图与直方图是描述数据的主要统计图，一般来说，对离散数据，用条形图描述频数分布；而对连续分组数据，用直方图描述频数分布．直方图的特点是利用小长方形的面积来反映数据落在各小组的频数的大小，横轴表述数据上面的每个小段（组距）就是小长方形的底，纵轴表示小长方形的高．为了使小长方形的面积能表示各组的频数，小长方形的高必须构造成频数/组距的比值．但对于等距分组的数据，为了画图与看图方便，通常用小长方形的高表示频数．

4. 分析数据．是指对统计图和统计量进行分析，从而做出合理的推断和预测，同时提出建设性的建议．分析数据的关键是挖掘统计图中隐含信息、根据统计量做出合理的判断．大部分学生能准确挖掘统计图中隐含信息，能根据统计量做出合理的判断，但往往忽视了集中统计量之间的联系．

一般地，通过数字特征刻画数据的分布特征，可以从三个方面来分析：一是分析数据分布的集中趋势，反映数据向其中心值（平均数）靠拢或聚集的程度；二是分析数据的离散程度，反映数据远离其中心值（平均数）的趋势，也称离中趋势；三是分析数据分布的偏态和峰值，反映数据分布的形状．度量集中趋势就是寻找数据一般水平的代表值或中心值．中位数是反映数据集中趋势的位置代表值，能够表明一组数据排序最中间的统计量，也是它与所有数据差的绝对值的和达到最小的数；四分位数可以用来对样本数据进行分组，了解数据的分布情况；众数是表明一组数据出现最多的统计量，是一组数据的峰值，它是一种位置代表值，具有不唯一性，当一组数据有较多的重复数据时，众数往往是人们所关心的一个统计量，它提供了哪个(或哪些)数据出现的次数最多．平均数是通过计算获得的，利用了全部数据信息，是充分统计量，具有优良的数学性质．平均数是实际应用最广泛的集中趋势度量值，是使“与所有数据差的平方的和达到最小”即离差平方和最小的数，也是一组数据的“重心”，是度量一组数据的波动性大小的基准，但由于平均数易受极端值的影响，因此，在某些情境下，用平均数刻画数据的集中趋势就不太合适．

对数据分析，建议教学中以图表的形式呈现数据的分布，并引导学生从图表中初步感受分布的特征，能对数据的平均水平、波动水平基于直觉进行估算或者能对两组数据的平均水平、波动水平基于直觉进行比较．当然，也能从图表中获取数据，通过计算获得有关数据平均水平、波动水平的精确度．这样，既可以整体感知数据的分布，也很好地发展了学生的数据直觉．[19]

(四)关于抽样与数据分析的教学

1. 注重数据分析的过程、方法和意义．中小学统计课程教学的核心目标在于培养学生通过数据来分析问题的统计观念和随机意识，教学设计的主旋律应当是体现从收集数据到分析数据的全过程，体会数据分析的重要性，感悟通过样本特征估计总体特征的思想，形成和发展数据观念、模型观念．

抽样与数据分析的教学，要以现实生活中的实例为背景，引导学生理解抽样的必要性，知道要根据研究问题的需要，选择适当的方法收集数据，掌握简单随机抽样的方法．通过对实际问题数据的分类，引导学生了解数据分类的意义和简单数据分类方法．为了突出数据分析的意义，应加强对图表和统计量的分析解读，适当淡化统计图表制作和统计量的计算．因为无论是制作统计图表，还是计算各种统计量，都是整个统计活动的中间环节，是作为工具为最终的判断、预测或决策服务的．

根据数据思考和处理问题，通过数据发现事物发展规律是统计的基本思想；根据所关心的问题寻求好的方法，对数据进行分析和判断，得到必要的信息去解释实际背景是统计学的基本思路．严士健先生认为，统计学的研究方法与传统数学的研究方法有一个本质的不同：前者是基于归纳，后者是基于演绎．因为统计学在本质上研究的问题是随机的，是非确定性的，常常采用从总体中抽出样本，通过分析样本数据来估计和推测总体的方法，这是一种归纳的方法．因此，抽样调查方法是用样本估计总体的思想产物，而用样本估计总体是归纳法在统计中的运用．

2. 运用整体感悟的教学策略．

(1)关于“数据类型”的教学．譬如，可以提供某个班级学生的信息表(包括性别、年龄、身高、体重、体育测试以及文化成绩等)，其中既有男、女这样表示类别的定性数据，也有表示优良这样等级的定序数据，更有身高、体重等数值型的定量数据，要求学生阅读信息表，引导学生思考：表格中有哪些数据，这些数据可以分为哪些不同的类型，各类数据各有什么特点，实际生活中是否可以进行不同类型数据的转化，结合这个例子给出具体转化的方法．让学生整体感悟数据类型及其联系．

(2)关于“数据分析”教学．首先呈现一个原始的现实问题，直观地展现几组不同的数据，要求学生根据现实需要做出选择，这时学生根据数据的图形直观，可以感受到某组数据“高”一些，某组数据“低”一些；有些数据“摆动”剧烈，有的数据相对“平缓”，这样就引出了刻画数据的两个视角：平均水平和波动水平．实际问题也需要研究这两个水平，这样就自然搭建了本单元的知识系统，然后根据“渐进分化”原则，引导学生从“整体到局部”依次展开研究，进而使学生整体而丰富地认识和理解数据分析的本质内涵．

(3)关于“集中量数”的教学．譬如，可通过设计校服，教师容易让学生计算平均数，其实平均数不是唯一的，也不是万能的．学生可能首先关注这些数据中最大的是多少，最小的是多少，有了这两个数据，就可以将数据的范围确定下来(极差)．接着，学生可能会对数据进行按段分组，统计出各段的人数，发现在哪个身高段的人数最多(众数)，中等水平学生的身高是多少(中位数)．当然也可以计算平均身高(平均数)，从而让学生整体感知体现“集中趋势的量”的不同类型．

二、频率与概率知识结构分析及教学建议

概率课程主要是培养学生分析随机现象的能力，提升学生的数学抽象、数学建模、逻辑推理以及数学运算等素养．归根结底是通过对随机现象(主要是古典概型)的探索，在构建随机现象的研究路径、抽象概率的研究对象、建立概率的基本概念、发现和提出概率的性质、探索和形成研究具体随机现象的思路和方法、应用概率知识解决实际问题的过程中，发展学生的思维(认识不确定现象的思维模式)．其知识结构关系如图 3-42 所示．

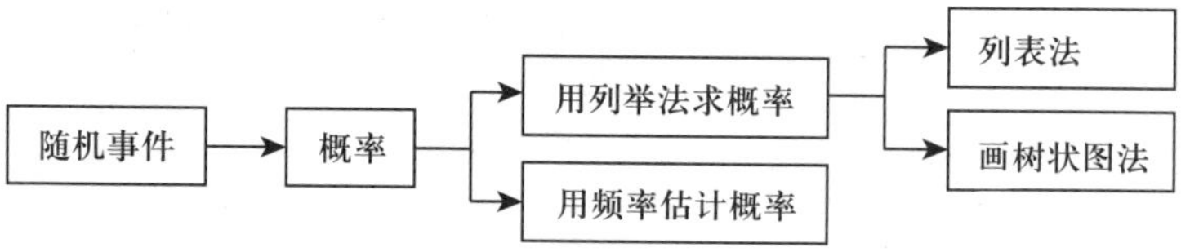

图 3-42

(一)概率

相同条件下，某一事件发生的概率是一个常数，是由事物固有的属性决定的．而相同条件下进行随机试验，即使是相同次数的重复试验，某一事件的频率也不一定相同，也即频率具有随机性．但随着试验次数的增加，一般来说频率会越来越稳定于某个常数附近，这个数就是概率．之所以说“一般”，是因为对任何给定的次数、频率都存在偏离概率较远的可能，只有随着试验次数的增多，这种可能性会越来越小，以至于当试验次数无穷大时，偏离的概率为 0．“稳定于概率”是指频率偏离概率较大距离的可能性越来越小，并不是通常意义下的趋向于概率．在大量重复试验中，频率仍然呈现出一定的稳定性．这种在大量重复试验中反映出的客观规律，称为大数法则，也称大数定律．所以随机事件不确定现象具有的特征是“结果有限性、不可预知性、频率稳定性”．

用频率估计概率有时是不准确的，会有误差，甚至出现较大误差的情况，这是由于频率的随机性造成的．这种随机性主要有两种：收集数据中的随机和数据推断中的随机．所谓收集数据随机性是指一方面，每次抽取的样本是不确定的，样本与样本之间可能不同，样本的结构与总体的结果也可能不同；另一方面，选择合适的抽样方法抽取一定的容量的样本，样本的结

果可以合理推断出总体的结果．所谓数据推断随机性是指一方面认识到数据结果的不确定性，在进行试验之前结果无法确定；另一方面，随着试验次数的增多，足够的数据中又蕴含着规律[大量重复试验（观察）时所呈现出的集体规律性，称为统计规律]；再者样本结果也会出现偏离总体比较大的情况，如果出现"异常"的情况，能解释由随机性带来的"异常"．但对不确定性问题，大部分学生只关注样本的不确定性，从而忽视了样本对总体的意义，不能认识到数据结果的不确定性．

(二)关于概率的教学

1. 把握概率的教学要求．要从小学阶段的定性描述逐渐向定量分析发展，通过合适的情境，引导学生感悟随机事件，理解概率是对随机事件发生可能性大小的度量，引导学生认识简单随机事件，即所有可能发生结果的个数是有限的，每个可能结果发生的概率是相等的，在此基础上了解简单随机事件发生频率的稳定性，感悟用频率估计概率的合理性，会用频率估计概率．

2. 开展整体教学设计．首先，让学生整体感知事件的可能性，在现实生活中，某件事情的发生有哪几种可能？请举例说明．然后教师再举例，师生概括：

肯定会发生——必然事件
肯定不会发生——不可能事件
有可能发生——不确定事件（随机事件）

其次，获得研究对象——随机事件．随机事件，你最关心的是什么？（或你认为我们应该研究什么？）预测答案：事件出现的可能性大小？影响可能性大小的条件是什么？如何求这个可能性？

实验获得数据——整理；将数据列表、画图——分析；利用数据求概率．从而引出列表法、树状图以及概率．

再次，类比代数的研究经验研究概率．对"数据分析"和"概率"内容的教学，一线教师普遍感觉到比较困难，主要原因是先前并没有多少类似的经验，缺少"研究一个数学对象的基本套路"．面对一个研究对象，到底有哪些问题需要研究？按照怎样的路径展开研究？可以采取哪些研究方法？是提升核心素养的关键．作者认为"概率"的研究可以以"基本初等函数"为类比对象，构建研究框架．这是因为对于函数的研究，其结构和内容大致如下：背景→函数的概念的定义、表示→画函数图象（列表、描点、连线）→根据图象归纳性质→函数联系与应用．而"数据分析"教材的结构体系为：统计调查（背景现象）→相关概念→收集数据→整理数据（制表）→描述数据（绘图）→分析数据（据图分析）→得出结论（用数学语言描述）→做出决策；"概率"教材的结构体系如下：概率的事实（随机现象）→概率的定义、表示→概率的性质、运算法则→古典概型、几何概型，频率的稳定性等→概率的计算、随机模拟试验…．所以"数据分析"和"概率"与"基本初等函数"的研究路径和研究框架类同，可以运用类比基本初等函数的研究方法进行研究，实现迁移学习．

学习统计学，不仅仅是让学生掌握一些基本知识和技能，更重要的是让学生逐步形成一种具有统计思想特征的数学思维方式，感悟从不确定性的角度认识客观世界的思维模式和解决问题的方法，理解通过数据认识现实世界的意义．正如美国统计学家莫尔认为："统计的教育功能主要指向于培养学生的数据分析观念，促其学会更辩证、更理性、更科学地审视多彩的大千世界和纷繁的社会生活，分析、探究各种事物偶然性与必然性的关系，寻求它们由数量上体现出的规律性与本质性，并能就其发展态势做出合理预测．”[23]

参考文献

[1]李昌官．寻找数学内在的力量[M]．宁波：宁波出版社，2014.

[2]布鲁纳．教育过程[M]．邵瑞珍译．王承绪校．北京：文化教育出版社，1982.

[3]朱先东．基于整体思想的数学教学设计[J]．中学数学教学参考，2012.4.

[4]叶澜．“新基础教育”数学教学改革指导纲要[M]．桂林：广西师范大学出版社，2009.4.

[5]章建跃．探究教学规律，造就教学名师[J]．中国数学教育，2011.1/2.

[6]李单，李健．“负负得正”法则解释模型[J]．初中数学教与学，2020.11.

[7]项武义．基础数学讲义丛书·基础代数学[M]．北京：人民教育出版社，2004.9.

[8]章建跃．从数学整体性观看“同底数幂的乘法”的教学[J]．中国数学教育，2013.7/8.

[9]朱先东．运用新课程理念指导教与学[J]．中学数学教学参考，2006.3.

[10]中华人民共和国教育部．义务教育·数学课程标准(2022年版)[M]．北京：北京师范大学出版社，2022.

[11]王红权，应佳成．二次函数表达式复习课的教学及其感悟[J]．中学数学教学参考，2018.8

[12]朱先东，罗福林，张爱军．整体策划，综合设计单元目标[J]．中学数学教学参考，2012.9.

[13]李海东．重视数学思想方法的教学[J]中国数学教育，2011.1/2.

[14]吴增生．科学用脑高效复习[M]．杭州：浙江科学技术出版社，2018.

[15]吴增生．例说定性与定量分析相结合在教学设计中的应用[J]．中学数学教学参考，2015.1/2.

[16]项武义．基础数学讲义丛书·基础几何学[M]．北京：人民教育出版社，2004.

[17]丁子星，代钦．改革开放以来我国初中数学“投影与视图”内容的演变——兼论基于STEAM教育理念的教学[J]．初中数学教与学，2021.10.

[18]陈希孺．机会的数学[M]．北京：清华大学出版社，2000.

[19]凌晓牧，章飞．初中阶段“探究与概率”课程内容的几点建议与调查[J]．初中数学教育学，2019.11.

[20]史宁中，孔凡哲，秦德生，等．中小学统计及其课程教学设计——数学教育热点问题系列访谈之二[J]．课程、教材、教法，2005.6.

[21]中华人民共和国教育部．普通高中数学课程标准(实验)[S]．北京：人民教育出版社，2018.

[22]史宁中，张丹，赵迪．“数据分析观念”的内涵及教学建议[J]．课程、教材、教法，2008.6.

[23]刘福林．论小学生的数据分析观念与统计内容的编排[J]．课程、教材、教法，2013.10.